뜻밖의 회심

뜻밖의 회심

로자리아 버터필드 | 오세원

뜻밖의 감동입니다. 단순히 감정의 표피만 살짝 어루만지는 감동이 아니라, 마음 깊은 곳을 울리고 머리를 뒤흔드는 감동입니다. 뼛속까지 페미니스트인 저자의 삶에 하나님께서 어떻게 부딪쳐 오셨는지, 그 과정을 솔직하게 재치 있게 그려내고 있습니다. 진부하고 도식적인 간증에 빠지지 않는 저자의 고백은 요즘 안녕하지 못한 우리에게 청량한 산소 같은 선물입니다.

강은수 (함께자라는교회 목사)

'동성애자들'이 어느새 아주 가까운 곳까지 다가왔습니다. 그러나 그리스도인으로서 그들을 어떻게 이해하고 대해야 하는지에 대한 자료는 부족했습니다. 이 책은 그와 같은 고민을 하는 제게는 매우 유익한 책이었습니다. 무엇보다 첫 장부터 시작해서 마지막 장까지 앉은 자리에서 푹 빠져 읽을 수 있는 몇 안 되는 책 중 하나입니다. 동성애자들의 시각을 구체적으로 이해하고 그들에게 다가서서 대화를 시도하고자 하는 모든 그리스도인들 리더들에게 특히 일독을 권합니다.

기남서 (서울중앙교회 담임목사)

간절히 듣고픈 이야기다. 회심의 소문이 줄어드는 요즘 진보적 동성애자가 신실한 복음주의 그리스도인으로 변화되는 여정이라니! 저자의 수다에 빠져 웃고 울다보면 어느덧 그 어떤 인생의 결이라 할지라도 능히 어루만지고 치유하는 복음의 확신이 새삼 스며든다. 부디 이 책을 '회심한 동성애자'라는 구경거리나 수입담론으로 취급하지 말라. 전도의 자신감을 잃고 위축돼 가는 한국 교회에 가장 절실하고 옹골찬 희망을 건네줄 터이니 말이다.

김선일 (웨스트민스터신학대학원 교수)

기독교를 경멸했던, 좌파 레즈비언 교수! 흔들리지 않을 것 같았던 그녀의 삶에 뜻밖의 균열이 시작되었다. '충돌'(impact)! 그녀의 회심을 설명하기 위한 적절한 단어가 아닐까 싶다. 왠지 그녀의 낯선 회심기가 책을 읽는 독자들의 마음 또한 뒤흔들어 놓을 것 같은 불길한(?) 예감이 든다. 결국 회심은 저항하는 인간을 향한 하나님의 흔드심이기에!

김성수 (예드림교회 목사, 호모북커스 대표)

읽기 시작하면 놓기 어려운 책!! 성정체성으로 고민하는 젊은이들이 꼭 읽으면 좋겠다. 동성애는 아픈 인류가 보이는 하나의 증상일 뿐. 절대로 치유될 수 없다거나 용서받지 못할 끔직한 죄가 아닌 진정한 존중과 관심에 대한 갈망에 몸부림치며 내는 절규가 아닐까? 앞으로 내가 만나는 내담자들의 동성애에 대한 고민을 더 깊이 공감하게 도와줄 책이다.

김영인 (탈북민전문상담사)

이른바 간증이라는 이름 아래 쓰인 글 중에서 이처럼 재미있고 도발적인 글이 있을까? 레즈비언, 페미니스트 교수라는 수식어를 빼더라도 저자의 회심기는 충분히 매력적이고, 곳곳에 밑줄을 치게 한다. 이런 간증이라면!

박용희 (IVP 간사)

값싼 복음주의적 회심이 난무하는 이 세대에 한때 레즈비언이었던 로자리아는 진정한 회심을 자신의 변화된 삶의 이야기로부터 차근차근 들려준다. 차분히 듣기에는 급진적인 회심의 충격(impact)을 직면하지 않을 수 없다.

유태화 (백석대학교 신학대학원 교수)

이 책은 동성애에 대해 지나치리만큼 이분법적인 한국 교회에 대해 동성애를 다루시는 하나님의 방식이 어떠한지를 극명하게 보여준다. 그것은 무조건적인 정죄와 차별도, 무조건적인 인권옹호론도 아닌, 모든 죄를 다루시는 하나님의 공의와 사랑의 방식이다. 우리는 한 동성애자 교수의 전(全) 인격적인 회심 이야기를 통하여 교회가 동성애자를 어떻게 대해야 할 것인지에 대한 교과서적인 모범을 만나게 된다. 이 책은 동성애 문제로 인해 양극단으로 대립하고 있는 한국 교회에 진정한 해결책을 제시해 줄 것이다.

윤성헌 목사 (개혁신앙아카데미 총무)

놀랍고, 흥미롭고, 가슴 벅차오르게 하는 진솔한 삶이 드라마처럼 진행된다. 복음의 위대한 능력을 소유한, 겸손과 인내와 사랑의 다리가 된 사람은 진리 안에서 세계관의 변혁을 가능하게 한다. 그리고 그것은 지속적으로 세상을 변화시키는 진리와 축복의 통로를 만든다. 이 책은 바로 그런 삶이 가능하다는 것을 분명히 보여준다.

이대행 (선교한국 대표간사)

이 책을 손에 든 당신은 쉽게 들을 수 없는 한 영혼의 울림 있는 고백을 만나게 될 것이다. 매우 구체적이고, 실제적이고, 진실한 감동을 접하게 된다. 동서양의 문화와 세계관의 차이가 급격히 좁혀지는 이때에, 남의 이야기가 아닌 우리 이야기가 된 성정체성을 바로 인식하는 이 책의 주인공과 같은 사람들이 나오길 기대한다.

이승제 (한국대학생선교회 간사, 선교한국 2012대회 조직위원장)

이 책은 전통적인 신앙의 눈으로 볼 때 문제가 있어 보인다. 그러나 우리의 신앙은 고정된 틀에 정형화되지 않아야 한다. 개인의 현실적인 삶에서 하나님의 섭리와 사랑을 통해 인간의 회심을 경험하게 하는 소중한 책이다.

이정훈 (침례신학대학교출판부 편집장)

십여 년 넘게 포스트모더니스트 레즈비언으로 살면서 게이, 레즈비언, 양성애자, 성전환자의 인권을 옹호하기 위한 대변인으로 살던 시러큐스 대학 영문학부 종신교수가, 어떻게 회심을 하고 목사의 아내가 되어 캠퍼스 사역과 가정 사역(입양, 홈스쿨링)에 헌신하게 되었는지를 기록한 감동적인 책이다. 불가능할 것 같던 그녀의 회심 과정을 지켜보면서 교회 공동체의 역할을 다시 한 번 생각하게 되었다. 이 시대 한국 교회가 동성애자들을 어떻게 바라보고 사역해야 할지에 많은 메시지를 주는 책이다.

한기수 (연세대 원주 캠퍼스 총장, 연세대 부총장)

성소수자의 인권과 그들의 회심에 대한 당신의 시선은 안녕들 하신지 묻고는, 삶의 실제를 펼쳐 보이는 섬세한 설득력!

황교진 (《어머니는 소풍중》 작가)

차례

서문

"목사님은 복음주의자이신가요? 목사님은 성경에 관해 무엇을 믿으시는 거죠?" 전화를 걸어온 그녀는 어서 대답을 하라는 듯한 목소리로 물었다. 나는 이 지역의 목사로서 일전에 그녀에게 우리 도시의 대학생들이 신앙의 유무에 상관없이 성경이 말하는 바를 제대로 알고 나 있는지 모르겠다고 편지를 보냈었다. 그녀는 영문학과 교수로서 내 편지에 답을 하기 위해 전화를 한 것이다. 나는 그녀의 질문을 받고 적잖이 놀라지 않을 수 없었다. 나중에야 확실히 알게 되었지만 그녀는 나를 떠보고 있었던 것이다.

전화로 주고받은 대화는 우호적인 분위기로 얼마 동안 지속되었다. 그녀가 다음 질문을 내놓는 것을 기회 삼아 나는 "박사님, 이 질문은 우리 집 벽난로 앞에서 논의하면 어떨까요? 우리 집사람이 차린 근사한 저녁도 드시면서 말이죠. 어때요?" 하고 물었다. 그녀는 내 제안을 선뜻 받아들였다. "예, 아주 좋아요." 그렇게 하여 우리 부부가 하나님께서 주신 선물로 여기는 우정이 시작되었다. 곧 로자리아는 치즈, 갓 구운 빵, 기꺼운 마음을 가지고 우리 식탁에 자주 등장하는 손님이 되었고 우리는 즐겁고도 유익한 대화를 나누었다. 나도 학부에서 영어를 전공했기에 문학의 현재 흐름을 잘 알고 있는 사람과 대화를 나누는 것이 무척 즐거웠지만, 우리의 대화는 문학보다는 우리가 처음 대화를 시작하게 된 내용들, 즉 성경, 신학, 세계관 등에 집중되었다.

내가 서문이라고 쓸 수 있는 글은 여기까지다. 이제부터는 로자리아가 이야기의 바통을 이어받아 자신의 이야기를 할 것이다. 그녀와 친교를 나눈 경험에 의하면, 로자리아는 대화를 기피하는 성역 없이 명료하게 자신의 의사를 말하며 대화 상대에게 자신의 생각은 물론 마음까지 터놓는다. 그것은 로자리아의 행동방식일 뿐만 아니라 존재방식이기도 하다.

덧붙여 말하자면 시러큐스에 있는 우리 교회는 그녀가 근무하던 시러큐스 대학을 위해 수년간 기도해 왔었다. 로자리아는 우리 기도에 대한 하나님의 은혜로운 응답인 것이다.

케네스 G. 스미스

머리말

　나는 28세에 레즈비언임을 공개적으로 선언했다. 영문학 그리고 문화연구 분야에서 박사과정을 마감하는 시점이었다. 나는 우리나라에서 매우 유명한 여성학과들에서 학생들을 가르치고 있었고, 많은 대학들로부터 급진좌파 이념을 고취하기 위해 교직과 행정직을 맡아달라는 요청을 받고 있었다. 나는 이 세상을 더 나은 곳으로 만드는 데 내가 기여하고 있다고 생각했다.

　그리고 36세의 나이로 나는 큰 대학교에서 종신교수직을 이미 보장받았고, 행정가로, 지역사회운동가로도 지명도를 높이고 있었다. '평생교수직을 보장받은 급진주의자'라는 흔치 않은 타이틀을 지닌 사람이 되어 있었다. 모든 면에서 볼 때 나는 성공한 사람이었다. 하지만 그해 그리스도는 나를 자신의 소유로 부르셨고 그때까지 내가 나의 삶이라고 알았던 것은 부끄러운 종말을 맞았다.

　내가 거쳐온 영적 여정을 말해달라는 부탁을 자주 들어왔다. 그리스도께 이르는 긴 여정이 어떤 것인지 궁금한 탓일 게다. 나는 그런 부탁에 망설이지 않는다. 그리스도께서 흘리신 보혈의 열매를 우리의 삶을 통해 맺는 것은 아주 중요한 일이다. 우리 삶의 이야기들은 다른 사람들에게 힘을 주거나 경고를 줄 수 있다. 하지만 우리의 지난 경험을 이야기한다는 것은 만만한 일이 아니다. 왜, 그리고 어떻게 우리의 이야기를 들려줄 것인가? 혹시 사람들의 주목을 받기 위해 이야기를 하려는 것은 아닌가? 사람들에게 충격을 주거나 그들을 즐겁게 하기 위해서는?

우리의 간증이 크리스천들의 삶의 여정이라는 전체적인 지평을 드러내는 데 도움이 되는 것인가? 만약 내 간증이 "내가 주님을 만나기 전에 얼마나 끔찍한 죄인이었나"를 말하는 데 그친다면 그것은 의미가 없다. (마치 지금은 죄와 아무 상관없는 삶을 살기라도 하는 것처럼 말이다.) 구원을 받은 후 지금 느끼는 안도의 감정이나 사람들이 내 간증을 듣고 흔히 보이는 반응을 전한다거나 내가 얼마나 훌륭한 선택을 했는지 스스로에게 공을 돌리는 것도 마찬가지다.

내가 하고자 하는 간증은, 나의 경우처럼 드문 회심의 배후에 어떤 생각이 오고 갔는지를 온전히 드러내는 것이다. 있는 그대로 크리스천의 삶의 모든 숨겨진 지평을 전체적인 맥락에서 보여주려고 한다. 어쩌면 몇몇 다듬어지지 않은 내 생각이 독자들의 가슴에 공명을 일으

킬지 모른다. 나는 종종 의문을 품었었다. '하나님, 왜 하필 저를 선택하셨죠?' 나는 크리스천으로 거듭나기를 원하지 않았었다. 나는 '내 주'가 누구인지 알고 싶지 않았다. 오히려 누가 내게 복음을 전하려는 낌새를 보이면 나는 그야말로 바람같이 도망을 쳤었다. 내게 믿음은 순전히 지적인 영역의 문제였을 뿐 그 이상도 이하도 아니었다. 나 같은 뺀질이가 어떻게 이런 처지에 처하게 된 것일까?

다음에 소개되는 내용에서 나는 이른바 '회심'을 통해 내가 사적으로 겪은 경험을 밝힐 것이다. '회심'이라는 말은 내가 살아 계신 하나님과 일대일 관계를 맺는 과정에서 겪은 파국적인 과정을 설명하기에는 지나치게 온건하고 세련된 말이다. 오랜 시간에 걸쳐 서서히 이뤄진 나와 하나님과의 조우를 설명하기 위한 단어는 하나밖에 없다. '충돌'(impact)이라는 단어다. 수많은 사상자를 남기는 다중 추돌의 충격. 나는 이제 하나님께서 내 삶에 부딪쳐 오신 과정을 다시 되살리고자 한다.

나는 이 책을 2003년에 쓰기 시작했다. 책을 쓰면서 죄로 점철된 과거의 내 삶을 돌아봐야했지만 이 책에는 내 일상의 즐거운 흔적도 남아 있다. 남편 켄트는 내가 이 책을 끝낼 수 있도록 희생적으로 나를 도왔다. 그의 사랑, 자문, 지원이 없었다면 이 책은 햇빛을 보지 못했을 것이다. 이 책의 각 장은 우리 집에 입양이 되었거나 위탁이 되었던 아이들, 혹은 가정복지국의 간절한 부탁에도 불구하고 우리 능력의 한계 때문에 포기할 수밖에 없었던 아이들의 흔적이 남아 있다. 아이들을 입양할 때마다 엄마와 새아버지는 내게 필요한 지원을 아끼지 않으셨다. 아마도 나는 아이를 얻을 때마다 친정엄마가, 그것도 엄마 혼자서 모든 준비를 해서 기념을 해준 유일한 딸일 것이다. 아이를 입양할 때마다 엄마는 내게 선물을 주셨다. (로자리아, 미용실에 가서 머리를 좀 하고 오지 않으련? 네일샵에 가서 손발톱 손질 좀 하려무나. 자, 여기 새 텔레비전이다!) 아이들을 켄트와 내 삶에 받아들이고, 엄마와 새아버지가 우리 삶에 합류하시지 않았다면 과거의 삶을 돌아볼 용기가 생기지 않았을 것이고 이 책을 쓰는 일도 불가능했을 것이다.

원고를 읽고 조언을 해준 켄트 버터필드, 브루스 목사님 부부, 더그 목사님 부부, 나탈리 가조, 켄 목사님 부부 등 모든 분들께 감사를 전하고 싶다. 더불어 독자들이 이 책에서 발견할지도 모르는 판단착오와 실수들은 온전히 내 책임임을 밝혀둔다.

찰스 목사님 부부, 스티브 목사님 부부, 매튜 필버트, 제리 목사님 부부, 돌로레스와 테오 오티스 등 이 책을 쓰는 동안 말과 모범과 교훈으로 나를 지원하고 격려해 준 분들께도 감사를 드린다.

하나님은 브라이언 목사님과 도리안 쿰즈, 필리스 쿰즈, 커트와 케시 도우냇, 조지와 매기 휴버, 크리스와 샤리 허긴스, 진과 게일 허긴스, M과 NM, 밥과 비비안 라이스, 벤과 다이아나 라이스, 켄 박사와 베키 스미스, 조녀선 박사와 마티 라이트, 론과 로진 존 등 시러큐스 개혁장로교회의 많은 신자들도 이 책을 쓰는 일에 사용하셨다.

제네바 대학의 많은 동료들과 친구들의 도움도 빼놓을 수 없다. 특별히 브라이언 커티스 박사님, 딘 스미스 박사님, 밥 프레이저 박사님, 모린 밴터풀 박사님, 조녀선 와트 박사님, 잭 화이트 명예총장님께 감사드린다. 도심 성경 사역 센터에서 내 상사이자 멘토가 되어주었던 카라 스레드길 비드 박사께도 감사를 드린다.

버지니아 주 퍼셀빌의 홈스쿨 동아리에서 같이 활동을 했던 동료들

및 친구들인 레지나 가시지, 알리사 홀, 마타 메이슨, 줄리아 쇼풀러, 제니퍼 튜즈데일 등을 생각하면 저절로 미소가 떠오르고 걸음이 가벼워지며 라틴어 동사들의 격변화가 입을 근지럽게 한다. 크라운 앤드 커버넌트 출판사의 편집자인 린 고든은 내 글을 가장 열렬히 읽어주었고 이 책에 관심을 두고 여러 면에서 책이 더 나은 모습으로 나올 수 있게 해주었다.

그리스도의 언약을 위해 시간과 재원, 개인적인 권리들을 바쳐온 북미 개혁장로교회의 목사님들과 제직들, 교인들에게 감사를 드린다. 임신중절에 대해 우리 교단이 오래전부터 담대하게 천명해 온 입장과 인종차별에 대해 보여온 모범적인 자세에도 경의를 표한다.

로자리아 버터필드

1장

서른여섯,
예기치 않은 만남

뉴욕 주 시러큐스 대학, 1997-2000

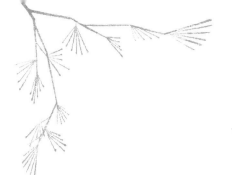

어떻게 해야 내가 기독교인이 된 과정을, 외계인에게 납치되었다거나 기차 전복 사고가 났다거나 하는 이야기들처럼 들리지 않게 설명할 수 있을까? 하지만, 솔직히 말하자면, 내 이야기를 듣는 사람들은 모두 조금씩이나마 그런 느낌들을 받을 것이다. 보통 이런 미묘한 기적을 묘사하는 데 동원되는 말들과 나는 생리적으로 맞지 않는다. 나는 기독교적인 주제를 담은, 조잡스러운 양장판 미니 자기계발서들을 읽지도 않았거니와 여러 개의 자동차 보험 상품들을 서로 비교해 보며 가장 마음에 드는 것을 고르듯 성경의 가르침들에 내 삶을 견주며 명쾌하고 논리적으로 '그리스도를 고르지'도 않았다. 일련의 과정을 통해 나는 여러 가지 선택을 했지만 그것들은 결코 제정신으로 내려진 논리적이고 안전한 선택들처럼 느껴지지 않았었다. 그렇다고 해서 내가 정서적, 영적인 대혼란을 겪은 후 "그리스도의 거절할 수 없는 은혜로 구속을 받아" 스칼렛 오하라("바람과 함께 사라지다"의 여주인공-옮긴이)처럼 구세주의 품 안에 쓰러지듯 안기게 된 것도 아니다. 은혜롭게 들리지 않을지는 몰라도 내게는 그리스도와 기독교가 얼마든지 거절할 수 있는 대상으로 보였다.

나는 그저 내 삶을 살다가 기독교인으로 바뀌었다. 아무 종교도 믿지 않는 페미니스트로 살던 중, 그런 내 삶의 방식으로는 설명할 수 없는 문제들을 만나게 되었다. 켄 목사님이라는 뜻밖의 친구를 만나지 못했더라면, 그리고 그가 수년 동안 지치지도 않고, 중고차 세일즈맨의 설득방식과는 차원이 다른, 자연스럽고 유기적이면서도 깊은 관심을 보여주는 방식으로 반복적으로 내게 복음을 전해주지 않았더라면, 그런 질문들은 아직도 내 영혼의 한구석에 쌓여 있을 것이고 예수 그리스도라는 귀중한 친구를 만날 수도 없었을 것이다.

예수 그리스도를 사모하는 그의 제자로서, 그리고 지금은 한 사람의 아내이자 아이의 엄마가 된 입장에서 과거의 내 삶을 돌아본다는 것은 위험스러운 일이다. 이전의 삶에 아무 의미가 없었다는 것을 잠시 동안이라도 다시 생각해야 하는 것은 고통스럽다. 그 시간들은 아직도 내 마음의 가장자리에 날카로운 쇠붙이들처럼 남아 있다.

예수 그리스도를 섬기며 사는 삶이 어떤 것인지 설명을 하자면 말문이 막힌다.

파국의 길에 서다

 이전의 내 삶은 몇 주 후면 37세가 되는 1999년 4월에 파국의 길로 들어섰다. 당시 나는 시러큐스 대학의 부교수였는데, 영문학과 종신 교수로 머물 수 있는 자격을 막 부여받았고 여성학센터에서도 가르치고 있었다. 내 연인인 T는 근처 대학의 겸임교수이자 동물과 환경 보호를 위해 활동하던 사회운동가였다. 우리는 동거를 하면서 대학에서 제공하는 동거인 프로그램의 혜택을 누리고 있었고 공동 소유의 집도 있었다. 그녀는 학대를 받거나 버려진 골든리트리버들을 치료하여 장애인들에게 서비스견으로 제공하고, 그럴 능력이 없는 개들은 애완견이 필요한 가정에 제공하는 일도 하고 있었다. 우리의 집은(우린 교외 주택가와 대학가 내에 집이 있었다) 다양한 지적인 활동과 사회운동을 하는 사람들의 구심점 역할을 했고, 우리는 유기견 수용소 활동 외에도 에이즈 환자들에 대한 의료 제공, 아동들을 대상으로 하는 문맹퇴치 운동, 성적 학대 방지 및 치료, 장애인들을 위한 인권 활동 등 많은 활동들에 관여하고 있었다. 우리는 단일신보편구원교회(Unitarian Universalist Church)에 출석하고 있었는데, 그곳에서 나는 게이들과 레즈비언들을 환영하는 소위 친교부를 담당하고 있었다.
 영문학에서 내 전공 분야는 19세기 문학과 문화였다. 19세기 문학에 대한 내 관심은 프로이트, 마르크스, 다윈의 철학들과 정치적인 세계관에 기반을 둔 것이었다. 그중에서도 포스트모더니즘이라고도 알려져 있는 비판이론, 더 구체적으로는 '퀴어이론'(Queer theory: 이른바 정상적인 성 행위를 강화하고 당연시하는 전제들에 저항하는 이론-옮긴이)을 주로 연구했다. 내 연구 분야에서 종신 교수직을 보장받기란 결코 쉬운 일이 아니었다. 서평의 대상이 될 만큼 비중 있는 책을 출간하고 매년 여섯 편 넘게 학술논문들을 써야 했으며 관련 분야를 다룬 연구 발표회를 하는 등 활발한 학술 활동을 해야 했다. 내 연구 분야에서 종신교수직을 얻으려면 이 정도의 지적인 노력은 당연한 것이었지만, 언젠가 의사인 친구에게 이런 이야기를 하자 "세상에! 비장을 떼어내서 다시 씹어 삼키라고 요구하는 편이 훨씬 수월할 것 같다"라고 말했다. 그 정도로 혹독하고 힘든 분야였지만 나는 내가 하는 일이 중요하고 큰 의미가 있다고 자부했다.

돌이켜 볼 때, 교수로서의 나 자신이 어땠는지 쉽게 평가를 내릴 수 없다. 나는 나 자신을 내가 차지하고 있는 자리에 걸맞은 능력을 갖추지 못한 가짜라고 생각했다. 시러큐스 대학에 임용된 것만으로도 큰 행운이라고 생각했고 종신교수직은 생각도 못했기 때문에 막상 내가 그 자리를 얻게 되었을 때는 맘속으로 적잖이 놀랐다.

교직에 들어선 지 얼마 지나지 않아 나는 학부생들을 담당하는 학과장이 되었다. 수업 커리큘럼을 짜고 학생들의 학업을 독려하는 그 자리가 나는 마음에 들었다. 경력이 오랜 동료 교수들은 종신교수로 임명받기 전에는 학과장 자리를 맡지 않는 것이 좋다고 충고를 했다. 행정업무를 처리하다 보면 연구할 시간이 모자라고 쓸데없이 부서 내의 정치에 말려들어 공연히 적들을 만들기 쉬워 손해를 입기 쉽다는 이유에서였다. 하지만 나는 그런 보수적인 충고들을 귓전으로 흘려보내고 학과장직을 맡았다. 안전지향적인 충고들을 멀리함으로써 나는 귀중한 교훈을 얻게 되었는데, 우리가 잘할 수 있는 일들을 기반으로 일을 해야만 성공이 뒤따른다는 것이다. 좋아하고 잘할 수 있는 일들을 하다 보니 좀 더 효율적으로, 집중해서 글을 쓰거나 연구를 할 수 있게 되어 오히려 내게 도움이 되었다. 분명 실패의 위험이 따르기는 했지만 내 강점을 중심에 두고 일을 하는 데 따르는 위험은 좋은 위험이었고 지금 생각해 봐도 그때 그런 위험을 떠맡았다는 사실이 기쁘다. 실제로 무엇인가 손해를 볼 수 있을 때 얻는 성취가 더 달콤하다는 원칙을 몸소 입증한 것 같아서 나는 한층 더 뿌듯했다.

내가 나를 어떻게 생각하든, 밖에서 볼 때 내 모습은 전혀 가짜 같아 보이지 않았을 것이다. 나는 교수로서 사람들의 관심을 끄는 일들을 많이 했다. 성소수자에 대한 인식을 개선하기 위해 벌이는 게이 프라이드 행진에서 기조연설을 하거나 하버드 대학 등 유수의 대학의 초청으로 게이와 레즈비언 연구에 관한 강의를 하기도 했다. 하지만 비록 성실하게 열정을 갖고 임하려 해도, 대학원생들의 논문을 지도하거나 그들이 치러야 할 다양한 시험 준비를 돕는 일은 힘에 부쳤다. 취업 시장은 언제나 사정이 좋지 않았고 그들의 취업 준비를 돕기에 필요한 자질도 내게는 부족했다.

학부 학생들을 가르치는 일이 내가 맡은 일들 중에서 가장 즐거웠다. 나는 아직도 그들과 함께 수업하면서 느꼈던 생기발랄함, 순간적인 깨달음의 즐거움을 잊을 수 없고 그리워한다. 그립기는 동료들도 마찬가지다. 모험적이고 복잡한 사고의 소유자들인 그들은 우리 시대의 문화의 첨병과도 같은 사람들이었고, 내가 안온한 사고의 틀에 머물지 않도록 끊임없이 나를 다그쳤다. 구성원들이 모두 비슷한 생각을 가지고 있는 곳을 활발한 사고가 이뤄지는 현장이라고 생각할 수는 없다. 그 점에 관한 한 그때나 지금이나 내 생각은 변함이 없다. 다양하고 때로는 서로 상충하는 생각을 가진 사람들 사이에 있는 것이 편한 사람들, 그들과 어울려 지내던 시간들이 모두 그립다. 물론 상당한 액수의 급여, 다른 어떤 직업에서도 찾을 수 없을 안정감, 교직원 가족에게 부여되는 등록금 면제 혜택과 도서 구입비, 여행의 기회 등 다른 특전들도 다 마음에 들었지만, 지금 한 사람의 월급만으로 생활을 하며 두 아이를 홈스쿨링하는 입장에서도 물질적인 혜택들보다는 그때 어울렸던 사람들이 더욱 그립다.

레즈비언들의 권익을 보호하기 위한 운동가로서 나는 다양한 동성애 단체들의 활동에 관련되어 있었다. 나는 대학이 동성애 커플들에게도 일반 부부들과 똑같은 혜택을 주도록 정책을 기안하고 로비를 펼친 끝에 이를 성공적으로 관철시키기도 했다. 물론 그 결과로 보수적인 기독교인들에게서 많은 비난을 받기도 했지만. 나는 바쁘면서도 만족스러운, 그러면서도 당시에는 스스로 도덕적이라 느낄 만한 삶을 살았다. 나는 도덕성이라는 주제에 관심이 있었고 "게이와 레즈비언의 삶의 도덕성"이란 주제로 논문을 쓰기까지 했다. 내가 지금 '공공연한' 기독교인인 것처럼 당시의 나는 '공공연한' 레즈비언이었다. 기만적인 삶을 산다는 것은 나로서는 생각할 수도 없는 일이다. 과거 교수였을 때나 기독교 가정의 주부인 지금이나 나는 정체가 드러날까 봐 노심초사를 할 필요가 없는 떳떳한 삶을 살고 있다. 당시 내가 만나본 기독교인들이라야 '예수님을 아는 것' 외에 다른 것들은 알 필요가 없다는 이유로 수강 필수 도서들을 읽지 않겠다는 학생들이나, 내게 증오의 편지들을 보내는 이들, 그러니까 게이 프라이드 행진에 "하나님은 호모들을 미워하신다"라는 플래카드를 들고 나타나는 사람들 정도였다. ("하나님은 호모들을 미워하신다"는 기독교인임을 빙자하여 젊은이들에게 사람들을 핍박하는 기술을 가르치는 웹사이트의 이름이기도 하다.)

내게는 기독교인들이 엉성한 사고의 소유자들처럼 보였다. 빈곤과 폭력, 인종차별과 같은 이 세상의 실제적인 문제들을 제대로 인식하지 못하기 때문에 그들이 지닌 비현실적인 세계관이 가능한 것이라고 생각했다. 그들은 책을 읽어도 제대로 이해하지 못하는 듯했다. 마르크스주의자들이 '천박하다'고 조롱하는 방식, 즉 토론을 심화시키고 풍요롭게 하기 위해서가 아니라 서둘러 종결시키기 위해서 막무가내로 성경책을 끌어들이는 것처럼 보였다. 그들이 걸핏하면 들먹이는 "성경 말씀에 의하면"이라는 말은 정상적인 사고를 포기하라는 주문처럼 들릴 뿐이었다. 그 말이 나오면 영락없이 얼마 지나지 않아 대화가 파국을 맞았으니까. 그들이 자주 사용하는 캐치프레이즈나 상용어구들도 역겹기는 마찬가지였다. "예수님이 답입니다"라는 말을 들으면 지금도 뿌리 없이 서 있는 나무를 보는 느낌이 든다. 답은 질문이 주어진 다음에 나오는 것이 정상이다. 질문에 대해서는 구체적이고 설득력 있는 답을 내놓아야지 모든 것을 다 덮어버리는 포괄적인 말을 답이라고 내놓아서는 안 된다. "정말 놀라운 하나님의 축복이에요"라는 대답을 들을 때마다 십계명의 세 번째 계명(너는 네 하나님 여호와의 이름을 망령되게 부르지 말라)을 어기는 짓거리, 또는 값싼 감상으로 뒤범벅된 너절한 감사카드를 보는 느낌이 든다. 성경에 대한 이해가 이 정도인 사람들이라면 자신들의 삶이나 문화, 다른 어떤 것들에 관해서도 책을 읽거나 깊은 생각을 하는 사람들은 아닐 터였다.

그들이 반지성적인 사람들처럼 보인다는 것 외에 내가 기독교인들에게 느끼는 두려움이 한 가지 더 있었다. 주님을 벗어난 삶은 고된 시련을 겪게 된다. 잠언은 솔로몬의 입을 통해 다음과 같이 말한다. "사악한 자의 길은 험하니라"(잠언 13:15). 물론 기독교인들의 삶도 힘들기는 하지만 그것은 다른 의미의 힘겨움, 적어도 목적이 있기에 참을 수 있을 만한 어려움이다. 그들은 자신들이 겪는 고통의 의미, 목적, 은혜를 이해하고, 모든 것, 심지어는 악한 것들조차 "하나님을 사랑하는 자 곧 그의 뜻대로 부르심을 입은 자들에게는 모든 것이 합력하여 선을 이룬다"(로마서 8:28)는 것을 믿는다. 주님 밖의 삶은 힘들고 두렵다. 그리스도 안에서의 삶도 고비가 있고 어두운 터널을 지나야 할 때가 있지만 그런 고통을 느낄 때조차 그 삶은 목적이 있는 삶이다. 이야기가 너무 앞서 나가는 느낌이 있지만, 내가 기독교인들에게 느꼈던 가장 큰 두려움은 다음과 같은 것이다. 레즈비언들의 공동체는 내게 안전하고 안정된 보금자리 같은 느낌을 주었다. 그곳은 내가 가장 잘 알고 아끼는 사람들이 속한 공동체이기도 했다. 하지만 레즈비언 공동체가 다가오는 사람들을 팔 벌려 포용하고 환영하는 반면에 기독교인들의 공동체는 배타적으로 보였고(실제로 그런 경우도 많다)

쉽게 사람들을 정죄하려 들거나 냉소적이고 이질적인 요소가 그들에게 섞일까 봐 두려워하는 것 같았다. 게다가 하나님께서 이런 편협하고 꽉 막힌 세계관과 그에 기인한 현상들, 즉 공화당의 정책들, 공교육 불신, 소아질환을 예방하기 위한 백신 거부를 옹호하신다고 주장했다.

기독교를 하나의 라이프스타일로 이해하는 사람들, 성경에서 찾았다고 주장하지만 사실은 자신들이 만들어 냈을지도 모르는 라이프스타일 뒤에 하나님을 줄 세우는 사람들을 보면, 아직도 나는 두려운 마음이 앞선다.

비록 내 분야를 리드하는 학자는 아닐지라도, 나는 나름대로 연구하고 글을 쓰는 것을 좋아하며 새로운 생각들을 알아보는 데 따르는 위험을 예나 지금이나 기쁘게 감수한다. 누가 한 말인지는 분명치 않지만 내 컴퓨터에는 "나는 사소한 것들에 정확하기보다는 중요한 것에서 틀리기를 원한다"란 말이 붙어 있다. 사람들이 모두 알 수 있는 큰 실수를 하면 조만간 자신의 잘못을 깨달을 수 있고 그것을 수정하는 과정을 통해 성장할 수 있다는 뜻이리라. 나는 그 말을 이해하고 있다. 잘못을 저질렀을 때 그것을 숨기기에 급급하고 그래서 자신을 지켜보는 학생들, 세상 사람들에게 절대로 실수를 하지 않는 것이 성공적인 삶이란 허황된 생각을 불어넣는 것보다는 유연하게 자신의 실수를 인정하는 것이 더 도덕적인 일일 것이다. 자신이 잘할 수 있는 일들에 주력하고 삶의 모든 영역에서 유연성을 키우는 것이 내가 인생을 살아온 원칙이었다.

예전에 체조와 마라톤을 했던 개인적인 경험에 비춰보자면 얼마간의 여유를 가지고 꾸준히 노력하는 것이 완벽을 추구하거나 돌발적으로 자신을 몰아대는 것보다 훨씬 효율적이다. 내 생각에는 아무리 혹독한 실패를 경험하더라도 다시 자신을 추스르고 나아갈 줄 아는 사람들이야말로 진정한 승리자이다. 실패에 적절하게 대응을 하지 못하면 우리는 나이만 먹을 뿐 성장과는 거리가 먼 삶을 살게 된다. 그런 의미에서 나는 언제나 내가 틀렸을 수도 있다는 위험을 진리에 더 가까이 다가서리라는 희망 안에서 기꺼이 껴안으려 한다. 이왕 실패를 하려면 전향적으로 하는 것이 좋다. 적어도 우리는 바른 방향으로 나아가고 있는 셈이니까. 한 발짝 물러서는 여유, 회복력, 내 강점과 약점의 정확한 파악, 이 모두가 내 삶과 연구를 더욱 활기 있게 만든 항목들이다.

스스로 여유로운 삶의 자세를 지녔노라고 자부하고 있었지만, 미국에서의 우파 종교인들의 득세와 도대체 그들은 성경을 어떻게 읽기에 동성애자들을 그토록 격렬하게 증오할까를 짚어보는 책을 쓰기 위해 자료를 모으면서 나는 나의 힘으로는 도저히 해결할 수 없는 근원적인 문제들을 만났다. 1992년 팻 로버트슨이 공화당 전당대회에서 "페미니즘은 여자들을 남편과 아이들을 버리고 사술을 행하며 자본주의를 파괴하고 결국은 레즈비언들로 만든다"라고 공표를 한 이래로 나는 우파 기독교에 관심을 갖고 연구를 해왔다. 그의 주장이 얼마나 어리석고 위험한 것인지는 말할 필요조차 없었다. 다른 이들의 설득력 있는 논리에 질투를 느끼는 모습을 보일 때 기독교는 추하게 보인다.

솔직히 말하자면 미션스쿨로 시작한 미국 주요 대학들에서조차 페미니스트들이 기독교인들보다 더 뛰어난 수사적 능력을 보여 왔다.

비록 지금은 예수님만을 바라보며 살고 있지만 나는 미국 대학들의 현실을 바라보며 개탄을 금치 못하는 기독교인들에게 동조를 할 수 없다. 대부분의 대학들에서 페미니즘이 기독교보다 더 많은 관심을 끌고 있다는 사실 앞에서 그들은 당혹감을 감추지 못한다. 페미니즘이 많은 학생들의 마음을 빼앗아 왔지만 이런 사실들을 이해하거나 대처하기에는 교회들이 너무 무지하거나 나약한 행보를 보여 왔다. 그들은 자신들을 패러다임의 변화에 따른 불가피한 희생자들로 새로이 자리매김했지만 이런 모습을 정직한 자세로 볼 수는 없다. 내 생각에 대부분의 유수한 미국 대학들은 미션스쿨로서 유구한 기독교의 전통을 지니고 있기에 교계는 그에 기대어 안주하려고만 해왔을 뿐 학생들의 삶에 영향을 끼치려는 노력은 하지 않았다. 대화보다는 설교만 하려드는 자세를 고집한 덕분에 젊은 학생 문화에 속하는 방법도 알지 못했다. 복음을 전하는 것을, 이교도들에게 기독교의 특정한 행동양식들을 강제로 떠맡기는 것으로 이해하는 것은 분명 문제이다. 그런 사실이 마음에 들든 그렇지 않든, 대중들은 페미니스트들이 기독교인들보다 더 지적으로 진실하다고 여긴다. 사정이 이렇게 된 데는 크리스천들에게도 큰 책임이 있다.

팻 로버트슨은 내가 우파 종교인들을 연구하면서 보게 된 영적인 자만심에 빠져 있고 편당 짓기를 좋아하는 기독교인들의 좋은 예다. 하지만 나는 그들의 모습이 기독교의 전부라고는 생각하지 않았다.

그렇다면 기독교의 정수는 무엇일까? 진실한 기독교인은 왜 기독교인이 된 것일까? 그들은 무엇을 믿는 것일까? 왜 그들은 심오한 사상보다는 예수라는 한 사람에게 집중하는 것일까? 우파 기독교인들이 성경을 어떻게 해석하는지 알아보기 위해 영문학 교수의 입장에서 나는 성경을 읽어야만 했다. 하지만 히브리어나 그리스어를 공부한 적이 없고, 다양한 신학 분야가 어떤 관계에 있는지도 알지 못하며, 교리, 규범, 텍스트들이 어떻게 이용되는지도 모르는 처지에 있는 내가 혼자 힘으로 성경을 연구하는 것은 불가능해 보였다. 일단 독학으로 그리스어 공부를 시작한 후 내가 성경을 이해하는 데 도움을 줄 만한 사람을 찾기 시작했다. 도움은 예상치 못한 곳에서 왔다.

켄과 플로이를 만나다

내가 지역신문에 PK(Promise Keepers: 미국에서 시작된 남성 회복운동 단체-옮긴이)들의 성차별적인 논리를 비판하는 글을 올린 후 증오심에 가득차거나 열렬한 공감을 표하는 편지들이 날아들었다. 짧은 글을 하나 투고했을 뿐인데 쇄도하는 편지를 받기 위해 책상 양쪽에 빈 상자를 하나씩 놓고 한쪽에는 증오의 편지들을, 한쪽에는 공감의 편지들을 따로 담아야 할 지경이었다. (내 책에 대해 독자들이 그렇게 열띤 반응을 보여준다면 얼마나 좋을까!)

시러큐스 개혁장로교회 담임목사 켄 스미스가 보낸 편지도 그런 편지들 가운데 섞여 내게 왔다. 그의 편지는 매우 친절한 어투로 나 자신도 간절히 대답하고픈 그런 질문들을 묻고 있었다. 당신은 투고에 실린 결론에 어떻게 이르게 되었는가? 당신은 자신의 의견이 옳다는 것을 어떻게 검증할 수 있는가? 당신은 하나님의 존재를 믿는가? 켄 목사는 내 글의 근거가 되는 전제들을 더 깊이 연구해 보라고 권하고 있었다. 어떻게 대응해야 할지 몰라 나는 그 편지를 읽고 또 읽었다. 양쪽 상자들 가운데 어느 쪽에 그 편지가 적합한지조차 결정할 수 없어 그 편지는 내 책상 위에 놓였고 한참 동안 나를 신경 쓰이게 했다.

며칠 동안 그의 글을 되새긴 뒤에 나는 마침내 켄의 권고대로 내 연구의 전제들이 지니는 문제점들을 제대로 한번 되짚어 보기로 결정했다. 나는 역사적 유물론의 세계관을 기반으로 연구를 해왔지만 기독교는 본질적으로 초자연적인 세계관을 지니고 있다. 기독교인들은 예수 그리스도께서 역사상, 그리고 온 세상의 진리라고 주장한다. 하지만 그가 역사에 들어온 방식은 내 연구의 핵심적인 주장들에 위배되는 것이다. 역사적 유물론은 어느 누구도 역사에 들어갈 수 없고 다만 거기에서 나올 수 있을 뿐이라고 생각한다. 예수 그리스도에 관한 한 그의 정체, 본질, 이유, 방법이 모두 미스터리일 뿐이다. 나는 내 글의 전제가 되어야 할, 하지만 그 성격상 초자연적이고 영적인 이런 질문들에 대해 그때까지 전혀 생각을 해본 적이 없었다. 그러나 내가 막 시작하려던 연구는 이런 이질적인 세계관을 피해갈 수 없는 것들이었다. 정작 글쓴이도 인지 못하는 내 연구의 근본적인 결함을 켄 목사는 내게 지적해 주었다.

이상하게도 그때까지 아무도 내게 그런 질문을 하거나 그런 질문을 떠올리게 한 사람이 없었다. 켄의 질문들은 논리적으로 타당한 것들이었지만, 그렇다고 포스트모더니즘을 연구하는 교수들이 회의 시간이나 술자리에서 화제로 삼을 만한 주제들은 아니었다. 성경은 이성이 믿음에 이르는 첩경이 아니라고 분명히 말하고 있다. 영적인 문제들을 분별하기 위해서는 영적인 시각이 필요한 것이다. 하지만 크리스천들이 영적인 논리가 도출될 수 있는 명징한 패러다임들을 사용하여 현재의 문화에 대해 그런 질문들을 묻지 않는 한 어떻게 영적인 시각들을 형성할 수 있다는 말인가? 켄의 편지는 이전엔 전혀 생각지 못했던 그런 질문들을 자문하게 했다.

그건 그렇고, 나는 서류들이 어수선하게 흐트러진 책상을 싫어한다. 그럼에도 켄 목사의 편지는 꼬박 일주일간 내 책상 위에 놓여 있었다. 내가 보통 그런 상황을 견딜 수 있는 기간보다 6일이 더 지체된 셈이다. 어느 곳에 두어야 할지 알 수 없는 그의 편지는 나를 불편하게 했다. 몇 번이나 그 편지를 쓰레기통에 던져 넣었지만 일과가 끝날쯤이면 나는 폐지뭉치를 뒤져서 다시 그 편지를 꺼내왔다. 편지는 시러큐스 개혁장로교회라고 인쇄된 편지지에 두 장에 걸쳐 정성스레 작성되어 있었다. 말끔하게 입력한 편지 말미에는 굵고 깨끗한 필체의 켄의 자필서명이 있었다. 개혁장로교회라는 이름에서 개혁(Reformed)이란 단어는 전통을 맹목적으로 따르는 자세와 구별되기 위해 사용하는 것이리라. 그의 사인과 글투로 미뤄볼 때 나이는 지긋하지만 정신적인 여유가 있는 모습이 그려졌다. 자신이 말한 주제들에 관해 좀 더 깊은 대화를 나누고 싶으면 언제든지 자신을 찾아오라는 초대로 편지는 끝을 맺었다. 그때껏 내가 받은 편지 중 가장 친절한 항의 편지였다. 일주일 후에 나는 그에게 전화를 걸었다.

과연 생각대로 켄은 괜찮은 사람이었다. 전화상으로 얼마간 즐거운 대화를 나눈 후 그가 나를 저녁 식사에 초대했다. 하지만 전화를 끊기 전에, 그때서야 생각이 났는지, 초면인 사람의 집으로 저녁 식사를 하러 오는 것이 부담스러우면 자신과 아내가 근처의 레스토랑으로 나가는 것도 좋다고 했다. 나는 그가 아주 사려 깊은 사람, 아니 거의 기사도를 따르는 사람처럼 여겨졌다. 그의 말을 듣고 보니 그의 집에 가는 것이 더 편하게 느껴졌다. 게이와 레즈비언의 모임은 손님들을 환대하는 분위기로 유명하다. 나도 여장남자들이나 나 같은 레즈비언들에게 파스타를 대접하는 손님 대접하는 법을 익혔다. 이견을 둘러싸고 토론을 벌일 때는 사적인 공간이 더 마음에 편했다. 게다가 이제까지 비슷한 경험을 해본 적이 없었던 나는 기독교인들의 가정생활이 어떨지 궁금했다.

나는 선뜻 그의 초대를 받아들였다. 자신의 의지로 그리스도를 받아들인 사람을 실제로 만나서 그렇게 어리석은 생각을 믿는 이유가 무엇인지 물어볼 수 있다는 생각에 살짝 흥분이 되었다. 그의 저녁 초대는 어디까지나 책을 쓰기 위한 자료 수집 과정의 일부였다. 켄 목사는 우리 집에서 3킬로미터 정도밖에 떨어지지 않은 대학가 안에 살고 있었다. 그의 집은 내 조깅코스에 위치해 있었기에 나는 말만 듣고도 그의 집이 어디인지 정확히 알 수 있었다. 그를 처음으로 만나는 자리이지만 모든 것이 편하게 느껴졌다. 나는 혼자 그의 집을 향했다.

켄과 그의 아내 플로이를 처음 만난 날이 지금도 생생하다. 나는 게이들의 삶과 낙태를 옹호하는 내용이 담긴 차량용 범퍼스티커와 상고머리 스타일이 신경이 쓰였다. 저녁으로 채식주의자를 위한 볶음요리를 준비했다는 플로이의 말을 듣고 얼마나 안도감을 느꼈었는지는 지금도 기억난다. (도덕적인 이유에서는 물론 건강상의 이유로 나는 채식을 하려 노력하고 있었다.) 현관에서 약간 어색하게 인사를 나눈 후 가방에서 선물 두 개, 질 좋은 포도주 한 병과 향이 약간 강한 차를 꺼냈던 것도 생각난다. 꽤 더운 칠월 날씨였지만 두 사람이 에어컨을 틀지 않고 있었다는 점도 마음에 들었다. (나는 환경문제 전반에, 특히 오존층에 대해 관심이 많았는데 그들도 그런 것 같았다.) 이런 세세한 사항들을 이야기하는 이유는 당시의 내 생각의 흐름을 실감 나게 보여주기 위해서다. 나는 그들과 친숙해지고 싶었지만 내 도덕적인 잣대들을 포기할 만큼은 아니었다. 레즈비언으로서의 내 정체성, 동성애 문화, 가치관들이 내게는 훨씬 더 중요했다. 삶의 경험뿐만 아니라 연구와 사유의 과정을 통해 나는 내가 지닌 문화, 가치들을 소유하게 되었다. 내가 켄과 플로이를 보고 바로 마음에 들어 했던 것은 그들이 그런 점에 민감했기 때문이었다. 비록 그 두 사람과 나는 명백한 차이점을 지니고 있었지만 그들은 내가 빈 칠판 같은 상태로 그곳에 서 있는 것이 아니라는 것, 내게도 중요하게 여기는 가치와 견해가 있다는 것을 인정하는 것처럼 보였고, 대화를 하면서도 충분히 나를 존중해 주었다.

식사 중 가장 기억에 남는 일은 켄의 식전 기도였다. 그의 기도는 아주 낯설었다. 그는 하나님이 우리에게 관심을 기울이고 계신 것처럼, 하나님이 우리 대화를 듣고 계신 것처럼, 그리고 그분이 곧 답을 주실 것처럼 기도했다. 식사 자리에 동석한 비기독교인의 귀를 의식한 허세 가득한 기도가 아니었다. (게이 프라이드 행진이나 가족계획을 찬성하는 병원들 앞에서 나는 허세 부리는 기도를 하는 사람들을 자주 보아왔다.) 그의 기도는 지극히 사적이고 정직한 자신의 토로였다. 나는 뭔가 진실하고 실재적인, 모든 사람에게 명백하지만 나로서는 알 수 없는 아주 중요한 어떤 것에 발을 디딘 느낌이 들었다. 켄은 내 앞에서 자신의 '하나님'에게 겸손히 기도함으로써 자신의 모습을 있는 그대로 드러냈고 나는 그의 그런 모습을 눈여겨보았다.

식사를 하면서 나는 내 피를 거꾸로 솟게 할 말이 그의 입에서 나올 때를 기다리고 있었다. 당시 나는 하나님은 죽은 존재이고, 만약 그가 살아 있다면 세상에서 벌어지고 있는 폭력, 빈곤, 인종차별, 성차별, 인간혐오, 전쟁 따위에는 관심이 없는 분일 것이라고 생각하고 있었다. 마르크스가 말했듯이 종교는 인민의 아편이고 지적으로 모자라는 사람들의 존재불안을 진정시키기 위한 제국주의적인 사회적 구조물일 뿐이었다. 하지만 켄이 믿는 하나님은 다소 완고하지만 살아 계시고 입체적이며 현명한 존재 같은 느낌이 들었다.

우리의 대화는 생기 있고 즐거웠다. 플로이는 순종적인 아내이면서도 재능 있고 재치와 감수성이 넘치는 박학다식한 여인이었다. 게다가 훌륭한 요리사이기까지 했다. 골수까지 보수적인 목사이면서도 켄은 사람들의 말을 경청하고 그 의견을 균형 잡힌 관점에서 받아들일 줄 알았다. 시를 좋아하고 문명과 정치에 관한 독서를 즐기며 아내를 사랑하고 의지하며 아내의 의견을 높이 사는 사람이기도 했다. 이들은 그때까지 내가 알던 전형적인 기독교인들의 모습과 달랐고 나는 이 점을 어떻게 받아들여야 할지 알 수 없었다. 그가 보냈던 편지와 마찬가지로 켄은 쉽게 평가를 내리고 지나쳐 버릴 수 있는 사람이 아니었다.

켄과 플로이는 식사 시간을 통해 기독교의 오랜 전통이지만 대부분의 크리스천 가정들에서 더는 볼 수 없는 일을 했다. 그 부부는 나를 희생양으로 삼기 위해서가 아니라 내 이야기를 듣고 배우고 대화를 나누려고 이방인을 그들의 식탁에 초대했다. 부부는 자신들을 고스란히 드러내는 투명한 믿음을 지니고 있었다. 우리는 세계관에 대한 토론보다는 각자가 믿는 진리, 우리를 행동하고 움직이게 만드는 것들에 대해서 대화를 나누었다. 켄과 플로이는 내가 어떤 인간인지 파악하려 들지 않았고 그리스도의 마음을 품고 내 말을 경청해 주었다. 그들은 기독교인의 동정심을 가지고 이방인인 내게 다가오는 긴 여정을 시작하려 했다. 식사 중 그들은 내게 복음에 대해 말을 하지 않았고 식사 후에도 교회에 나오라는 말 같은 건 하지 않았다. 으레 나오리라 예상했던 말들이 나오지 않은 덕분일까? 식사 후 켄이 나랑 계속 연락을 하며 지냈으면 좋겠다고 제안을 했을 때 나는 부담감이 느껴지지 않았다.

주님이 걷게 한 여정은 처음부터 큰 모험이었다. 급진적인 페미니스트 레즈비언 여교수와 70대의 크리스천 부부가 창 넓은 사택에 앉아 시러큐스의 해가 저무는 동안 소찬을 나누는, 참으로 있을 법하지 않은 모임이 그 여정의 첫 단계였다. 그들의 집을 나서면서 나는 많은 것들이 궁금해졌다. 신은 존재하는가? 만약 신이 존재한다면 내게 무엇을 기대하실까? 신과는 어떤 식으로 소통할 수 있는 걸까? 신이 어떤 분이고 무엇을 원하시는지 어떻게 알 수 있을까? 하지만 신이 죽었다면? 어떤 쪽으로든 진실을 받아들일 용기가 내게는 있는 것일까?

교회에 발을 들여놓기까지 2년 동안, 나는 켄과 플로이를 만나면서 성경을 읽고 내 마음을 들여다보며 지냈다. 만약 켄과 플로이가 첫 번째 식사를 위해 나를 교회로 초청했더라면 나는 그 길로 뺑소니를 놓고 다시는 그들을 만나지 않았을 것이다. 켄은 설교의 능력을 알고 있었지만 그 당시 내가 교회에 나올 수 없는 처지라는 것도 알고 있었다. 교회에 나오라는 말은 당시의 내게는 아주 위협적이고 황당하고 부당한 말처럼 들렸을 것이다. 대신 그가 선택한 방법은 교회를 내게 데려오는 것이었다. 켄과 플로이가 있는 그대로 속을 다 드러내 보여주는 만큼 나도 내면을 드러내 보이는 데 필요한 여유와 안전감을 느꼈기에 나는 그들에게 내 마음을 열었다. 내가 어떤 사람인지 무엇을 소중하게 여기는지 그들에게 알려주었다. 그들을 집으로 초대해 내가 사는 세상을 보여주고 내 친구들을 소개하고, 내가 여는 만찬들에 초대해 내가 어떻게 살아가는지 보여주었다. 이런 일들을 할 수 있을 정도로 그들은 내게 편안한 사람들이었다.

어떤 연구든 나는 시작 전에 내가 이해하려는 텍스트를 반복해서 읽는다. 당시에도 나는 성경을 반복해서 읽고 또 읽었다. 강박증에 걸린 사람처럼 나는 성경을 탐독했다. 매일 4시간 정도를 할애해서 가톨릭에서 사용하는 성경을 포함해서 구할 수 있는 모든 번역본들을 읽었다. 하지만 그때만 해도 나는 우파 종교에 관한 연구를 하고 있을 뿐이라고 생각을 했다. 그 2년 동안 켄과 플로이는 내가 어떤 책들을 읽고 있는지 묻고 내가 하는 말을 들어만 주었을 뿐 내 삶에 압력을 가하거나 간섭하려 들지 않았다. 그들은 그냥 내 옆에 있어 주었다. 켄의 이메일이나 전화에 응답을 하지 않은 채 한두 달이 지날라치면 그는 옆집에 살고 있는 사람인 듯, 책이나 집에서 만든 빵 한 덩이를 들고 불쑥 나를 찾아왔다. 켄과 플로이, 그리고 나는 친구가 되었다. 나는 스물두 살에 아버지를 여의었다. 나는 성인이 된 딸이 아버지를 대하는 것처럼 켄을 믿고 의지했다.

　서로를 알고 지낸 지 얼마쯤 지난 뒤 켄이 내게 한 가지 제안을 했다. 영어를 전공하는 학생들에게 왜 성경이 꼭 읽어야 하는 기본 도서인지 목사로서 설명할 기회를 줄 수 있겠느냐는 것이었다. 강의안은 벌써 써두었고 이전에도 동일한 강의를 성공적으로 한 적이 있다고 했다. 나도 성경을 읽고 있으니까 성경 안에 얼마나 많은 문학 장르들, 얼마나 빼어난 작품들이 포함되어 있는지 알고 있을 것 아니냐는 것이 그의 주장이었다. 그의 강의안에 어떤 내용들이 들어 있을지 흥미롭기는 했지만 내가 담당하고 있는 학생들을 잠시라도 이 복음주의자의 손에 맡긴다는 생각을 하니 나도 모르게 새끼를 지키기 위해 신경이 날카롭게 선 어미 곰의 태도가 나왔다. 나는 그들을 지킬 책임이 있었고, 우리가 그동안 가르쳐 온 것을 뒤엎어 버릴 가능성이 있는 것에 그들을 노출시키고 싶지 않았다. 그래서 나는 켄에게 분명하고도 엄중하게 거절 의사를 밝혔다. 대신에 나는 그에게 한 사람의 청중을 위해서, 즉 나만을 대상으로도 강의할 용의가 있는지 물었다. 놀랍게도 그는 나의 제안을 기꺼이 받아들였다.

켄과 플로이는 저녁을 먹으며 성경에 관한 강의를 하기 위해 우리 집을 찾아왔다. 나는 집으로 찾아올 손님이 아무도 없을 날을 미리 골라서 그들에게 알려주었다. 내 기억으로는 저녁 식사로 두부와 현미, 브로콜리와 복숭아차를 대접한 것 같다. 나는 켄이 그날 내게 설명을 하면서 사용한 메모지들을 아직도 갖고 있다. 그는 성경을 이루고 있는 66권의 책들을 개괄해 설명해 주었다. 그의 강의의 초점은 '구속'이었는데, 구약 속에 십자가 사건이 어떻게 숨겨져 있는지, 신약에서 그것이 어떻게 드러났는지를 설명해 주었다. 그는 갈보리 산이 구약과 신약의 접점이라고 설명했고, 나는 그 말을 듣고서야 비로소 예수님이 갈보리 산에서 겪어야 했던 것들을 생각해 보게 되었다.

그날 그는 많은 이야기를 했는데 다뤄야 할 내용이 너무 많았다. 그의 말을 들으면서 나는 흥미도 느꼈지만 점점 분노가 치밀었다. 만약 켄의 이야기가 사실이라면 그때껏 내가 믿어왔던 모든 것이 토씨 하나까지 모두 거짓이 되고 말 참이었다. 결코 끝이 나지 않을 것 같던 강의를 마친 뒤 그는 "강의를 듣고 난 후 어떤 생각이 들죠?"라고 질문을 했다. 나는 "목사님은 그 자체가 진리라고 주장하는 책 한 권만을 가지고 있고, 그래서 존재론적 오류(작품을 완전한 자족적 실체로 보고, 그 안에 모든 해석의 자료가 있다고 믿는 오류-옮긴이)에 빠져 있을 수도 있지만, 내 서가에는 목사님의 주장이 틀렸다는 것을 주장하는 책들이 오십 권도 넘게 꽂혀 있어요. 결국은 어떻게, 그리고 왜 성경이 진리인지를 보여주는 것이 목사님이 말한 모든 이야기의 귀결이네요" 하고 대답했다. 나는 내 대답이 그의 거품 같은 주장을 터뜨려 그가 허둥지둥 도망 가게 할 거라고 생각을 했다. 하지만 실제는 그렇지 않았다. 그는 함박웃음을 짓고 손뼉까지 치며 마치 우리가 의견 일치를 이루기라도 한 것처럼 기뻐했다. "정확한 말이에요." 반대의견에 대한 그의 열정적인 반응은 나를 머리끝까지 약 오르게 했다.

켄은 다음에는 어떻게, 그리고 왜 성경이 진리인지를 설명해 주겠다고 말했다.

포스트모더니즘의 영향 아래 이뤄진 교육의 산물인 내게 그의 말은 터무니없을 정도로 순진하게 들렸다. 내게는 유일무이한 진정한 진리는 존재할 수 없었고 다만 그것을 자처하는 수많은 주장들만이 있을 뿐이었다. 켄과 플로이가 돌아간 후 나는 내가 기르는 개 머피와 함께 긴 산책길에 나섰다. 쌀쌀한 밤길을 걸으며 나는 정말로 내가 인지할 수 있고 변치 않으며 견고하고 모든 것에 미치는 진리가 존재한다면, 사람들을 지극히 사랑한 나머지 내가 저지른 그리고 앞으로도 저지를 죄를 대신해서 성부 하나님의 진노를 견뎌내신 신인(神人)이 존재한다면, 내 삶이 얼마나 평화로워질까를 생각해 보았다. 하지만 별로 위안이 되지는 않았다. 이제까지의 내 삶은 어쩌란 말인가? 그때까지의 내 모든 과거의 삶을 헌신짝처럼 버릴 수는 없었다. 내 과거는 나의 신전이었고 내 작은 세계에 들어오는 사람이나 세계관은 그 앞에 머리를 조아려야 했다. 나는 크리스천들에 대해서도 생각을 했다. 분명 내가 아는 그들 중 몇 사람은 과거가 있는 사람들이었다. 그들은 그 문제를 어떻게 해결한 걸까? 자신의 정체성을 잃지 않으면서 어떻게 자신들의 과거를 버릴 수 있었을까? 레즈비언이라는 정체성을 잃어버린다면 나는 어떤 존재일까? 물론 내가 항상 레즈비언이었던 것은 아니다. 하지만 동성 친구를 만난 후 나는 그 상태를 벗어날 수 없었고, 그래서 비로소 내 '진정한' 자아를 찾았다고 확신했었다. 그럼에도 나는 사랑하는 사람들을 위해 목숨을 내놓았다는 이 하나님이 궁금했다. 믿기 어려울 만큼 듣기 좋은 이야기가 아닌가. 과연 그런 이야기가 사실일 수 있을까. 생각에 생각을 거듭하던 순간 나는 깜짝 놀라 생각을 멈췄다.

이게 뭐하는 짓이지? 정신 나간 거 아냐?

'개혁'장로교회에서는
어떤 일들이 벌어지고 있을까?

몇 주 후, 내가 조깅을 하러 나간 사이에 켄이 기독교교육에 관한 책 한 권을 들고 집을 다녀갔다. 나는 그에게 내 레즈비언 연인을 들킨 것 같아 당혹스러웠다. 1년 넘게 그와 만나왔지만 그에게 T의 존재를 감춰왔다. 내가 나의 모습에 대해 자긍심 이외의 감정을 느낀 것은 그때가 처음이었다.

1997년 4월부터 1999년 2월까지 나는 성경을 읽으며 켄과 플로이와의 대화를(대체로) 즐겼고, 새로 접하게 된 생각들을 머릿속에서 되짚어 보는 것이(대체로) 즐거웠다. '죄'나 '회개'처럼 뭔가 거북하고 직접적으로 다루기 어려운 개념들을 만나면 그것들을 그저 한구석으로 치워 놓고 계속 책들을 읽어나갔다.

나와는 전혀 다른 친구들을 사귀게 된 후로 나는 내가 진정으로 진보적인 인물처럼 느껴졌다. 마치 내가 진보적인 사람들의 최전선에 서 있는 듯했다. 켄은 학교에 자주 찾아와서 가부장제나 프로미스 키퍼스를 둘러싼 토론회에 참석해 나와 토론을 벌이곤 했다. 내가 지도하던 대학원생들 중 일부는 그를 위험한 사람이라고 생각했지만, 나는 그가 위험스러운 진영에 속해 있지만 안전한 사람이라고 말했다. 학생들은 내가 그를 감싸기 위해 말도 안 되는 구분을 한다며 객관성을 잃고 있다고 말했고, 나는 그들에게 애초부터 나는 객관성 같은 것은 존재한다고 믿지도 않는 포스트모더니스트라고 일깨워 주었다.

켄이 위험하지만 안전한 사람이란 생각이 든 이유는 우리 사이에 존재하는 공통점 때문이었다. 우리는 둘 다 좋은 선생이었다. 좋은 선생은 사람들에게 수치심을 느끼지 않게 하면서 입장을 바꿀 수 있도록 해준다. 켄은 나를 위해 기도할 때마다 내가 기독교인들의 두려움에 희생양이 되거나 금기시되는 인물이 아니라 교회에서 환대를 받는 인물처럼 느끼게 했다.

이 두 해 동안 나는 켄과 플로이의 이기적이지 않은 모습에 깊은 인상을 받았다. 나는 그들이 각계각층의 사람들을 먹이고 재워주고 자문해 주는 것을 목격했다. 그들의 집 대문만큼이나 두 사람의 마음 또한 타인들을 향해 항상 활짝 열려 있었다. 나는 그 두 사람에게만큼은 못할 말이 없을 것 같았다. 켄은 레즈비언인 나를 그대로 받아들이기는 하지만 그런 상태를 인정하지는 않는다고 말했다. 그런데 그의 확고한 이런 입장이 마음에 들었다. 대학의 모든 사람이 나를 인정해 주는데 그의 인정에 목말라야 할 이유도 없었다. 알고 보니 두 사람의 장남인 켄 스미스 박사도 시러큐스 대학에서 교편을 잡고 있었고, 더군다나 대학의 전반적인 운영에 영향을 미치는 예산위원회에서 나와 같이 활동하고 있었다. 내가 알던 그는 위원회에서 벌어지는 일을 제대로 꿰뚫고 있는 유일한 사람이었다. (물론 나는 그 반대였다.) 예산위원회는 중요한 기구였는데 학교 운영자들이 장래의 학장감이나 총장감을 고르기 위해 먼저 살펴보는 곳이었다. 그들은 우리를 지켜보고 다듬어서 그들이 원하는 인물로 만들어 갔다. 물론 이런 사실들은 교수로서의 삶에 따르는 공공연한 비밀이었고, 그것이 비밀이건 아니건 간에 우리에게는 아주 달콤한 내용이었다. 우리는 주목을 받고 있었고, 준비 기간을 거친 뒤에 일부는 높은 자리에까지 진출할 것이었다. 켄 박사와 나는 한 주일간 애디론댁에서 열린 '교수 캠프'에도 함께 참여했는데(그것도 흑파리가 창궐할 때!), 경영진들이 교수들에게 그 시점에 유행하는 최신 교수법을 주입하는 모임이었다.

예산위원회의 일에 내가 서툴다는 것을 알게 된 켄 박사는 회계업무를 가르쳐 주며 오빠가 누이를 대하듯 도와주었다. 어색하긴 했지만 내겐 도움이 되었고, 이들 몇 명의 크리스천들이 내 생활에 들어오면서 이전에는 뾰족하던 내 삶의 모서리들이 부드러워지는 것을 느꼈다. 살아가는 것이 좀 더 편안하고 안정감 있게 느껴졌다.

어느 날 저녁, 켄과 플로이는 내게 R을 소개해 주었다. 섹스와 약물 중독으로 고생했던 전력이 있었고 이탈리아인이면서 버클리 대학에서 영어를 전공해 학위를 받은 인물이었다. 나는 그에게 급속도로 마음이 끌렸다. 그도 대학에서 일자리를 잡고 있었고 나는 몰랐지만 내 강의도 여러 번 들었다고 했다. 우리는 친구가 되었고 R은 자연스럽고 적절하게 내게 복음을 전해주었다. 머지않아 그는 교회와 나를 연결해 주는 사다리 같은 존재가 되었다.

그 즈음에 나는 켄 목사님의 교회에 출석하는 문제를 고려하고 있었다. 내 연구 작업에도 도움이 될 것이고 여러모로 흥미가 있을 것 같았다. '개혁'장로교회에서는 어떤 일들이 벌어지고 있을까? 나는 궁금했다. 그들은 방언으로 의사소통을 할까? 예배당에서 울부짖거나 흐느끼며 춤을 추지는 않을까? 어떤 날은 트럭을 운전하고 가서 교회 옆 자동차 수리센터 주차장에 세워놓은 채 주위를 살피기도 했다. 게이들의 평등권을 주장하는 범퍼스티커와 임신중절을 옹호하는 스티커가 붙어 있는 내 붉은색 트럭을, "임신중절은 뛰는 심장을 정지시키는 짓입니다" 혹은 "경고: 사교적이지 못한 홈스쿨러들이 타고 있음!" 같은 스티커들이 붙어 있는 교회 주차장의 미니밴들 옆에 세워놓으면 얼마나 꼴이 이상할까? 나처럼 청바지 조각이나 걸치고 상고머리를 한 채 교회에 다니지는 않을 것 같았다. 나는 차 안에서 「뉴욕타임스」를 읽거나 스타벅스 커피를 마시며 사람들의 동정을 살폈다. 한번은 그러고 앉아 있는 내 모습이 마치 교회 다니는 사람들을 스토킹이라도 하는 것처럼 보여 나도 모르게 폭소를 터뜨렸다. 예배를 드리기 위해 미니밴에서 교회 마당으로 쏟아지는 대가족들을 보며 그들은 무엇을 하며 사는지, 어떤 걱정거리를 지니고 있을지, 그들의 인생을 구성하는 중요한 문제들은 무엇일지, 도대체 어떻게 그렇게 많은 아이들을 낳아 양육할 수 있는지 궁금한 생각이 들었다.

내가 갈등을 겪는 동안 다른 사람들도 나를 도와주려 했다. 감리교회 목사이자 시러큐스 대학 채플의 주임목사를 맡고 있던 분은 하나님을 위해 내가 모든 것을 포기해야만 하는 것은 아니라고 말했다. 하나님이 나를 레즈비언으로 만드셨기 때문에 레즈비언으로서 정직한 삶을 살아감으로써 하나님을 영화롭게 할 수 있다고 했다. 예수님과 레즈비언 애인 모두를 소유해도 좋다는 그의 말은 무척 달콤하게 들렸지만, 내가 반복해서 읽고 있던 성경말씀에서는 그러한 포스트모더니즘적인 주장은 찾아볼 수가 없었다. 솔직히 말을 하자면, 나는 T와의 관계가 점점 불편하게 느껴졌다. 뭔가 내 가치관 체계가 변화를 보이고 있었다. 여전히 T가 매력적으로 보이기는 했지만 이전만큼 그렇게 절대적이지는 않았다. 그녀가 소중히 여기는 것들이 내게는 모두 값싸게만 느껴졌다. 그녀에게 권태감을 느끼는 것일지도 몰랐다.

나에게 찾아온 변화

게이 커뮤니티의 내 친구들은 모두 내 동정을 주의 깊게 살피고 있었다. 매주 목요일 저녁마다 나는 식탁을 차려놓고 게이들과 레즈비언들을 초대해서 식사를 하며 그들의 당면문제를 토론했다. 이런 모임은 목회를 하는 사람들이나 교직에 있는 사람 모두에게 중요한 일이었다. 두 직업 모두 자신들이 잘 알고 있는 익숙한 사람들을 넘어서 부단히 다른 사람들을 향해 손을 내밀어야 한다. 목요일 저녁 행사에 빠지지 않고 참석하는, 성전환을 한 J라는 여인이 있었다. 내 친구의 친한 친구인 그녀는 생물학적으로는 남성이었지만 여성 복장은 물론 전적으로 여성으로서의 삶을 살았고 여성호르몬을 장기 복용하여 화학적으로 남성이 거세된 상태였다. 어느 날 저녁, 나를 거들기 위해 부엌으로 들어온 J가 내가 성경을 읽기 시작하면서 변했다고 다짜고짜 말을 하더니 파스타와 와인을 손님들에게 내기 전에 도대체 내게 무슨 일이 벌어지고 있는지부터 알아야겠노라고 종주먹을 들이댔다.

처음에 나는 그녀의 말이 터무니없다고 부정했지만 그녀는 물러서지 않았다. 결국 내가 "만약 내가 예수님이 진짜로 존재하고 부활을 하신, 우리를 사랑하고 심판을 하실 주님이라고 믿기 시작했다면, 그래서 정말 모든 게 너무 혼란스럽다면 너는 뭐라고 하겠니?"라고 묻자 J는 식탁의자에 앉아 심호흡을 하더니 우악스런 손으로 내 작은 두 손을 꼭 잡고 말했다. "로자리아, 나도 예수님이 부활하셨고 지금도 살아 계신 주님이란 것을 알아. 나는 이전에 십오 년 동안 장로교회의 목사로 생활했어. 그 시기 동안 나는 하나님께 나를 고쳐달라고 기도했지. 나는 응답을 받지 못했지만 너는 하나님이 고쳐주실지 몰라. 너를 위해 기도할게."

　다음 날, 학교에서 돌아온 나는 책 두 박스가 문간에 놓여 있는 것을 발견했다. J가 자신이 갖고 있던 신학서적들을 모두 내게 보낸 것이었다. 후에 그 책들 중 칼빈이 쓴 「기독교강요」를 읽던 중 "이 대목에 주의할 것. 로마서 1장을 잊지 말자"라고 J가 스스로에게 써놓은 경고문을 보게 되었다. 로마서 1장, 특히 24-28절은 성적인 죄를 지은 사람들이라면 가장 두려워할 만한 구절일 것이다.

　　그러므로 하나님께서 그들을 마음의 정욕대로 더러움에 내버려 두사 그들의 몸을 서로 욕되게 하게 하셨으니 이는 그들이 하나님의 진리를 거짓 것으로 바꾸어 피조물을 조물주보다 더 경배하고 섬김이라. 주는 곧 영원히 찬송할 이시로다. 아멘. 이 때문에 하나님께서 그들을 부끄러운 욕심에 내버려 두셨으니 곧 그들의 여자들도 순리대로 쓸 것을 바꾸어 역리로 쓰며 그와 같이 남자들도 순리대로 여자 쓰기를 버리고 서로 향하여 음욕이 불 일듯 하매 남자가 남자와 더불어 부끄러운 일을 행하여 그들의 그릇됨에 상당한 보응을 그들 자신이 받았느니라. 또한 그들이 마음에 하나님 두기를 싫어하매 하나님께서 그들을 그 상실한 마음대로 내버려 두사 합당하지 못한 일을 하게 하셨으니.

자신의 나이가 내 어머니뻘이라는 둥 농담을 하며 허물없이 지내던 이웃 레즈비언 여인이 어느 날 함께 장을 보러 가기 전에 부엌에서 차를 한 잔 마시다가 질문을 했다. "왜 하필 예수님이지? 부처나 요기가 아니고? 그를 믿는다는 사람들에 의해 동성애자들이 얼마나 큰 고통을 당했는지 알기나 하는 거야?" 사실 그랬다. 정말 나는 왜 예수님께 마음이 끌리는 걸까?

이 사람 저 사람들의 말에 시달리던 나는 덕분에 내 자존심을 죽이고 기도를 하게 되었다. 나는 우파 종교인들에 대한 책을 쓰는 일을 접었다. 이전에 믿던 것들을 더 이상 믿을 수 없었기 때문이다. 가톨릭 가정에서 자란 나는, 나도 모르게 내 어린 시절의 믿음의 뼈대가 되었던 가르침과 느낌들을 떠올렸다. 가톨릭 신자들이 매주 외워서 암송하는 주기도문과 사도신경까지 마음에 떠올랐다. 나는 내가 겪고 있는 모든 혼란스러운 일들을 켄 목사 앞에 털어놓고 그의 의견을 구하기로 했다. 분명 위험한 일이었지만 그때쯤 켄은 이미 내 친구였다. 그는 내가 겪고 있는 영적인 위기를 이해할 수 있도록 도움을 줄 수 있는 유일한 존재였다. 미리 시간 약속도 하지 않은 채 나는 교회를 찾아가 그의 사무실을 향했다. 의자에 앉자마자 나는 입을 열었다, "켄 목사님. 내 세상이 온통 뒤죽박죽이 되었어요. 어떻게 하죠?"

켄은 잠자코 내 이야기를 모두 들어 주었다. 내게 무엇을 하라고 말하는 대신 그는 질문을 했다. "이제껏 가톨릭 가정에서 자란 사실을 부정해 본 적이 있나요?"

그의 질문은 내 호기심을 발동시켰다. (그의 질문은 언제나 그랬다.)

나는 그에게 이제껏 그런 생각은 해본 적도 없고, 내가 가톨릭 신자라는 것은 내가 이탈리아인이라는 것과 마찬가지의 의미라고 대답을 했다. 가톨릭 신자가 되겠노라고 선택을 한 기억은 없지만 가톨릭을 떠난 날만큼은 확실하게 기억하고 있었다. 내 제일 친한 친구가 우리 교구의 신부와 성관계를 맺고 있다는 사실을 고백한 후였다. P 신부가 내 친구 말고도 많은 아이들과 성관계를 맺고 있었다는 사실을 나중에는 우리 엄마까지 알게 되었다. 결정적인 사실은 P 신부는 그때껏 내가 만난 신부들 중 제일 마음에 들었던 사람으로, 하나님의 명령과 계명, 사랑에 대해 내게 가르쳐준 사람이라는 것이다. 나는 믿었던 사람에게 배반을 당한 데 대해 맹렬한 분노를 느꼈었다.

페미니즘에 입각해 당시에 내가 느꼈던 분노를 설명한다면 신과 아버지, 문화가 서로 걷잡을 수 없이 혼란하게 얽혀버려서 가부장제의 모순과 위험이 현실화된 것이었다. 그게 내가 파악한 실상이었다.

켄은 생각에 잠겨 내 말을 듣고 있다가 다시 질문했다. "아니, 내 말은 교회가 아니라 성부, 성자, 성령을 얘기하는 거예요. 사도신경에 나오는 대로의 하나님을 부정한 적이 있었냐는 말이에요."

그가 사도신경을 언급하는 것을 듣고 나는 깜짝 놀랐다.

나는 한 주 내내 사도신경과 주기도문을 머릿속으로 외우고 있었노라고 대답했다. 의식적으로 그것들을 떠올린 것은 아니었지만, 지난번에 마라톤을 할 때 초반 6킬로미터를 달리는 동안 1970년대 텔레비전 드라마였던 "페티코트 정선"의 주제가가 머릿속에 계속 떠올랐던 것처럼 주기도문과 사도신경이 내 머릿속에 맴돌고 있었다.

하지만 가톨릭 안에서 성장을 한 나로서는 교회가 곧 하나님이었고 그 둘을 분리해서 생각해 본 적이 없었다. 사도신경을 믿으면서 가톨릭 교인이 아닐 수는 없다고 생각한 것이다. (가톨릭에서 가르치는 '진정한 한 교회'[one true Church]가 이런 뜻일 것이다.) 동시에 나는 사도신경에 나오는 교회가 가톨릭교회를 의미한다고 생각했다. 여기, 내가 암기하는 대로의 가톨릭에서 사용하는 사도신경을 외워보겠다.

전능하신 천주 성부
천지의 창조주를 저는 믿나이다.
그 외아들 우리 주 예수 그리스도님
성령으로 인하여 동정 마리아께 잉태되어 나시고
본시오 빌라도 통치 아래서 고난을 받으시고
십자가에 못 박혀 돌아가시고 묻히셨으며
저승에 가시어 사흗날에 죽은 이들 가운데서 부활하시고
하늘에 올라 전능하신 천주 성부 오른편에 앉으시며
그리로부터 산 이와 죽은 이를 심판하러 오시리라 믿나이다.
성령을 믿으며
거룩하고 보편된 교회와 모든 성인의 통공을 믿으며
죄의 용서와 육신의 부활을 믿으며
영원한 삶을 믿나이다.

나는 사도신경 속의 '보편된 교회'가 교회 전체, 즉 죄 사함을 받고

자 예수 그리스도를 바라보는 사람들 전체를 의미한다고 생각해 본
적이 없었다. 나는 그것을 그저 가톨릭교회를 의미한다고만 생각해
왔다.

켄이 다시 다른 질문을 하나 더 했다.

"이제까지 자신이 영세를 받은 것을 부정해 본 적은 있나요?"

나는 그때까지 내가 세례를 받았다는 사실을 생각해 본 적이 없었
다. 엄마는 내가 세례를 받을 때 입었던 옷과 내 세례 소식을 실은 주
보를 따로 상자에 넣어 보관하고 있었고 나는 누가 내 대부모인지 알
고 있었다. 하지만 그들 중 누구와도 하나님을 주제로 대화를 해본
적은 없었다. "내가 세례를 받은 사실이 뭐가 중요하죠?" 나는 반문
했다. 나는 단지 아기였을 뿐이다. 유아세례는 내가 원해서 받은 것이
아니었고, 단지 내가 태어난 가정의 문화와 정신적인 유산을 반영하
는 행위였을 뿐이다. 켄은 세례가 사람들을 개심하게 하지는 못하지
만 세례를 받은 사람이 하나님의 사람들의 언약 안에 있다는 표시라
고 설명을 해주었다. 켄은 내게 집에 돌아가거든 내가 세례를 받은 사
실에 대해, 하나님이 어떻게 내 삶을 주장하셔서 믿음으로 나를 양육
할 수 있는 가정에 태어나게 하셨는지에 대해 생각해 보라고 말했다.
나는 가톨릭계 학교들과 공립학교들을 졸업했고, 의미는 하나도 이해
하지 못했지만 네 개나 되는 가톨릭 의식을 치렀다. 그런데 켄은 지금
나에게 집으로 돌아가서 내가 받은 세례의 의미를 생각해 보고 내가
받았던 종교적인 훈육들을 되새겨 보라고 권고하고 있는 것이다!

'정말 이상한 주문을 다 하시는군.' 나는 이렇게 생각했다.

집으로 돌아온 그날 밤, 나는 켄의 질문들을 이해하게 해달라고, 내게 감지된 그 이상한 느낌들의 의미가 무엇인지 알게 해달라고 하나님께 기도를 드렸다.

나는 켄이 내 질문들을 다루는 방식에 대해 가끔 생각해 보았다. 그는 나와의 대화를 짧게 할 수도 있었다. 내가 영적으로 어려움을 겪고 있다는 이야기를 전했을 때, 그는 그저 사도행전 16장 31절 말씀, "주 예수를 믿으라. 그리하면 너와 네 집이 구원을 받으리라"라는 말씀을 읊어줄 수도 있었다. 대부분의 목사들은 마치 신선한 피 냄새를 찾는 상어처럼 그 성경말씀을 들려줄 사람, 특히 나 같은 사람을 찾아 헤매기 마련이다. 켄 목사도 그런 식으로 내 질문에 응답을 하는 편이 훨씬 수월했을 것이다. 하지만 얼마 전 그가 내게 한 말에 의하면 성령이 그로 하여금 쉬운 길을 택하지 못하도록 막으셨다고 했다. 켄은 나 스스로 내 마음을 살펴봐야 한다고 느꼈고, 내가 어떤 종교적인 배경을 지녔는지, 어떤 훈련을 받았는지 그도 알고 싶은 마음이 들었다고 했다. 켄은 하나님 앞에서 내가 스스로를 살펴보게 함으로써 내 질문들에 대답을 했다.

비록 그것이 무엇인지는 확실치 않지만 나는 내가 받은 세례에 어떤 의미가 있다고 결론을 내렸다. 다른 사람들보다 더 많은 종교 교육을 받게 한 신의 섭리에도 분명 의미가 있을 것이라고 생각했다. 비록 내가 받은 교육들을 기초부터 새로 들여다봐야겠지만. 나는 내가 의식하는 것보다 하나님이 더 크신 분이라고 결론 내렸다.

교회에 나가다

그다음 주일부터 나는 교회에 나가기 시작했다. 연구를 위해서가 아니라 본격으로 교회 출석을 시작한 것이다. 1999년 2월 14일 아침, 나는 내 동성 애인의 침대에서 일어난 지 한 시간 뒤에 시러큐스 개혁 장로교회 회중석에 앉아 있었다. 굳이 이런 사실들을 밝히는 것은 선정적인 내용으로 사람들의 관심을 끌기 위한 것이 아니다. 다만 어떤 한 사람이 주님을 예배하러 나오기까지 구체적으로 어떤 상황들을 거쳤는지를 보여주기 위해서다.

교회에 갔을 때, 나는 내가 이상한 변종처럼 느껴졌지만 계속 출석하고 싶은 마음이 들었다. 예배가 끝나고 켄 목사와 담소를 나눈 뒤 집에 돌아오니 동성 애인이 내가 달라지고 있다며 걱정을 했다. "무엇을 도와줄까?" 그녀가 물었다. 일을 잠시 쉬고 먼 곳으로 같이 떠나 휴양을 하는 것이 어떻겠느냐고 그녀가 제안했다. T는 심리학자였다. 그녀에게 내 마음을 숨길 수는 없었다.

성전환을 한 친구의 말이 계속 마음 한구석에서 남아 떠나지 않았다. 왜 예수님은 어떤 사람들은 고치시고 다른 사람들은 내버려두시는 걸까? 성경적인 견해에 의하면, 막 회심을 하려는 단계에 있는 내가 굳이 나를 고쳐달라고 기도를 하는 것이 옳을까? 하나님은 성경에 나오는 용어들을 사용하지 않고 기도를 해도 들어 주실까? 만약 예수님이 살아 계신 말씀이라면 그를 우리의 구주, 구원자로 믿지 않아도 그를 '통하여' 기도할 수 있는 것일까? 의문들은 꼬리를 물고 계속 이어졌다.

그날 밤 나는 기도를 하면서 그 성경말씀이 나 같은 사람을 향한 것인지 하나님께 물었다. 기도를 하는 동안 나는 하나님의 임재를 본능적으로 느꼈다. 살아 계신 예수님이 그 자리에 함께 계신 것처럼 느껴졌다. 나는 그 방에 나 혼자만 있는 것이 아니라는 것을 알았다. 나는 예수님께 당신이 진정으로 살아 계시고 죽음에서 부활하신 하나님이시라면 내 마음을 변화시켜 달라고 기도했다. 당신이 실재하시고 내가 그의 소유라면 그를 따를 의지의 힘과 성결한 여인이 될 수 있는 인격을 달라고 기도했다. 당시에는 죄로 느껴지기는커녕 그냥 내 삶에 불과했지만 그것들을 회개할 수 있는 강한 인격을 달라고 기도했다. 내 삶이 진정 그분의 것이라면 내 삶을 도로 취하셔서 그분이 원하는 모습으로 만들어 달라고 기도했다. 내 성적 정체성, 내 직업, 내가 속한 공동체들, 내 취향들, 내 책들, 내 미래들, 모든 것을 취하시라고 간구했다.

내가 살아온 경험과 하나님의 말씀의 진리, 양립할 수 없는 두 세계가 내 안에서 충돌했다. 유럽철학에서는 진리와 실재를 분리해서 생각한다. 내 삶은 실재하나 진리는 아닐지도 몰랐다. 성경은 내게 회개를 하라고 했지만 그럴 마음이 생기지 않았다. 회개를 하기 위해서는 회개하고픈 마음이 있어야 할까? 과연 나는 죄인일까? 혹은 내 여장남자 친구의 말대로 치료가 필요한 것일까? 죄처럼 느껴지지 않는 죄를 어떻게 회개할 수 있지? 내가 이제껏 연구해 온 것들이 어떻게 죄일 수 있을까? 그렇게 죄스러운 분야에서 내가 어떻게 평생 동안 교수직을 감당할 수 있을까? 나를 포함해 내가 알고 사랑해 온 모든 사람이 어떻게 죄인들일 수 있을까? 이런 혼란의 도가니 한가운데서 나는 중요한 것 한 가지를 배울 수 있었다. 회개의 첫 번째 원칙은 죄보다는 하나님과 가까워야 한다는 것이다. 얼마만큼이나? 겨자씨만큼이라도 가까워지면 된다. 회개는 무슨 일이 있어도, 때로는 기어서라도, 주님께 가까이 가는 것을 말한다. 회개는 아주 내밀한 일이다. 하지만 사람들은 대부분 하나님을 포함해 누구에게든 자신의 속을 보이길 두려워한다.

예수님이 내게 그를 따를 힘을 주셨을 때도 나는 내가 갑자기 레즈비언이 아닌 것처럼 느껴지지는 않았다. 뒤에야 깨달았지만, 주님은 내가 그의 말씀을 순종할 때까지는 내 감정을 변화시키지 않으셨다. 언젠가 켄 목사님은 설교 시간에 요한복음 7장 17절을 인용하면서 이를 '순종의 해석학'이라고 설명했다. 예수님은 "사람이 하나님의 뜻을 행하려 하면 이 교훈이 하나님께로부터 왔는지 내가 스스로 말함인지 알리라"라고 말씀하셨다. 바로 그것이었다. 순종이 이해보다 먼저였다. 나는 먼저 이해하기를 원했었다. 하지만 나는 정말 그분의 뜻대로 행할 마음이 있는가? 하나님은 내가 "하나님의 뜻을 행하려 한다면" 그분의 뜻을 이해하게 해주시마고 약속하셨다. 성경은 그저 그의 뜻대로 행하라고 말하지 않고 "그분의 뜻을 행하려 하면"이라고 말한다. 이해하기를 원하는 것은 이론의 영역이다. 하지만 그의 뜻을 행하려 하는 데는 행동이 요구된다.

내게는 그런 마음이 없음을 나는 알았다. 나는 하나님께 그의 뜻을 행하려는 순전한 마음을 달라고 기도했다. 나는 하나님이 우리의 전심을 그분께 복종시키기를 원하신다는 것을 알았다. 그분은 우리 스스로 우리를 그분 앞으로 데려가기를 원하신다. 내 경우, 동성애라는 느낌은 익숙하고 편안하고 쉽게 이해할 수 있는 감정이라서 쉽게 포기하기가 어려웠다. 나는 마태복음 16장 24절에 의지해서 하나님을 믿는 모든 사람은 삶의 어느 단계에서든 내가 거치고 있는 과정, 즉 자신에 대한 권리를 포기하고 그의 십자가를 지고(다른 사람들을 기쁘게 하기 위해 견뎌내는 자기 학대가 아니라 그의 부활의 역사성을 믿는 것을 의미한다) 그를 따라야 한다는 것을 기억하려 애썼다. 주님은 내가 중대한 삶의 변화를 거쳐야 한다고 분명히 말씀하고 계셨다.

한 걸음씩 나는 전심으로 주님께 복종을 시작했다. 우선 동성 애인과 이별을 했다. 진정으로 마음에서 우러나서 한 일은 아니었지만 그런 이중적인 마음으로라도 내가 순종을 하고 있다는 것을 주님이 아시기를 원했다. 나는 주님을 섬기려는 목적으로 교회에 정식으로 출석을 시작했다. 남들의 눈에 내가 얼마나 그곳에 어울리지 않는 존재로 보일지는 신경을 쓰지 않기로 했다. 그 대신에 신자들이 내게 내미는 우정의 손짓들을 받아들이기 시작했다. 변화된 나, 더 기쁜 삶을 사는 나를 느끼기 전에, 믿음 안에서 먼저 그분에게 순종을 해야 한다는 것을 받아들였다. 하지만 당시만 해도, 믿음만으로 먼저 순종하는 것이 마치 절벽에서 뛰어내리기 전의 기분을 들게 했다. 흔들리지 않는 믿음은 감정의 영역이 아니라 영웅적인 행위다.

그러고는 밤의 공포가 시작되었다. 매일 밤 나는 생생한 꿈들을 꾸기 시작했다. 마치 실제처럼 오관의 감각을 그대로 느낄 수 있는 꿈들에서 간신히 깨어나면 정신을 차릴 수 없을 정도였고, 내가 더럽게만 느껴졌다.

동성애에서 벗어나는 일은 어렵고도 지지부진한 과정이었다. 지금도 그렇지만, 나는 많은 시간을 기도를 하는 데 바쳤다. 아울러 플로이 스미스, 비비안 라이스, NM, 베키 스미스, 로빈 존, 코린 톰슨, 마티 라이트, 케이시 도내스 등 사라큐스 교회 자매들의 충고도 큰 도움이 되었다. 나는 그들에게 내 취약함을 그대로 드러내며 절실한 질문들을 했고 그들은 대답과 함께 나를 있는 그대로 받아들이고 사랑해 주었다. 동성애를 벗어나는 과정은 여러 차원에 걸친 일이었지만 주님의 은혜 가운데 나는 조금씩 발걸음을 옮길 수 있었다. 주님은 내가 다시 죄의 길로 돌아가지 못하도록, 그래서 그분과 좀 더 가까워질 수 있도록 내 퇴로를 모두 차단하셨다.

서서히, 그러나 분명하게, 내 감정들이 변화하기 시작했다. 여인으로서의 나 자신에 대한 느낌, 무엇이 나의 성정체성이고 아닌지 등에 대한 느낌 등. 대부분의 게이들이나 레즈비언들처럼 동성애자였을 때 나는 내 몸이 아주 편안하고 맘에 들었다. 그런 만큼 자신의 정체성에 대한 회개가 한순간에 끝날 수는 없는 것이다. 정체성에 대한 죄는 존재의 여러 차원에 걸쳐 있었기에 그 모든 과정을 통틀어 나는 켄 목사와 그의 아내, 믿음의 친구들의 도움을 구했다. 또 각 차원을 거칠 때마다 언제나 주님을 찾았다. 지금 내가 말하는 것은 같은 죄의 다양한 사례들이 아니라 죄의 다양한 측면들이다. 예를 들면 자만심으로 인해 올바른 의사결정을 내리지 못하거나 쉽게 남을 용서하지 않으려는 태도 때문에 속을 끓이던 것 등이 그 예이다. 나는 주위의 도움을 받으면서 이 여정을 걸었다. 그 외에는 다른 방법이란 없었다. 나는 내 신앙 여정에서 믿음의 이웃들에게 아직도 많은 도움을 받고 있다.

그리스도의 몸 된 교회를 통해 주님은 가르침, 기도 지원, 우정들을 넘치도록 내게 허락하셨다. 나는 사랑과 가르침이 모두 풍성한 교회로 나를 인도해 주신 하나님께 감사드렸다. 그렇다고 내가 완벽한 교회를 찾았다는 것은 아니다. 한 예로, 내 여장남자 친구를 교회로 데리고 갔을 때 많은 사람들은 불편한 눈치를 보였다.

내게 배우는 레즈비언 학생이 자살을 하려다 미수에 그친 뒤 켄 목사 집에서 얼마간 요양을 하다가 우리 집으로 옮겨온 적이 있다. 그 학생을 돌보기 위해 교인들과 레즈비언들이 함께 많은 시간을 어울려 보내게 되자 나는 불안감에 휩싸였다. 내 레즈비언 친구들은 기독교인들이 모두 편견 덩어리들은 아니라는 것을 배워야 했고, 내 기독교인 친구들은 게이와 레즈비언 공동체들이 벌이고 있는 자선사업에 많은 배울 점들이 있다는 사실을 깨달아야 했다. 처음에는 이런 교류가 맺을 많은 열매의 가능성은 보지 못한 채 그저 불안한 마음에만 사로잡혔다. 내가 이 두 진영 사이에서 어떻게 양쪽을 잇는 다리가 되어야 할지 알 수 없었기 때문이다.

어느 금요일 저녁, 교회 친구인 론과 로빈 존 부부와 대화를 하던 중 내가 그런 불안감에 대해 이야기하자, 론이 다리는 사람들에게 밟히기 마련이라며 그게 다리의 사명의 일부라고 깨우쳐 주었다. 그 말을 듣자 마음이 편안해졌다. 그의 말이 맞았다. 그것은 주님이 하시는 일이지 내 일이 아니었다. 하지만 주님이 우리를 다리로 부르시면 우리는 그분이 주시는 능력 안에서 무게를 지탱하는 법을 배워야만 한다. 고통스럽지만 가치 있는 일이고 주님이 필요한 능력도 덧입혀 주실 것이다. 성경에 약속하신 대로 그분은 우리가 견고히 서서 그를 신뢰할 수 있도록 힘을 주신다. 시러큐스 교회는 내가 긴급히 도움을 요청한 덕분에 사랑의 능력을 더 키울 수 있었고 레즈비언 공동체는 그리스도 안에서 살아간다는 것이 어떤 모습인지 알게 되었다.

하나님은 나를 보수적인 개혁장로교회로 인도하셔서 회개하고 치유되고 배우고 자라게 하셨다. 그곳의 목사님은 동성애자들을 대상으로 한 도심 선교 사역 센터로 나를 넘겨버리지 않았다. 목사님은 나에게 필요한 자문을 교회가 충분히 줄 수 있다는 것을 알고 있었다. 나에겐 현대적인 복음전도운동의 외적인 세련됨과 화려함보다는 나를 진정으로 잘 인도해 줄 목자가 예나 지금이나 필요하다. 나는 절실하게 성경말씀이 필요했고 하나님의 말씀의 온전하심에 의지해야만 했다. 하나님이 처음 나를 부르셨을 때, 내가 가진 것들을 포기하지 않으면서 하나님을 내 생활에 약간만 가미하려는 잔꾀를 부리고 있을 때, 목사님과 믿음의 친구들을 만난 것은 정말 고마운 일이 아닐 수 없다. 그들은 자신을 온전히 죽이는 것 외에는 다른 방법이 없음을 알려주었다. 성경적 정통주의는 곧 인간에 대한 사랑과 다름이 없다. 죄와 버거운 싸움을 벌이고 있을 때 우리는 삶을 바꾸시는 하나님의 능력을 방해할 여지가 없다.

고침은 하나님의 일에서 오며 우리가 그분을 어떻게 대하느냐에 따라 그분이 우리를 대하시는 방식도 달라진다. 우리가 회개할 때 그분은 비로소 귀를 여신다. 나는 내가 고침을 받았다고 믿는가? 그렇다. 왜냐하면 내 삶에 증표가 있기 때문이다. 흑백논리가 지배하던 내 삶이 총천연색이 되었다. 처음에 나는 세상 속에 있는 나를 알아볼 수 없었지만 지금은 레즈비언 시절의 내 모습을 알아보지 못한다.

얼마 전 제네바 대학의 모린 밴터풀 교수는 레즈비언은 자기 정체성을 잘못 파악하는 데서 빚어진다고 말한 적이 있다. 그녀의 말은 내게 아주 흥미롭고 중요한 준거의 틀이 되었다. 비록 지금은 레즈비언이 아니지만 나는 여전히 죄인이다. 나는 과거 레즈비언이었을 때의 죄보다 지금 내가 짓는 죄들 때문에 주님이 더 슬퍼하실 것이라고 생각한다. 주님은 나를 어떻게 고쳐주셨는가? 그분이 항상 고침을 주시는 방식대로다. 하나님의 말씀이 내 안에서 나보다 커지는 것이다. 그에 대한 내 처음의 반응은 저항을 하는 것이었다. 마치 반사신경에 의한 것처럼 나는 저항을 했다. 그러자 하나님의 사람들이 나를 둘러쌌다. 나를 이용하거나 괴롭히기 위해서가 아니라 나를 사랑해 주고 내 말에 귀를 기울이고 지켜보고 기도를 해주기 위해서였다. 결국 나는 그 앞에서 무릎을 꿇을 수밖에 없었다.

크리스천이 되고 얼마 뒤 나는 교회에 다니지만 남들의 눈을 피해 레즈비언으로 생활을 하던 한 여인에게 자문을 해주었다. 그녀의 상황을 아는 사람이 아무도 없었기에 교회 식구들 중 누구도 그녀를 위해 기도를 해주는 사람이 없었다. 그녀 역시 누구의 충고를 구하거나 받지 않았다. 그녀의 삶에는 '서로 용납함'이 없었다. 아무런 고백이나 회개가 없었으므로 당연히 치유도 없었다. 그녀의 삶에는 그리스도 안에서의 기쁨 대신 고립감과 수치심, 가식적인 모습만이 존재했다. 그녀에게 누군가 거짓을 일삼는 혀나 상심한 마음, 심지어는 암도 하나님께서 고쳐주시지만 성적인 취향만은 하나님도 바꾸실 수 없다고 이야기해 주었고 그녀는 그 말을 철석같이 믿고 있었다. 그녀의 이야기를 듣고 딱한 마음이 들어 왜 그런 고통을 당하면서도 교회 안의 아무하고도 상담을 하지 않았느냐고 묻자 이렇게 답했다. "로자리아, 교회에 다니는 사람들이 정말로 그리스도께서 동성애자들을 변화시키실 수 있다고 믿는다면 그들은 지금처럼 우리에 대해 그렇게 험담을 하거나 증오하는 투로 기도하지 않을 거예요."

이 글을 읽는 독자들 중에도 자신의 말이나 기도를 듣고 상처를 받는 사람들이 있다는 것을 미처 깨닫지 못하는 사람이 있을 것이다. 혹시 당신은 편견에 사로잡힌 채 기도하고 있지 않은지 자문해 봐야 할 것이다.

만약 교인들이 자신들에게 부족한 것, 두려움, 약한 부분, 자신들이 짓는 죄에 대해 서로 속이지 않는다면 교회는 그리스도 안에서 진정한 교제와 성장이 넘치는 곳이 될 것이다. 우리는 입으로는 하나님을 믿노라고 말하지만 막상 어려운 상황에 처하게 되면 그분을 제대로 의지하지 못한다. 강한 믿음을 가진 믿음의 선배들에게 도움을 구하는 대신에 우리는 고독과 수치심 안으로 도피하고 죄가 우리를 휩쓸어가게 한다. 혹은 자존심으로 혼자 버텨내려 용을 쓴다. 우리는 진정 그분의 말씀이 우리의 영과 육을 가르는 양쪽에 날이 선 검이라고 생각하는가? 아니면, 우리 눈에 보이는 행동에 관련해서만 의미가 있는 행동 지침이라고 생각하는가?

지금에야 감사하는 마음밖에 없지만 처음에는 나의 회심이 '축복'으로 여겨지지 않았다. 내게는 너무 큰 고통의 과정이었다. 그리스도에 대한 신앙고백을 한 다음 날에도 알람시계는 변함없이 우리를 깨우고, 우리는 힘겹게 몸을 일으켜 무엇인가 해야만 한다. 영적인 성숙을 이루지 못한다면, 구원은 잃지 않는다 하더라도 다른 많은 것을 잃을 수 있다. 회심을 한 다음 날 내가 학교에서 마주친 것은 내 죄의 부스러기들이었다. 이미 용서는 받았지만 내 손으로 직접 치울 때까지 그것들은 그곳에 존재하고 있었다. 나는 죄를 치우기 위해 집중적으로 성경을 읽고 그것을 내 생활에 적용해야 했다.

크리스천이 되면서 나는 내 삶, 친구들, 내가 쓰는 글, 가르치는 내용, 충고, 복장, 말하는 방식, 생각 등 모든 것을 바꿔야만 했다. 나는 더 이상 일할 수 없을 분야에서 교수로 활동하고 있었고 학교 안의 모든 동성애자 그룹들의 자문교수로 일하고 있었다. 더는 내게 의미가 없는 내용을 주제로 책을 쓰고 있었고, 몇 달 후에는 새롭게 학교생활을 시작하는 시러큐스 대학 대학원생들에게 입학 연설을 하기로 되어 있었다.

나는 그들에게 들려주려 했던 퀴어이론을 주제로 한 내 강의안을 쓰레기통에 던져버렸다. 대신에 수많은 신입 대학원생들은 포스트모더니즘에 물든 대학 한복판에서 '기독교 해석학'이란 주제의 연설을 들게 될 것이다. 생각을 하면 할수록 나는 그리스도 안에서의 새 생활을 내가 제대로 해낼 수 있을지 의심스럽기만 했다. 나도 그리스도처럼 고난을 당할 것인가? 그리스도를 모르는 사람들에게 나는 그저 어리석게만 보이지 않을까? 세상은 내가 그리스도를 선택해서 잃게 되는 것들만 주목할 것이다. 그들에게 내가 얻은 것들을 어떻게 설명할 수 있을까? 찰스 브리지가 "그리스도의 구속의 사슬은 영화롭습니다"[1]라고 한 말을 나는 진정으로 믿고 있는가? 나는 복음을 전한 후 몰매를 맞은 베드로가 "그 이름을 위하여 능욕받는 일에 합당한 자로 여기심을 기뻐"(사도행전 5:41)했다는 말씀을 묵상했다. 세상 사람들이 보기에 그의 행동은 마조히즘의 발로처럼 보였을 것이다. 하지만 크리스천들에게 그의 행동은 자유의 발로였다. 과연 나는 진심으로 그렇게 생각하는가? 지금 나는 정말 그렇게 믿고 있는가?

나는 궁금했다. 만일 내 삶이 그리스도께서 살아 계신 유일한 증거라고 말하면 사람들은 얼마나 설득력이 있게 생각할 것인가?

내 가정, 내 거처는 어떤가? 내 집은 이제까지 진보적 정치 성향의 둥지였다. 기독교인, 특히 한때는 동성애자였고 지금은 별로 의미 없는 박사학위를 지닌, 미혼의 기독교인의 거처는 어떤 모습이어야 하나?

주님께 자신을 고쳐달라고 기도를 했지만 응답을 받지 못했다는 내 여장남자 친구는? 그것은 내게 무슨 의미인가? 회개라는 것은 도대체 어떤 의미를 지니는 것인가? 만약 회개가 기독교인의 삶의 방식이라면 나는 좀 더 깊이, 전체적으로, 완벽하게 그것을 이해해야만 했다.

동성애자 친구들에 대한 내 책임은 무엇인가? 그들은 여전히 내게 자신들의 은밀한 이야기를 마음 놓고 할 수 있는 걸까?

원치도 않는 새로운 의무들에 직면한 지금, 그리스도 안의 기쁨이 무슨 의미가 있는가?

이런 염려와 걱정거리들에 둘러싸인 나는 "내 안에 있는 희망을 전파"하고 싶은 마음이 전혀 들지 않았다. 그저 침대로 가서 머리 위로 이불을 뒤집어쓰고 드러눕고만 싶은 심정이었다.

회심은 나를 복잡하고 혼란스러운 상황으로 밀어 넣었다. 나는 '길을 잃은' 사람들의 구원을 위해 기도하는 사람들을 보면, 그들이 과연 무엇을 위해 기도하는 것인지, 그들이 바라는 결과가 이런 혼란스러운 상황인지 가끔 궁금한 생각이 든다. 어떤 이들은 내가 이런 과정을 경험하면서 얻은 '교훈'이 뭐냐고 묻는다. 나는 그런 질문에 답을 할 수가 없다, 매우 고통스러운 과정이었으므로. 위기를 겪으면서도 아무런 교훈을 얻지 못하는 경우도 있는 것이다. 때로는 과정보다 결과가 좀 더 단순하면서도 깊은 의미를 지니기도 한다. 위기를 겪은 결과로 우리의 인격이 변화되어 있는 것이다.

2장

돌이키고
변화하다

뉴욕 주 시러큐스 대학, 1999. 4.–2000. 8.

1999년 4월, 나는 예수 그리스도의 부르심을 받았다. 그것은 마치 태풍의 눈처럼 은밀하면서도 요란한 사건이었다. 나는 그분의 부르심을 거절할 수도 없었고 부르심의 결과로 내 삶이 어떻게 변화할지도 알 수 없었다. 그 부름이 주님에게서 온 것인지 어떻게 알 수 있었느냐는 질문도 나올 법하다. 어쩌면 가톨릭 신자로서의 숨겨진 죄책감, 카페인 혹은 그 전날 밤에 먹은 두부 때문에 그런 느낌을 받았을 수도 있었을 것이다. 하지만 나는 분명히 그렇게 믿었고 지금도 그 믿음엔 변함이 없다. 나를 부르신 이는 예수님이셨다.

나는 하나님께 내 죄를 깨닫게 해달라고, 그리고 그 죄를 회개하게 해달라고 기도를 하는 단계에 있었다. 나는 왜 동성애가 죄인지 알 수 없었다. 동성 간의 애정의 특정한 표현이 왜 그 자체로 잘못이라는 건가? 하지만 나는 자만심이 죄라는 것은 알 수 있었으므로 그것에서

부터 시작하기로 했다. 기도를 하면서 회개를 시작했을 때 나는 혹시 자만심이 내 모든 죄의 원인이 되는 것은 아닐까 하는 생각이 들었다. 나는 항상 소돔에 대한 하나님의 진노가 동성애를 응징하시기 위한 것으로만 이해를 했었다. 소돔에 대한 하나님의 심판은 하나님의 징계 중에서도 가장 가혹한 것이었다. 하지만 성경을 좀 더 깊이 묵상하게 되면서 나는 뜻밖의 한 구절을 만나게 되었다. 에스겔서의 말씀은 소돔이 심판을 받은 이유가 물질주의와 가난하고 절박한 사람들을 돌보지 않은 결과라고 밝히고 있었다. 그 말씀에 따르면 동성애는 이런 다른 죄들의 증상이자 확장에 불과했다. 그 구절에서 하나님은 소돔을 사용하셔서 그의 선민들에게 숨겨진 죄에 대해 경고를 하고 계신다. 중요한 것은 하나님께서 소돔의 죄가 최악이라고 말씀하지 않으신다는 것이다. 하나님은 소돔의 죄를 사용하셔서 그의 백성들이 저지르고 있는 더 큰 죄를 드러내신다.

> 주 여호와의 말씀이니라. 내가 나의 삶을 두고 맹세하노니 네 아우 소돔 곧 그와 그의 딸들은 너와 네 딸들의 행위같이 행하지 아니하였느니라. 네 아우 소돔의 죄악은 이러하니 그와 그의 딸들에게 교만함[자만심, Pride]과 음식물의 풍족함과 태평함이 있음이며 또 그가 가난하고 궁핍한 자를 도와주지 아니하며 거만하여 가증한 일을 내 앞에서 행하였음이라. 그러므로 내가 보고 곧 그들을 없이 하였느니라. (에스겔 16:48-50)

나는 이 구절이 드러내고 있는 놀라운 사실들을 발견했다. 하나님은 예루살렘을 소돔에 비교하시며 소돔의 죄가 당신이 보시기엔 예루살렘의 죄보다 덜 가증스럽다고 말씀하신다. 계속해서 하나님은 동성애의 근저에 무엇이 있는지, 죄가 어떻게 자라는지를 알려주신다. 우리는 여기에서 동성애의 뿌리는 수없이 많은 다른 죄들의 뿌리와 닿아 있다는 것을 알게 된다. 우선, 자만심이 그것이다("그[소돔]와 그의 딸들에게 교만함이 있었다"). 자만심은 수많은 악들의 뿌리다. 자만심은 그릇된 독립심으로 사람들을 부풀린다. 그들은 하나님과 이웃 없이도 살아갈 수 있다고 생각한다. 자만심에 가득한 사람들은 그들이 필요로 하는 모든 것을, 필요할 때 가질 수 있고 가져야 한다고 생각한다.

　둘째, 우리는 풍요("음식물의 풍족함")와 환락에 이끌리는 세계관("태평함")을 그 구절에서 찾을 수 있다. 하나님의 기준에 맞춰 사는 것은 타고나는 것이 아니라 새로 배워야 할 삶의 태도다. 우리는 의도적으로 절제된 생활을 연습함으로써 성결한 삶을 귀히 여기는 법을 배울 수 있다. 하나님이 원하시는 모습까지 자라고자 하는 염원이 있다면 우리의 마음, 몸, 금전, 시간을 다스려야 한다. 하나님의 세계 안에서 우리는 우리가 사랑하는 것들을 절제해야 한다. 이전에 어느 포스트모더니즘 관련 책자가 주장했듯, 하나님은 우리가 "극한에 이르기까지 스스로를 즐기도록" 만드신 것이 아니다. 절제 없는 욕구는 천천히, 자신도 모르는 사이에 사람들을 깊은 죄에 빠지도록 만든다.

　셋째, 긍휼히 여기는 마음의 부재("그가 가난하고 궁핍한 자를 도와주지 아니하며")를 볼 수 있다. 선한 사마리아인이 여리고로 가는 도중 강도에게 당해 죽을 지경에 놓인 사람에게 베푼 자비(누가복음 10:25-37)를 본받아 그런 자비를 베풀지 않는 사람은 심각한 죄를 범하는 것이다. 정말로 놀라운 진실 아닌가? 성경의 진실성을 믿는 크리스천들이라면 이렇게 노골적으로 그들에게 드러나 있는 진실 앞에 경악을 금치 못할 것이다. 하나님은 우리 공동체의 유익을 위해서뿐만 아니라 우리 자신을 위해서도 우리가 타인들에게 자비를 베풀기 원하신다. 우리보다 형편이 못한 사람들에게 우리가 등을 돌린다면 우리는 마음이 굳어져 하나님의 세미한 음성을 들을 수 없게 된다.

넷째, 우리는 이 구절에서 분별력과 중용을 찾아볼 수 없다("거만하여 가증한 일을 내 앞에서 행하였음이라"). 풍요와 자만심이 만나면 사람들은 하나님이 자신들에게 원하시는 바가 삶을 즐기는 것이라고 생각하게 된다. 이에 필연적으로 게으름이 만연하게 되고 정욕을 좇게 된다. 이런 상황은 사람들의 마음을 무디게 해 다른 사람의 문제는 자신들의 책임이나 관심 대상이 아니라고 잘라 말하게 한다. 사람들은 죄 가운데 더욱 대담해져서 우리 문화가 중시하는 두 가지 가치인 재산축적과 성취만을 추구하며 남보란 듯이 이기적인 삶을 살게 된다. 겸손과 절제는 더 이상 의미를 잃어버린 낡은 가치들이 아니다. 겸손과 절제는 우리가 탐욕이 아니라 선한 행실을 서로 격려하도록 하기 위해 하나님이 세우신 기준들이다.

자만, 부요, 도락에의 집중, 자비와 겸손의 부재. 이런 죄악들 자체에서 본질적으로 성적인 요소들을 찾아볼 수는 없다. 우리는 흔히 죄가 논리나 심리학에 의해 설명될 수 있을 것이라고 생각하지만 사실은 그렇지 않다. 그렇다면 우리는 왜 성적인 죄가 성적인 혹은 감정적인 원인에서 비롯된다고 생각하는 것일까? 그것은 우리가 지나치게 협소한 시각으로 성애를 바라보기 때문이다. 성적인 활동은 침대에서 벌어지는 일들만을 의미하는 것이 아니다. 그것은 넓은 범위의 욕구들, 필요와 갈급함 등을 포함한다. 성애는 우리의 삶이 처해 있는 상황의 원인이라기보다는 그 표현으로서, 근원이나 기원이라기보다는 결과에 가깝다.

유념해야 할 것은 하나님은 동성애를 비웃으시거나 이상하고 특별한 죄로 여기시지 않는다는 것이다. 우리는 단지 하나님의 경고만을 볼 수 있다. 만약 우리가 자만, 풍요, 도락의 추구, 자비와 분별의 부재에 기운다면 우리는 부지 간에 죄에 깊이 빠진 자신을 보게 될 것이다. 긴밀하든 그렇지 않든, 그것들과 연결된 삶에 죄가 들러붙게 되어 있다. 죄가 인수분해처럼 논리적으로 전개되는 것은 아니지만 그것에 점진성이 있다는 것은 분명하다. 즉, 죄는 어떤 특정한 진행 형태를 보이지는 않으나, 만약 평계하에 내버려두고 관심을 기울이지 않거나 은근히 즐기는 마음까지 있을 때는 독버섯처럼 번져나간다.

하지만 하나님은 자비와 구속의 하나님이시며 항상 새 기회를 주시는 분이시다. 예수님이 사역을 하시며 소돔을 예로 들으셨을 때 죄의 도성인 소돔에게보다 당시 종교인들에게 더 진노하시는 하나님을 보여주셨다. 예수님은 가버나움의 주민들에게 이렇게 말씀하신다.

가버나움아, 네가 하늘에까지 높아지겠느냐? 음부에까지 낮아지리라. 네게 행한 모든 권능을 소돔에서 행하였더라면 그 성이 오늘까지 있었으리라. 내가 너희에게 이르노니 심판 날에 소돔 땅이 너보다 견디기 쉬우리라 하시니라. (마태복음 11:23-24)

예수님은 단호하게 가버나움에 드러났던 하나님의 능력을 소돔이 보았더라면 그들은 회개하고 멸망을 당하지 않았을 것이라고 말씀하신다. 그를 알지 못하는 사람들보다 그를 아노라고 주장하는 사람들이 저지르는 죄로 인해 하나님은 더 슬퍼하신다는 예수님의 말씀은 내 마음에 큰 공명이 되어 울렸다. 그 말씀에는 지금의 복음주의 문화에 결여되어 있는 공정함과 관대함이 드러나 있다. 우리는 그분의 관대하심을 11장 말미에 나와 있는 예수님의 초청에서 다시 확인할 수 있다. 예수님은 선언하신다. "수고하고 무거운 짐 진 자들아, 다 내게로 오라. 내가 너희를 쉬게 하리라. 나는 마음이 온유하고 겸손하니 나의 멍에를 메고 내게 배우라. 그리하면 너희 마음이 쉼을 얻으리니 이는 내 멍에는 쉽고 내 짐은 가벼움이라 하시니라"(마태복음 11:28-30). 이 말씀은 다른 모든 죄들과 마찬가지로 동성애도 원인보다는 징후, 즉 본질적으로 우리가 누구인지, 필연적으로 어떤 존재인지를 말해주기보다는 우리의 마음이 그동안 무엇을 향해 있었는지를 보여준다.

이 구절을 통해 나는 성적인 취향이 아니라 자만심이 죄의 뿌리임을 알 수 있었다. 이런 깨달음은 하나님의 말씀의 맥락에서 내 삶 전체를 돌아보는 방식에 영향을 미쳤다. 나는 이제까지 내 성애가 순수한 적이 한 번도 없었고 성적인 관계를 통해 상대방이나 주님을 영화롭게 해본 적도 없었다는 사실을 깨달았다. 성에 관한 한 내 도덕률은 한 번에 한 명의 상대와만 연애를 하고 안전한 섹스를 추구하며 사랑하는 사람과만 성관계를 갖는 것이었다. 나처럼 개인적인 감정에만 근거를 둔 사랑은 아무런 예고나 논리도 없이 변한다. 아니, 진실을 말하자면, 그리스도를 몰랐을 때 나는 사람들을 이용하며 거짓을 일삼고 권력을 추구하며 그들을 조종하려 했다. 남자들이든 여자들이든, 나는 나와 인간관계를 맺는 사람들과의 관계에서 항상 주도적인 위치에 서야만 했고 거짓 친절과 선물들로 상대를 짓눌렀다. 나는 돈으로 사람들의 애정을 샀고 그들을 내 곁에 묶어두었다.

나는 거의 10년 동안 동성애자였다. 나는 스스로의 정체성을 자각한 레즈비언, 즉 남자들과 사귀어 봤지만 그들에게서 아무런 만족도 얻을 수 없었던 동성애자였다. 나는 스스로를 양성애자라고는 절대로 생각하지 않았다. 다시는 남자들과 사귈 일이 없으리라고 생각했기 때문이다. 남자들은 내게 아무런 흥미나 욕구를 불러일으키지 않았다. 내가 처음 레즈비언으로서의 자기 정체성을 찾은 것도 성적인 측면에서가 아니었다. 나는 언제나 여자들 간의 소통을 즐겁게 생각해 왔다. 취미든, 관심사든, 진보적이고 페미니스트적인 가치들이든 나는 여성들과 더 쉽게 마음을 터놓고 이야기할 수 있었다. 나는 어떤 형태든 포르노에 몰입하는 타입이 아니었으므로 시각적인 자극이 내 우정이나 다른 사람들에 대한 내 행동을 좌우하지는 않았다.

내가 이처럼 내 성적인 편력을 늘어놓는 것은 내 죄를 자랑하거나 독자들을 화나게 하기 위해서가 아니다. 나의 동성애적인 성애 그것 자체가 죄였다기보다는 그것이 그리스도의 지배하에 있지 않았기에 죄였음을 말하기 위한 것이다. 과거 내가 이성애자였던 시절에도 동성애자로 생활했던 때보다 더 성결한 삶을 살았다고는 말할 수 없다. 이런 사실은 설교말씀을 듣거나, 성경말씀을 읽을 때, 하나님의 경륜 안에서 성애가 어떤 의미를 지니는지 교회 친구들과 이야기할 때 더욱 강력하게 느껴졌다. 성적인 존재인 내가 그리스도에게 응답을 하는(내 삶을 그리스도께 바치는) 것은 과거 이성애자였던 나로 돌아가는 것이 아니라 전혀 새로운 존재로 바뀌는 것이다.

당시에는 독신으로 사는 것이 그런 삶이 아닐까 생각했었다. 다른 사람들을 망치지 않는 성애의 방식을 나는 생각해 낼 수가 없었다. 혼자 쓸쓸히 늙어간다는 것은 생각하기도 싫었지만 이제까지의 삶을 안전하게 이끌어 주신 주님이 다음 단계의 삶도 인도해 주시리라고 믿었다.

내 삶의 모든 영역이 새로운 기독교적 세계관의 철저한 조명 아래에 들어가게 되었다. 누군가 내게 눈이 멀 정도로 강력한 서치라이트를 들이댔지만 나는 도저히 그 밝기를 조절할 수 없는 그런 느낌이었다. 나는 사울이 다메섹으로 가던 중 복음의 빛에 직면해 삼일 동안 눈이 먼 사건을 이해할 수 있었다. 밖으로 드러난 행동이 아닌 사고의 패턴에 죄가 뿌리를 내린다는 것도 알게 되었다. 크리스천으로서의 새 삶을 살면서 나는 마치 최근에 미국에 도착한 불법노동자처럼 허둥지둥

헤맸다. 내 동거인은(애인이 아니라 방을 한 칸 빌려 쓰던 사람) 레즈비언 작가이자 마법을 믿는 여자였는데, 최근에 애인과 힘든 이별을 치르고 난 참이었다. 동거인은 이제 내가 기독교인이 되었으니 자신이 집에서 나가야 하는 것이 아니냐고 걱정스레 물었다. 그녀와 나는 관용과 정직을 주제로 한참 이야기를 나누었다. 부드러운 성품을 지닌 그녀는 전에 내가 마음의 안정을 잃었을 때 도움을 준 적도 있었던 만큼 나는 그녀가 집을 바로 옮기겠다고 나서지 않아서 기뻤다. 대화 끝에 그녀는 여름을 나고 가을에 이사를 하겠다고 결정했다. 우리는 다시 각자의 삶으로 돌아갔다.

레즈비언이었던 사람도
성결한 여인이 될 수 있는가?

내 삶을 다시 돌아보면서 나는 내 성적인 죄가 나의 자만심이 아닌 남녀의 구분에 대한 오해에서 비롯했음을 깨달았다. 나는 진정한 여인이 되는 법을 배우지 못한다면 성결한 여인이 될 수 없다는 결론에 이르렀다. 마침 켄 목사님이 전한 설교에서 더욱 이 사실을 절감했다. 어느 월요일 오후, 나는 하나님께 어떻게 해야 성결한 여인이 될 수 있느냐고 간절히 기도를 드린 뒤에 교회인명록을 살펴보며 자의식, 강건함, 온전함이 두드러지는 여인 세 명을 선택했다. 나와는 전혀 다른 삶을 살아왔지만 내 질문에 정직한 대답을 해줄 만한 사람들이었다.

베키 스미스, 코린 톰슨, 케이시 도내스는 얼핏 단순하고 천진하게 들릴 수도 있을 내 질문들에 대해 한결같이 친절하게 대답해 주었다. 나는 내 새로운 정체성, 크리스천으로서의 정체성에 적응을 하지 못하고 힘들어하고 있었다. 나 같은 여인이 어떻게 성결한 여인이 될 수 있단 말인가? 그들 세 여인은 내게 막달라 마리아와 잠언 31장에 묘사된 여인을 소개해 주었다. 그들은 하나님의 용서하심을 진실하고 생생히 알게 되는 것이 남자에게든 여자에게든 모든 성결함의 근본이라고 말해주었다.

내 삶을 주님께 바치겠다는 결심은 단순히 철학적인 노선을 바꾸는 것을 의미하지 않는다. 그것은 한 번에 끝날 수 있는 절차도 아니고 내 표면적인 편견들과 변하기 쉬운 충성심을 다시 조정하는 일도 아니다. 회심은 내 삶을 조율하는 과정이 아니라 내 영혼과 인격을 샅샅이 조명하는 고되고도 치열한 과정이었다. 나는 그 기간을 통해 내 삶에 미치는 하나님의 권능과 능력을 깊이 경험했다. 그 기간을 통해 나는 어떻게 내 온 마음과 목숨과 뜻과 힘으로 주님을 사랑할 수 있는지를 배웠고 지금도 배우고 있다. 온전히 자신에 대해 죽게 될 때 우리의 미래를 그리기 위해 과거의 삶으로부터 가져올 것이 아무것도 없게 된다.

성경에 묘사된, 그리고 내가 실제로 경험한 혹독한 회심의 과정을 고려할 때, 지금의 복음주의 문화가 정형화시킨, 믿음은 손쉬운 것이라는 생각들이 가져올 수도 있을 결과를 생각하면 두려운 마음이 든다. 내가 사는 지역만 해도 복음주의의 놀이공원이라 할 만한 지역이다. 이웃들 중 몇 집은 지역의 대형 교회들에 출석하고 있는데 교회 안에 (아무도 굶주리지 않도록) 패스트푸드 식당들이 입점해 있고 (아무도 문명의 편안함에서 멀어지거나 설교 시간에 졸지 않도록) 유명한 커피 체인점들과 (하나님은 사람들이 즐기는 것을 원하신다고 어린아이들도 알 수 있도록) 바람을 채운 거대한 고무 놀이기구들을 가져다 놓았다. 일부 교회는 교회 주최로 교인들에게서 돈을 모아 전미대학미식축구경기의 최종 4강을 예측하는 도박에 판돈을 걸기도 한다. 우리 각자가 교회에서 하는 일들과 성경공부 시간에 배우는 내용들, 우리가 그리스도의 제자라고 고백할 때 의미하는 것들과 비교해 본다면, 비록 사용하는 단어는 같지만 의미하는 내용에는 엄청난 차이가 있다. 우리가 아이들을 양육하는 방식에 관해 말을 한다면 그 차이는 더욱 심각해질 것이다. 인근의 한 교회는 원형(原刑)의 성막 모습대로 본당을 짓는 데 1,900만 달러를 들였다. 이들 교회들은 목적에 이끌리는 교회, 진리를 찾는 사람들이 선호하는 교회로 자신들을 소개하고 있다. 선교 사역을 하는 친구들의 말에 따르면 그 교회들의 1년 예산은 에이즈로 인해 아프리카에서 발생하는 고아들을 몇 년 동안 먹일 수 있는 규모라고 한다. 그 교회들이 주일 아침 성도들에게 나눠주기 위해 도넛을 구입하는 비용만으로도 기아에 시달리는 세계인들에게 큰 도움을 줄 수 있을 거라고 한다.

목적에 이끌리는 선교운동은 회심의 과정을 몇 마디 주문을 읊는 것으로 다 끝나는 마법의 과정처럼 만들어 놓았다. 그 과정에서 예수님은 그저 양심 있는 프레드 로저스 씨(노래와 이야기와 대화로 꿈을 심어

주었던 어린이 프로그램의 전설적인 진행자-옮긴이) 같은 존재일 뿐이다. 릭 워렌 목사는 「목적이 이끄는 삶」(디모데 역간)이라는 자신의 책에서 회심을 다음과 같이 고백하는 것이라고 설명한다. "예수님, 제가 당신을 믿고 받아들입니다."[2] 죄인들을 받아들이시는 하나님의 사랑이 아니라 자신의 말에 믿음을 거는 행위는 사람들을 그릇된 희망의 함정에 빠지게 한다. 릭 워렌 목사가 사람들에게 구원을 보장하는 방식은 위험스러울 정도로 잘못된 것이다. 그는 계속 설명을 한다. "만약 당신이 신실하게 그 기도를 드렸다면 이제 축하를 받을 차례입니다. 하나님의 가족이 된 것을 환영합니다." 내 기도가 신실한지 여부를 내가 어떻게 판단할 수 있을까? 구원의 은혜는 구속할 자를 선택하시는 거룩하신 하나님, 오래 참으시고 자신을 희생하시며 순종하신 구세주께 속한 것이다. 이렇게 큰 은총이 어떻게 내 신실함에 달려 있을 수 있겠는가?

그런 내용을 책에서 읽을 때마다 나는 그 안에서 예수님이나 성경, 회심 혹은 나 자신의 모습을 찾아볼 수 없다. 최근 사우스캐롤라이나로 휴가를 갔을 때 남편과 나는 그 지역 교회에 참석을 해서 예배를 드렸다. 보수적인 개혁장로교회의 목사인 남편은 호텔로 다시 돌아와서 방금 경험한 예배에 대해 실망감을 표했다. 그 교회에서는 세례를 줄 때 물을 사용하지 않았고 아무런 성경말씀도 인용하지 않은 채 설교했다. 기도도 없이 시작된 설교말씀은 대화식으로 진행되었는데 실망을 주제로 해서 금전 관리에 대한 지혜의 말들로 채워졌다. 새신자들에게는 꽃과 간단한 기념품을 역시 기도 없이 주었고 예배가 끝날 때는 축도도 없었다. 하지만 교회 문을 나서는 사람들은 모두 만족한 듯 만면에 미소를 짓고 있었다. 참회의 기도는 주보에 그저 인쇄되어 있을 뿐이었다. "사랑하는 하나님, 실수를 저질러서 죄송합니다. 구원을 베풀어 주신 것을 감사드립니다."

복음을 이렇게 왜곡하는 것은 위험하고도 그릇된 일이다. 실수라고? 실수는 고속도로에서 잘못된 출구로 나오는 것이 실수다. 죄는 거룩하신 하나님께 대한 인간의 반역이다. 잘못은 논리적인 오류이지만 죄는 우리의 마음에 잠복을 했다가 우리의 멱살을 부여잡고 우리를 지배하려 한다. 죄를 저지른 가인에게 하나님이 하신 말씀을 기억하는가? "네가 선을 행하면 어찌 낯을 들지 못하겠느냐? 선을 행하지 아니하면 죄가 문에 엎드려 있느니라. 죄가 너를 원하나 너는 죄를 다스릴지니라"(창세기 4:7). 그 말씀은 우리에게도 해당된다. 그 말씀에 나와 있는 것보다 가볍게 죄를 설명하는 왜곡된 복음을 받아들인다면 진정한 회개의 열매에 대해 알 수 없게 될 것이다. 사도 바울은 회심 후의 그의 삶을 다음과 같이 간단하게 묘사한다. "회개하고 하나님께로 돌아와서 회개에 합당한 일을 하라"(사도행전 26:20). 회개하고 그에 합당한 삶을 산다는 것은 구약시대의 마지막 예언자인 세례 요한의 가르침에도 드러나 있다. 그는 주님의 오심을 예비하며 "회개하라. 천국이 가까이 왔느니라"(마태복음 3:2)라고 당대의 종교 권력자들에게 경고하고 회개 후에는 "회개에 합당한 열매를 맺으라"(마태복음 3:8)라고 촉구했다. 예수님도 주님의 제자로의 삶에 따르는 희생이나 믿음의 훈련을 저버리는 것에 대해 다음과 같이 경고하셨다.

나더러 주여 주여 하는 자마다 다 천국에 들어갈 것이 아니요, 다만 하늘에 계신 내 아버지의 뜻대로 행하는 자라야 들어가리라. 그날에 많은 사람이 나더러 이르되 주여 주여 우리가 주의 이름으로 선지자 노릇 하며 주의 이름으로 귀신을 쫓아내며 주의 이름으로 많은 권능을 행하지 아니하였나이까 하리니 그때에 내가 그들에게 밝히 말하되 내가 너희를 도무지 알지 못하니 불법을 행하는 자들아 내게서 떠나가라 하리라. (마태복음 7:21-23)

크리스천의 삶은 하나님의 초자연적인 능력과 권위가 스며들어 있는 삶이다. 하나님은 구속의 하나님이시다. 우리는 몇 마디 신비한 말을 하거나 교회에 출석을 하는 것으로 그분을 통제할 수 없다. 회심은 마음에서 일어나는 변화다. 그리스도에게 나아오기 전에 우리는 먼저 이전에 우리가 살던 삶과 인간관계를 채웠던 그릇된 자만심, 변명을 일삼으며 남에게 화살을 돌리고 스스로를 기만하는 행실을 버려야 한다. 그리스도에게 나아오기 전에 우리는 먼저 자신을 돌아봐야 한다.

회심을 한 이후, 내 모든 시간과 일상적인 일들은 믿음의 검증 대상이 되었다. 나는 이전에 게이들과 레즈비언들에게 인기 있는 교수였다. 나는 이미 1999년 가을학기 여성학 입문(그 강의에는 보통 200명 넘는 학생들이 등록을 했다)과 여성해방교육론을 맡기로 계획이 잡혀 있었다. 지금에 와서 시간표를 수정할 수는 없었으므로 할 수 없이 그 과목들을 가르치기는 해야겠지만 이제는 크리스천의 입장에서 수업을 이끌어 가야 할 형편이었다. 2000년 봄 학기에 가르칠 기독교 해석학 강의안들도 만들어야 했다. 내겐 새로운 강의들을 가르칠 재량이 있었다. 물론 학생들이 강의를 수강한다는 조건하에서 말이다. 이전에 내 수업은 동성애자들의 권리를 옹호하는 내용이었다. 하지만 지금은 이전의 내 포스트모더니즘 학부에서는 들어보지도 못한 새로운 과목, 기독교 해석학을 만들려 하고 있었다. 하지만 학생들이 그런 과목을 들으려고 할지, 한 명이라도 수강 신청을 할지 걱정이 됐다.

하루하루 급진적인 교수의 일상 안에 포함되어 있던 수많은 문제들이 도덕적인 결단의 문제들로 대두되었다. 그때마다 R이 내 곁에서 힘이 되어 주었다. 그는 내게 다윗 왕처럼, 예언자 다니엘처럼, 바울 선생처럼 버티라고 말을 했다. 매일매일 성적인 죄와 힘겨운 투쟁을 벌이고 있는 자신의 실상을 고백하면서 나만 홀로 외로운 여정을 걷고 있는 것이 아니라고 깨우쳐 주었다. 여름이 끝나갈 무렵, 나는 변화를 느끼기 시작했다. 하나님께서 나를 치료하고 계신 것이 느껴졌다. 내가 회개를 하는 동안 하나님은 나를 고치고 계셨다. 반면에 R은 항상 같은 자리에 머물러 있는 것처럼 보였다. 나는 매일 그를 위해 기도했다. 내가 죄에서 놓여남을 느끼는 반면 왜 그는 그의 죄로부터 해방을 경험하지 못하는지 의아스러웠다.

나는 생활에 변화가 일어나고 있음을 감지할 수 있었다. 우선 나는 더 이상 불안이나 악몽에 시달리지 않았다. 매일 나를 괴롭혔던 소화기 질환도 어느덧 사라졌다. (몇 달 동안 소화제를 먹어본 기억이 없었다.)

매일 격렬하게 했던 조깅도 좀 빨리 걷는 운동으로 바뀌었다. 하나님께서 내 영혼을 정리하셨듯이 나는 집과 사무실을 정리했다. 책, 음반, 그림 등 하나님께 영광이 되지 못할 물건들은 모두 내다버렸다. 구독하는 잡지와 학술서적들도 정리를 했다. 그러자 나를 돌아볼 시간이 더 생겼다. 나는 정원을 가꾸고 빵을 구워 친구들과 이웃들에게 대접했다. 나는 긴장에서 놓여났고 주 안에서 기력이 회복되었다. 적들을 용서할 마음이 생기고 홀로 기도하는 시간들이 즐거웠다. 나는 삶의 모범이 되는 인물을 찾으며 성경을 읽고 또 읽었다. 예수님은 내 스승이셨고 바울 사도는 내 오빠, 혈육처럼 느껴졌다. 교회 안에서도 진정한 우정을 나눌 사람들이 생겼다.

　매주 한 번씩 하는 제자훈련 시간에 플로이가 정식 교인이 되면 어떻겠냐는 이야기를 했다. 나보고 정식 교인이 되라고? 이 교회에서? 나는 화들짝 놀랄 수밖에 없었다. 정식 교인이라니! 웩! 나는 이제껏 클럽에도 가입해 본 적이 없는 사람이었다. 정식 교인이 된다는 것은 자유로운 내 영혼으로서는 생각도 할 수 없는 일이었다. 나는 플로이에게 비록 내가 교회를 사랑하기는 하지만 정식 교인이 될 이유는 생각할 수가 없다고 말했다. 그러자 그녀는 성경에 나오는 모든 신자는 지금으로 치자면 모두 정식 교인의 신분을 가진 사람들일 거라고 대답을 했다. 두고두고 생각해 볼 만한 말이었다. 외톨이 기독교인이란 존재하지 않는다고 했다. 2004년 개혁장로교회 세계총회에서 테드 도널리 목사는 미국이 이라크에 병사를 단 한 명만 보낼 것이라고 선언하는 것을 그려보라고 말했다. 최첨단 장비를 갖추고 있다 하더라도 그가 살아서 임무를 수행해 낼 수 있을 것인가? 그의 주장을 들었을 때 새삼 정식 교인이 되라는 플로이의 권고의 말이 다시 생각났다. 누구도 홀로 전장으로 갈 수 없다. 성화, 그리스도 안에서 자라가는 것은 개인적이면서도 공동체적인 문제이다. 우리는 서로를 필요로 한다. 우리의 믿음은 계속 흔들리므로 우리가 거두는 성공은 우리 자신의 작은 왕국의 것이 아니라 그리스도의 몸 된 교회의 일부인 것이다. 크리스천의 삶은 전쟁이다. 그것만은 나는 확실하게 말할 수 있다. 제정신이라면 전장에 홀로 나설 사람이 있겠냐고 플로이는 물었었다.

개혁장로교회의 정식 교인이 되는 선서는 간단했지만 내 마음 깊숙한 곳에 새겨졌다. 여기 그 일곱 가지 선서의 내용이 있다. 하나씩 선서를 할 때마다 내 마음속에서 일었던 감정들도 같이 기록해 놓았다.

선서: 정식 교인이 되기 위한 서약

1. 당신은 구약과 신약이 하나님의 말씀이고 삶과 믿음의 유일하고 오류 없는 기준임을 믿습니까?

나의 '삶과 믿음의 기준'은 내 지성이었다. 이전에 나는 성경이 구전을 통해 전해진 역사 문서로서 그것이 진실이고 정확하다고 믿지 않았다. 사실 나는 학자로서, 구전으로만 전해진 내용이라면 초콜릿칩 쿠키를 만드는 방법조차 믿지 않았을 것이다. 그런데 지금 나는 구전이라는 전혀 믿을 수 없는 방법을 통해 만들어진

문서에 내 전체를 다 걸려 하고 있다! 지적으로 중대한 결함이 있는 사람들만이 할 만한 일이다. 성경책을 통해 하나님의 존재하심을 증언하고 하나님께 의지해 성경의 권위를 부여하는 이 존재론적 오류는 또 어떤가? 나 같은 철저한 포스트모더니스트가 복음이 사실이라는 것을 어떻게 믿을 수 있단 말인가?

2. 당신은 살아 계시고 진실하신 성부, 성자, 성령 하나님을 성경이 보여주는 대로 믿습니까?

나는 하나님을, 지적으로 열등한 사람들을 안정시키기 위해 만들어진 제국주의적인 사회적 고안물이라고 믿었었다. 하나님은 죽었다고 선언을 한 프리드리히 니체가 내 견해보다는 오히려 온건했을 것이다.

3. 당신은 당신의 죄를 회개합니까? 하나님께 죄를 지은 자로서 죄책감과 무력감을 고백합니까? 하나님의 아들이신 예수 그리스도를 당신의 주님이자 구세주로 선언합니까? 그를 섬기는 데 당신의 일생을 바치겠습니까? 죄를 멀리하고 그분의 가르침과 모범을 따르는 삶을 살기로 서약합니까?

회개? 죄? 죄책감? 무력감? 이런 말들은 이전의 내 인격과 삶에서는 꿈도 꿀 수 없는 단어들이었다. 내가 누구던가? 게이 프라이드 행진에 모여든 동성애자들에게 연설을 하던 사람이 아니었던가! 예수 그리스도를 내 구세주, 주님으로 선포하라고? 예수라는 이름을 나는 증오했었다, 그것도 아주 심각하게. 내가 유일하게 그 이름을 입에 올릴 때는 누군가에게 욕을 할 때뿐이었다.

4. 당신은 이 교회를, 성경에 기록되고 북미개혁장로교회의 헌법에 명시된 대로
   의 교회로 인정하고 주 안에서 교회의 가르침과 치리에 복종할 것을 약속합니
   까? 당신은 교회 안에서 다른 이들과 협력할 의무가 있음을 인정합니까? 그리
   고 교회의 다른 신자들이 주님을 섬기도록 권고하고 도움을 줄 것을 약속합니
   까? 교리나 삶에서 교정을 받을 필요가 있을 경우 교회의 권위와 훈육을 존중
   하기로 약속합니까?

   나 자신을 교회의 장로들에게 복종시키라고? 나를 박사학위도 없
   는 한 무리의 남자들에게 복종시키라는 말이야? 내가 정신이 나간
   걸까? 이게 무슨 꼴이지? 이 서약을 하고 나면 그들이 내가 가르치
   는 여성학 입문 마지막 수업에 찾아와서 내 이중성과 불복종을 비
   웃으며 시위라도 하겠다는 건가?

5. 크리스천으로서의 삶에 성장이 있도록 당신은 부지런히 성경을 읽고 은밀한
   중에 기도하며 주일을 지키고 예배에 규칙적으로 참여하고 정해진 성찬식에
   참여하며 하나님이 당신에게 복 주시는 대로 주의 일을 위하여 당신을 드리기
   로 약속합니까?

   내 모든 시간을 주를 위해 드린다면 나는 나만의 영역을 어떻게 구
   축하지? 전문직에 종사하는 사람으로 주일에 일을 하지 않고 그
   저 쉬는 것이 가능할까?

6. 당신은 삶의 모든 관계들에서 하나님의 의와 나라를 먼저 구하고 예수 그리스도의 진정한 종으로서 당신의 모든 의무를 충성되이 감당하며 사람들을 주 앞으로 인도할 것을 약속합니까?

나는 언제나 나 자신의 즐거움을 추구해 왔고 사람들을 내게로 이끌려 했었다.

7. 당신은 마지막 심판의 날에 기쁨으로 증언하기를 원하는 것처럼 당신의 이런 삶의 목적과 믿음을 주님 앞에 겸손히, 그의 도움을 구하며, 선언하겠습니까?

이전에 나는 내 생의 마지막이라든가 마지막 심판의 날 같은 것을 생각하고 싶지 않았다. 수많은 동성연애자 친구들을 에이즈로 잃었고, 그렇게 고통스럽게 죽은 이들이 다시 영원한 지옥 불에 던져진다는 것은 터무니없는 얘기처럼 들렸다. 마치 내가 그런 사실을 믿기라도 하면 그런 일이 일어날까 두려웠다.

만인 앞에 신앙을 고백하다

1999년 7월, 나는 장로님들 앞에서, 이어 전교인들 앞에서 하나님께 대한 신앙을 고백했다. 켄 스미스 목사님은 내가 정식 교인으로 교회에 '가입'하는 것이 아니라 하나님과 교회를 상대로 '언약을 맺는 것'이라고 설명했다. 신앙을 공표하기 위해 내가 교회 신도들 앞에 서 있는 동안 그리스도께 대한 충성심만큼이나 동성애 커뮤니티를 배신하고 있다는 죄책감이 엄습하는 것을 느꼈다. "예, 그렇습니다"란 대답을 거의 할 수 없을 정도였다. 주체할 수 없을 만큼 몸을 떠는 나를 보고 목사님은 동의의 표시로 생각했고 교회의 신자들도 나를 믿음으로 받아들였다. 나는 아직도 임직을 위해서나 세례를 받기 위해 회중 앞에 서 있는 사람들을 보면 그날 내가 느꼈던 고통이 기억난다. 성찬식을 할 때마다 동성애 친구들과 과거의 나를 배반했다는 죄책감을 경험한다.

　주님께 내 삶을 바치기로 결정하고 세 달이 지나서야 나는 정식 교인이 되는 서약에 동의했다. 이전에 알고 있었던 삶에서 아주 빨리 멀어져 가는 것 같아 두려웠기 때문이다. 내 생의 한 장이 막을 내렸다는 것은 알고 있었지만 얼마나 내가 심하게 그것을 겪어낼지는 알 수 없었다. 정식 교인으로 서약한다는 것은 결코 다시 옛 삶으로 되돌아갈 수 없음을 의미했다. 그 서약을 내 입술로 읊고 가슴으로 받아들이면 나는 진정으로 동성애 공동체들의 배반자가 되는 것이다. 나는 마치 과거에 대한 의식, 미래에 대해 아무런 감각도 없는 눈에 보이지 않는 의식의 초기단계에 서 있는 것 같았다. 거울을 들여다봐도 뱀파이어처럼 투영된 내 모습이 보이지 않을 것 같았다. 지금에서야 그것이 내가 완전히 깨끗해진 상태, 새로운 존재가 되었을 때 느꼈던 느낌이었음을 알 수 있다. 과거가 정말로 사라진 것이다. 물론 과거의 그림자는 여전히 남아 있었지만 그 본질은 내게서 없어졌다. 사도 바울은 이런 경험을 이렇게 표현했다. "형제들아, 나는 아직 내가 잡은 줄로 여기지 아니하고 오직 한 일 즉 뒤에 있는 것은 잊어버리고 앞에 있는 것을 잡으려고 푯대를 향하여 그리스도 예수 안에서 하나님이 위에서 부르신 부름의 상을 위하여 달려가노라"(빌립보서 3:13-14). 잊는다는 것은 고통스러운 과정이다. 과거의 자신을 잃는 것에는 일종의 상실감이 따르기 마련이다. 하지만 그런 아픔은 구원을 얻기 위한 대가이다. 죄에서 살아난다는 것은 우리의 일부를 희생하는 것이다.

솔로몬의 문제

1999년 8월 17일, 나는 새로 들어온 대학원생들에게 입학을 축하하는 강연을 마치고 내 연구실로 돌아왔다. 주제는 내가 선정했다. 학교에서 내게 그 강연을 의뢰했을 때만 해도 나는 포스트모더니스트 레즈비언이었다. 하지만 6개월이 지난 후 내가 학생들에게 강연을 했을 때는 이제 막 주님을 따르기로 결심한 새내기 신자였다. 나는 강연 제목을 "솔로몬의 문제"라고 붙였다. 강단에 올랐을 때 나는 뭔가 어색하고 불편한 느낌이 들어 옷자락에 단 애꿎은 클립마이크만 만지작거렸다. 나는 상고머리에서 벗어나기 위해 머리를 기르던 중이라 머리꼴도 부스스하니 볼품이 없었다. 내 강의가 학생들에게 얼마나 큰 충격을 줄까? 이 강의를 통해 나는 레즈비언 전체에게 배반자, 변절자로 낙인찍힐 것이었다. 그들에게는 정말로 본받아서는 안 될 사람의 예로 자리매김을 할 것이다. 만약 R이 그 자리에 없었다면 나는 도저히 강의를 마칠 수 없었을 것이다. 내가 회심한 후 6개월 동안 그는 나의

감시자, 오빠, 옹호자, 동시 통역사, 그야말로 절친이 되어주었다. 그
는 내가 하는 강의, 내 수업, 내가 주선하는 목요일 저녁 식사 모임에
자리를 같이 했고, 내 학생들, 동료들과 대화를 나누었다. 그는 성전
환을 한 여장남자 친구들을 거리낌 없이 친구로 받아들였고 내가 가
진 염려들을 아주 능숙하면서도 내 마음이 상하지 않도록 교회 모임
에 설명을 했다. 나는 그의 그런 능력이 놀랍기만 할 뿐이었다. 내가
원고를 만지작거리는 동안 무대 왼쪽 발코니에 앉아 있던 그는 내게
엄지손가락을 세워 보였다. 회심 이후 내가 겪고 있던 내 영혼과 직업
사이의 괴리를 이해하는 유일한 사람이 R이었다. 다음은 그날 내가
전한 강의 내용이다.

솔로몬 왕이 현자들에게 가르친 것: 적극적 청취와 적극적 학문정신

16세 이후 내 삶은 세 가지 생각 범주에 의해 고취되어 왔습니다. 경
험과 의미를 기록한 증언으로서의 '텍스트', 의식의 외부에 존재하지
만 끊임없이 그것에 형태를 부여하는 사건들의 내용인 '역사', 이타
적인 사랑과 은밀한 연민을 담고 있는 '자비'가 바로 그 세 가지 범
주입니다. 이들 범주는 내게 그저 학구적인 것으로 머문 적이 없습
니다. 사실, 저는 이들에게 큰 신세를 져왔습니다. 십대일 때엔 집에
서 벌어지는 상황들을 이해하기 위해 이들 범주들을 사용했습니다.
내가 쓴 첫 책은 이를 다룬 내용이었습니다. 지금 돌이켜보면 나의
이 범주들은 계속 확장되어 왔습니다. 사회적 학살의 역사성에서 부
활의 역사성으로, 사회적 주변인으로서의 여성들에 의해 만들어진

문학적 텍스트들로부터 살아 계신 삼위일체 하나님(오늘의 문화에서 하나님이라는 말은 정치적인 덫으로 종종 오해되고 오용되고 있습니다만)이 계시된 권위 있는 텍스트로서의 성경으로, 여성·유색인·장애인을 향한 사회정의와 성소수자들의 해방으로부터 신약성경에 드러나 있는 자비에 관한 반직관적인 가르침으로 나의 텍스트, 역사, 자비라는 범주들은 각각 확장이 되었습니다. 이들은 모두 내게 다음의 본질적인 질문들을 던집니다. 너는 누구냐? 너는 무엇이냐?

이에 답을 하기 위해서는 진정한 배움에 대한 내 첫 번째 주장을 다시 생각하게 됩니다. 그것은 아무리 의심스럽고 어리석은, 아무 내용도 없는 생각들일지라도 겉보기에 말쑥한 아이디어처럼 만들어내는 도구들이나 비법과는 상관이 없습니다. 적어도 최근 십여 년에 걸친 후기구조주의와 포스트모더니즘의 영향으로 지성인들은 어떤 주장이 얼마나 믿을 만한 것인지, 그것들의 증거를 어떻게 검증해야 하는지에 관한 한 강력한 도구들을 획득했고 인식론적 제국주의의 폭압이 사회 전반에 미치는 영향도 고스란히 드러낼 수 있는 능력을 갖추었습니다. 하지만 후기구조주의가 현대의 지식인들에게 미친 영향이 앞으로의 지적인 기대까지 좌우하게 만들어 진리를 의심으로, 믿음을 회의로 바꾸도록 내버려두어서는 안 될 것입니다.

여러분이 지도해야 할 학부생들은 주검의 냄새를 맡는 대머리독수리들보다 더 빨리 지적인 두려움, 게으름, 사기를 포착합니다. 진정한 배움은 끊임없는 의심으로 유보만 하는 것이 아니라 진정한 지식을 추구함으로써만 가능합니다. 진정한 지식을 추구하는 과정에

서 친근한 모습으로 우리에게 거부감 없이 다가오는 오래된 아이디
어들을 택할 것인가 혹은 거대한 진리를 주장하는 목소리에 부단히
의심의 눈초리를 던지는 안전한 길을 추구할 것인가, 우리는 기로
에 서게 될 때가 많을 것입니다. 지식은 우리의 마음을 새롭게 함으
로써만 얻어집니다. 마음을 비우고 그 결과를 받아들이기 두려워한
다면 대학원에 다닐 이유가 없습니다. 내 말이 너무 무리한 요구로,
혹은 심지어 비우호적인 말로 들린다면 다른 사람들의 의견을 들어
보는 것도 좋습니다. 하지만 내 입장에서 이야기를 하자면 오늘 이
후로 여러분의 부담감과 책임감은 늘어가기만 할 것이므로 이왕에
피하지 못할 일이라면 당장의 안일함을 집어치우고 한시라도 빨리
본질적인 질문들을 대면하는 것이 나을 것이라는 것입니다.

대학원은 마치 연옥처럼 느껴질 수도 있을 겁니다. 교수님들은 다
양한 기회를 통해, 바로 내가 조금 전에 한 것처럼, 누가 대학원에
다닐 만한 사람들인지 그렇지 않은지를 선언하듯 말할 겁니다. 대
부분의 경우에는 평점, 종합시험 성적, 그때그때의 과제들을 얼마
나 요령 있게 해내느냐, 얼마나 많은 논문을 발표하느냐, 좀 양심
에 가책이 되기는 하지만 얼마나 멘토의 마음에 드느냐 등에 기초
를 둔 말들일 것입니다. 대학원생들에게는 학부 시절 받았던 교육
의 가치들이 캔자스 주만큼이나 아득히 멀리 보일 것이고 처음 무
릎이 벗겨졌을 때 느꼈던 쓰라림을 다시 실감할 수 없는 것처럼 심
원한 도덕적인 질문의 답을 구하려는 열의가 애초에 자신에게 있었

는지조차 기억해 내기 어려울 것입니다.

하지만 그런 유혹에 쉽게 넘어가지 마십시오. 강한 학자들, 성공적인 교수가 되려면 대학원, 그 후의 과정에서 험한 시절을 보내야 하는 법입니다. 넘어지는 법, 쓰러진 자신을 다시 일으켜 세우는 법을 배우십시오. 생각의 흐름을 바꾸는 방법도 배우십시오. 여러분의 지도 아래 맡겨질 학부생들에게 좋은 선생이 되기 위해서 훌륭하지 못한 선생님들에게서도 좋은 교훈을 얻으려 노력하십시오. 희망을 지니고 여러분이 목적이 있는 거대한 계획의 일부임을 믿으십시오. 시험을 망친다고 해서 여러분이 이곳에 있을 자격이 없다는 뜻은 아닙니다. 강의실, 도서실, 실험실, 강단에 있을 자격이 없는 사람들은 검증할 수 없는 진리를 주장하는 사람들에 맞서길 두려워하고 그것들이 아무리 자신에게 두려운 아이디어들이라 해도, 새로운 아이디어들을 만들어 내거나 발굴하기보다는 안전만을 추구하는 사람들입니다. 진리에 대한 주장, 그것들을 지탱해 줄 학문적인 증거들, 여러분과 생각이 다른 사람들과 검증할 수 있고, 의미가 있는 토론을 하고자 하는 마음이 절절한 사람들이라면 이 자리에 있을 자격이 있는 사람들입니다. 그런 사람에게 내가 하고 싶은 말은 단 한 가지입니다. 여러분, 고향에 돌아온 것을 환영합니다.

끝없이 질문들을 하는 행위를 진리를 찾는 것과 동일시한다든가 우리는 다만 기존에 정밀하게 설정한 가정, 전제들 위에서 결정을 내릴 뿐이라는 주장을 내세우는 태도에 대해서는 이렇다 할 말이 없습니다. 새로운 것이 항상 좋은 것은 아니고 전통적인 것이 항상 현재의 것들보다 공고한 것도 아닙니다. 그건 그렇게 간단한 문제가 아닙니다. 대학교 강의실은 가장 최신의 상품들, 가장 섹시한 비판적인 방법들을 집어들 수 있는 쇼핑몰도 아니고 오래되었다는 이유 하나만으로 가치 있다고 여기고 정작 아이디어들을 만지지는 못하고 구경만 할 수 있는 박물관 같은 곳도 아닙니다. 강의실은 탁월성을 추구하는 기쁨이 넘치는 곳이면서도, 살아 계신 하나님으로부터 분리되면 인간의 이성을 지혜로 바꿀 수 없는 우리의 무능, 무지에 놀라는 생산적인 두려움의 장소입니다. 만약 여러분들이 그 본질적인 질문들을 기억하고 그것들을 여러분의 가슴속에 자신들의 질문들로 받아들인다면 여러분은 실패보다는 성공할 가능성이 더 많다는 것을 알게 될 것이고 의미 있는 것들에 연결될 것입니다. 본질적인 질문들에 대한 여러분의 행로가 다른 이들의 행로와 다르다고 초조해하지 마십시오. 그 문제를 풀기 위한 여러분의 행로가 외롭고 험난하다고 초조해하지도 마십시오. 시선을 항상 위로 두십시오.

수업을 즐기십시오. 다른 이들의 삶에 영향을 줄 기회들을 누리십시오. 사제지간의 특별한 관계를 즐기십시오. 초점을 맞추는 법을 배우십시오. 그들의 사고의 방향을 돌리려 할 때 학생들은 틀림없이 여러분과 심리전을 펼치려 하고 버릇없는 행동을 보일 것입니다. 그들의 태도를 바꿀 방안을 찾으십시오. 그들의 권태로운 모습과 무

관심은 중상일 뿐입니다. 그것들의 원인을 찾고 거기에서부터 그들과의 관계를 새로 정립하십시오. 처음부터 학생들의 말을 들어 주고 끝까지 들어 주고 어느 때나 그들의 말을 들어 주려 노력하십시오. 바깥세상을 교실로 포용하고 교실을 세상으로 데리고 나가 직면하게 하십시오.

여러분의 거대한 질문들을 형성하고 있는 범주들을 고려해 보고 그것들을 종이에 옮겨보십시오. 그것들이 주는 삶의 교훈들에 대해 생각해 보십시오. 당신이 누구인지, 어떤 길을 거쳐 이 자리에 까지 이르렀는지를 잊지 마십시오. 이제 여러분에게 내가 지녀온 세 가지 삶의 교훈을 공유하려 합니다.

교훈 1. 어떤 행동을 취해야 할지 알 수 없을 때는 기본으로 돌아가십시오.

내가 마라톤 선수로 활동을 할 때 나와 훈련을 같이 하던 동료 중한 사람은 경주 중 가장 힘든 순간, 그러니까 30킬로미터쯤이 도래할 때면 내게 "로자리아, 지금이 네 인생 중 최고의 순간일 수 있다는 것을 기억해"라고 말하곤 했습니다. 당시에 나는 그를 미치광이 취급하며 그 말을 귓등으로 흘리곤 했습니다. 하지만 어느 정도 시간이 흐른 후 나는 그의 말이 무슨 의미였는지 깨닫게 되었습니다. 비록 본질적인 질문들에 의해 이끌려지는 삶을 살고 있을지라도 큰 그림을 보지 못하고 있을 수 있습니다. 학생들의 반발, 교실에서의 격앙된 감정들, 내 실수로 빚어지는 일들, 비열한 동료들, 무엇이 지성인으로서, 교사로서의 나의 삶에 어떻게 영향을 미칠지 나는 알 수 없습니다. 교실 안팎에서 견디기 힘든 상황에 부딪쳤을 때 나는 다음과 같이 말하곤 합니다. "어쩌면 지금 이 순간이 내 인생에서 최고의 순간일지도 몰라." 맨 처음 그 말을 들었을 때는 내가 30킬로미터 지점에 있다는 게 고통스럽게 느껴졌고 속에서 구토가 치미는 것 같았습니다. 하지만 다시 생각을 하자니, 혹여 내가 그 자리에서 구토를 하더라도 나에겐 고맙게도 끝낼 수 있는 마라톤 경기가 남아 있었고 지금의 고통에 마음을 집중하고 그저 한 발 한 발 앞으로 내딛기만 하면 놀라운 일이 나를 기다리고 있다는 생각이 들었습니다.

교훈 2. 진실만을 말하십시오. 당신의 말을 누가 듣고 있을지 당신은 모릅니다.
십 년 넘게 나는 레즈비언으로 살았고 게이, 레즈비언, 양성애자, 성전환자들의 인권을 지역적인, 혹은 전국적인 차원에서 옹호하기 위한 대변인으로 생활을 해왔습니다. 어느 날 아침, 출근길에 으레 그렇듯이 커피를 사려고 요르단 슈퍼에 들렀을 때였습니다. 마트 한가운데서 자신의 아이들에게 쓸모없는 것들이 걸리적거리기만 한다고 소리를 지르고 있는 여인을 보게 되었습니다. 나는 평소에도 아이들을 함부로 대하는 사람들을 보면 견디지 못하는 편입니다. 그녀를 못마땅한 눈으로 쳐다보던 나는 그녀가 입고 있는 티셔츠를 보고 경악을 금할 수 없었습니다. 그녀의 티셔츠에는 토끼가 여성적인 남성에게 "바보 같은 호모 녀석, 너희한테까지 돌아갈 고추는 없어"라고 말하는 만화가 그려져 있었습니다.

1996년 6월의 평일 아침, 요르단 마트에 서 있던 나는 애초에 내가 느꼈던 분노보다 그녀가 입고 있는 티셔츠가 더 중요한 문제라는 것을 깨달았습니다. 나는 그녀에게 다가가 내가 레즈비언임을 밝히고 그녀가 입고 있는 티셔츠 때문에 내가 마음이 언짢다는 사실을 말해주었습니다. 처음에는 내가 하는 말이 무슨 뜻인지 이해하지 못하다가 재차 내 말을 듣고서야 비로소 눈치를 챈 그녀의 입이 마치 낚싯줄에 걸린 물고기 입처럼 벌어져 다물어질 줄 몰랐습니다. 우리를 지켜보고 있던 주위의 사람들도 모두 얼어붙은 듯이 하던 일을 멈추고 우리를 지켜보고 있었습니다. 마침내 그녀의 남편이 자신의 아내를 팔꿈치로 쿡 찌르며 말했습니다, "변태한테 말대꾸할 필요 없어." 그 말을 듣는 순간 내 눈에서 분노의 눈물이 솟구쳤고 주위에서는 와자하니 웃음이 터져 나왔습니다. 다음 날 아침에도 두려움보다는 꿋꿋해 보이기를 원하는 나는 이전처럼 출근길에 요르단 마트를 다시 찾았습니다. 그러자 계산대 뒤에 서 있던 여인이 나를 구석으로 끌고 가더니 이것저것 질문을 하기 시작했습니다. 알고 보니 그녀의 딸이 최근 레즈비언임을 고백해서 누구에게든 그에 관해 도움이 필요했다는 것이었습니다.

교훈 3. 사소한 것에 정확하기보다는, 자신의 실수로부터 배우고자 하는 마음만 있다면 중요한 문제에 대해 틀리는 것이 낫다는 것입니다.

나는 이런 마음가짐으로 대학원 생활을 했고 최근 새 책을 저술하기 위해 자료를 준비했습니다. 나는 좌파, 즉 레즈비언 여성해방운동의 입장에서 우파 종교인들에 대한 연구를 하고 있었습니다. 그러던 중 내가 이미 알고 있던 사실들, 즉 우파 종교인들이 자본주의적인 소비주의를 조장하고, 보수적인 정치적 목표들을 달성하는 데신자들의 믿음을 이용하고 있다는 것 이외에 미처 내가 알지 못했던 것, 내가 수행하고 있던 연구는 물론 내 인생 전체를 근저에서부터 바꾸어 버릴 어떤 것을 발견하게 되었습니다. 즉 하나님은 우리가 길을 가다가 발견하는 산딸기 열매처럼 마음이 내키면 딸 수도있고 다른 사람들을 위해 그대로 남겨둘 수도 있는 담론이 아니라는 것입니다. 그분은 약자들을 위로하기 위해 만들어진 사회적 관습 같은 존재도, 기독교 전제주의적 이데올로기와 우파 정치가 이용하기 위해 만든 사회적 구성물도 아니셨습니다. 내가 발견한 것은우리가 인정을 하건 안 하건 예수 그리스도를 통해 존재하시는, 성경의 삼위일체 하나님이 존재하신다는 것입니다. 나는 하나님께서나를 보고 아주 기뻐하지는 않으시리라는 것도 깨달았습니다.

이런 깨달음은 살아 계신 하나님이 우리 모두의 삶 안에 존재하시고 교수로서의 내 성공이 내 공적에 따른 상으로 주어진 것이 아니라 그분이 주신 복임을 알게 해주었습니다. 성경에서 말하듯 마음이 새로워진 나는 이전에 내 것이라고 주장했던 것들이 사실은 나와는 무관한 것들임을 깨닫게 되었습니다. 바로 여기에서 학구적삶에 따르는 문제, 즉 솔로몬의 문제에 주의하라는 오늘 제 강연의주제가 의미를 지니게 됩니다. 다윗 왕의 여러 아들들 중 한 명이었던 솔로몬은 기원전 962년에서 922년까지 이스라엘을 다스렸습니다. 왕좌에 나아가기 전 그는 하나님께 "선악을 구별하는 듣는 마음"(열왕기상 3:9 참조)을 간구했습니다. 하나님은 첫 계명(우리의 자아를 공고히 하는 우상들이 아니라 하나님을 영화롭게 하라는)을 절대로 저버리지 않는다는 조건으로 그에게 전무후무한 분별의 능력을 주셨습니다. 하지만 점점 부유하고 강해진 솔로몬은 그가 지닌 지식이 하나님께서 그에게 맡기신 것, 거룩하신 성령님에게 전적으로 속한 것이라기보다는 자신 안에 있는 자신의 것이라고 생각을 하게 됩니다. 중심을 잃은 그는 지혜를 잃게 되었고 그것은 모든 몰락의 시작이 되었습니다. 물론 거룩한 성령님은 구속의 하나님이시기 때문에 솔로몬의 얘기가 몰락으로 끝나지는 않지만 지금 이 자리에서 우리에게 중요한 것은 솔로몬이 왜 실패를 했는가 하는 점입니다. 그는 진리가 한갓된 자아에 기대는 것으로 생각을 했습니다. 솔로몬의 사례는 학자들, 신자들, 혹은 무신론자들 모두에게 경고가 될 수 있습니다. 우리 모두는 각자의 자신들보다 더 큰, 각 학문 분야에서 현재 유행하고 있는 아이디어들보다 더 큰, 혹은 우리의 학문 분야에서 벌어지고 있는 세력다툼보다 더 큰 어떤 것에 우리의 중심을 내려야 합니다. 아무리 세련되고 수사가 완벽한 배움일지라도 그것의 담지자인 우리가 우리를 넘어서는 어떤 것에 정초해 있지 않는 한 그것은 모두 헛된 배움일 뿐입니다. 당장의 처지에 의해서보다는 분별 있게 선택을 해야 할 것입니다.

-1999년 8월, 시러큐스 대학교 대학원 신입생 입학식에서

지금에서 보면 아주 현실적이고 무난한 글이지만 내가 실제로 이 글을 가지고 연설을 한 당시 상황을 고려하면, 말 그대로 대학에 해고시켜 달라고 사정을 한 것이나 마찬가지였다. 오직 R만이 사태의 심각성을 이해하고 있었다. 레즈비언으로 커밍아웃을 한 지 10여 년이 지난 만큼 사람들은 내가 체면보다는 내 마음이 정하는 방향을 따르는 데 스스럼이 없을 것이라고 생각을 할 것이다. 하지만 이번 경우는 얘기가 달랐다. 그 강연을 함으로써 나는 내 친구들을 배반하게 되었던 것이다. 연설 자체는 두드러질 것이 없었지만 내가 친구들과 맺고 있던 우정은 남들의 시선을 끄는, 그런 만큼 긴밀하고도 위험한 것이었기에 그들이 느끼는 느낌은 달랐을 것이다. 그 경험을 통해 나는 복음에 관한 한 가지 중요한 사실을 알게 되었다. 즉 우리의 말의 담대함보다는 우리가 맺고 있는 인간관계가 더 큰 파급력을 가진다는 것이다. 내가 동성애 공동체에서 맺고 있는 인간관계들 때문에 내 연설은 큰 영향력을 지녔다.

　　가령 그것은 내가 빌보드 광고판을 전세 내어 "로자리아는 더 이상 안전한 사람이 아니다. 당신들의 비밀이 다 공개되고 당신들의 가면이 다 들춰질 것이다"라고 광고하는 것과 마찬가지로 받아들여졌을 것이다. 연설을 하는 동안 내 전 애인과 동성연애를 지지하는 대학원생들의 얼굴이 혐오감과 실망감으로 차갑게 굳어지는 것을 볼 수 있었다. 물론 나는 연설 전에 미리 그들과 따로 만나서 연설의 내용에 대해 통보를 했다. 그럼에도 그들은 공개적으로 자신의 정체를 드러내는 것이 얼마나 중요한 의미를 지니는지 개인적인 경험을 통해 이해를 하고 있는 사람들이었고 그래서 그들이 실제로 내 연설을 들었을 때의 충격은 남달랐을 것이다.

대학원 신입생들에게 연설을 하고 내 사무실로 향한 나는 온몸이 땀으로 흠뻑 젖어 있었다. 오랜만에 입은 치마도 어색했고 여자용 구두를 신은 발은 마라톤을 하고 난 뒤보다도 아팠다. R도 자신의 사무실로 돌아간 후여서 나는 혼자 사무실로 가야 했고 방 문 앞에는 내가 방금 한 연설에 관해 이야기를 하려는 학생들이 장사진을 치고 있었다.

하지만 그날 내 방에 들어올 수 있었던 유일한 학생은 B였다. 그는 과잉행동증후군, 우울증, 양극성 장애를 치료하기 위한 약물치료를 받고 있던 비쩍 마른 학생이었는데, 입학 첫날부터 수업은 빼먹으면서도 게이, 레즈비언, 양성애자, 성전환자들의 연합서클 회장으로 일해왔고, 나는 그들의 고문 교수였다. 그가 내 방에 온 이유는 나를 그 자리에서 해고하기 위해서였다. 그는 분노로 끓어오르고 있었다. 울어서 충혈이 된 눈으로 그는 내게 물었다. "어떻게 교수님이, 어떻게……!" 분노로 일그러진 모습으로 그는 내 방 안을 서성였다. 노랗게 물을 들여 바늘처럼 세운 머리와 붉은 얼굴로 인해 그는 마치 만화영화에 나오는 홍당무처럼 보였다.

"교수님이 이제 레즈비언이 아니라는 사실을 어떻게 확신하실 수 있죠?" 그때 내가 받을 수 있었던 모든 질문 중에서도 그 질문은 내 답변 능력을 벗어나는 것이었다. 당황한 나는 현기증을 느꼈고 속이 메스거렸다. 하나님을 영화롭게 할 만한 대답과 생각은 전혀 떠오르지 않았다. 내 안에는 준비된 대답이 존재하지 않았다. 내 안에서 진리가 분열되는 것처럼 느껴졌다. 비록 머리카락만큼일지라도 하나님께서 내 안에서 내 자아보다 더 커지신 것이 느껴졌지만, 다른 한편으로는 학생들을 가르치러 다시 학교로 온 내가 레즈비언이었을 때와 별 차이가 없는 것처럼 느껴지기도 했다. 여름방학 동안 새로 형성된 생활패턴이 학교로 돌아온 지금 내게는 아무 도움이 되지 않았다. 내겐 연구를 하는 학자로서의 신중함이 배어 있었고 그런 습성은 내가 독서를 할 때나 글을 쓸 때에 자연스럽게 드러났다. 나의 학자로서의 삶과 개인적인 삶이 분리할 수 없는 공생관계에 있기 때문이었을까? 사무실로 돌아와 의자에 앉자 과거의 학자로서의 신중함이 다시 내 안에서 고개를 들었다. 이전에 나는 언제나 학자이자 레즈비언으로서의 삶을 살았다. 내가 하던 연구는 "정체성의 역학"이라는 것을 상정하고 있었는데, 연구를 하는 사람이 자신이 연구하는 분야에 실제로 속해 있을 때 더욱 진실할 수 있다는 생각이었다. 하지만 나는 하나님께 구원을 받았을 때 내가 이전에 속하던 공동체를 벗어났다. 그런 내가 지금 다시 흔들리고 있는 것이다.

나는 B를 일단 좀 진정시켜야겠다는 생각이 들어 거꾸로 그에게 몇 가지 질문을 했다. "B, 너는 어째서 자신이 게이라고 생각을 하는 거지?"

마치 바늘에 찔린 풍선처럼 B는 비틀거리다가 의자에 무너지듯 주저앉았다. 눈물이 글썽한 채 어깨를 늘어뜨리고 앉은 그는 한참 동안 아무 말이 없었다. 마침내 그가 입을 열었다. "교수님, 제가 게이인 이유는 GBLT(게이, 레즈비언, 양성애자, 성전환자) 공동체가 편안함을 느낄 수 있는 유일한 공간이기 때문일지도 몰라요. 거기엔 교수님도 일조를 했고요. 그걸 모르신단 말씀이에요? 어떻게 이걸 모르실 수가 있어요?"

　그의 말에는 내가 느꼈던 경험이 그대로 드러나 있었다. 하지만 그의 대답을 듣고 나는 깜짝 놀랐다. 그의 대답은 그의 죄에 내가 연루되어 있다는 힐난이기도 했다. 그때 내가 어떤 대답을 해주었는지는 기억이 잘 나지 않는다. 다만 그가 축 처진 어깨를 들먹이며 울고 있을 때 내가 두 손을 꼭 잡고 있었다는 것만 기억이 난다. 날이 어두워질 무렵에야 다음 날 다시 만나 이야기를 하자는 약속을 받고 그는 내 사무실을 나갔다. 그 주중에 그를 포함해 내가 지도를 하고 있던 학생들과 내가 논문 지도를 맡고 있던 대학원생들로부터 해촉 통보가 왔다. 나는 내 컴퓨터에서 우파 종교에 대해 책을 쓰기 위해 저장해 놓은 자료들을 모두 삭제했다. 그에 관한 한 나는 실패를 인정하지 않을 수 없었다. 하나님의 은혜로 나는 이전처럼 계속 일을 할 수가 없었다. 이전에도 실패를 많이 겪어봤지만 이번만큼은 아주 이상한 실패였다. 하지만 실패의 미세한 중심에서 나는 처음에는 선뜻 보이지 않던 것을 보게 되었다. 험한 십자가를 배경으로 내가 느끼던 감정을 다시 살피던 나는 그것이 사실은 위안으로 덮여 있다는 것을 깨닫게 되었다. 무엇이든 준비하시는 분은 하나님이시고 나는 그저 그가 명하시는 대로 따라가기만 하면 되었다. 더 이상 인간적인 힘으로 스스로를 만들어 가려 하지 않아도 되었다.

한 주 후, 1999년 가을 학기가 시작되었을 때 나는 이전 내 과거의 삶에 좀 더 당당히 맞설 수 있게 되었다. 내가 어려운 시간을 보내고 있다는 것을 알게 된 교인들은 나를 위해 기도와 조언을 아끼지 않았고, 아우구스티누스의 「고백록」을 읽고 있던 나는 하나님께서 나를 위해 할 일을 준비해 놓으셨다는 사실을 깨닫게 되었다. 나는 주님께 당장 내가 처리해야 할 일들을 제대로 해낼 힘을 달라고 간구했다. 이미 나는 동성애 공동체의 우스갯거리이자 배신자의 전형으로 낙인이 찍혀 있었다. 하지만 사도 바울도 바리새인들 가운데서 나와 같은 처지에 처했었다. 나는 하나님께서 내 삶도 취하셔서 적절하게 사용하실 것을 믿었다.

그 무렵, 나는 그때까지 내게 가장 중요한 후원자였던 이를 잃게 되었다. R이 피츠버그에 있는 신학대학으로 가버린 것이다. 그는 목사가 되기 위한 소명을 받았노라고 했다. 아니 그렇게 말을 했던 것 같다. 헤어져도 매일 통화를 하고 서로에게 힘이 되어주자고 우리는 약속을 했다. 지난 6개월가량을 나는 그와 붙어 지내다시피 했다. 그가 떠나는 것이 슬프기는 했지만 나 스스로도 크리스천 교수로서의 새 삶에 집중하기 위해서는 혼자만의 시간이 절실히 필요했다. 우리는 서로에게 끌리는 감정을 느끼고 있었다. 하지만 이런 새로운 상황이 낯설기만 한 나는 애써 이런 사실을 덮어두려 노력했다. 동성애 공동체에서는 게이 남성이 레즈비언 여성에게 우정을 느끼는 것이 전혀 문제가 되지 않고 이상할 것도 없는 일이다. 하지만 나는 더 이상 그들의 공동체에 속해 있지 않았다. 지금 내게 벌어지고 있는 일이 안전한 일일까?

그 시기에 나는 충실한 후원자이자 친구가 된 비비안 라이스를 알게 되었다. 대학 교수였던 그녀는 나와 같은 교회에 출석하고 있었고 장로의 부인이기도 했다. 그녀와 나는 일주일에 한 번 함께 기도를 하고 매일 대화를 나누며 동지애를 다지기로 했다. 든든한 후원자들의 지원을 받게 된 나는, 그리스도를 따르기로 공공연히 선언한 사람으로 다음 학기를 맞이할 자신감이 생겼다.

하나님은 내게 수업을 통해 사역을 하도록 준비해 두셨다. 내가 더 이상 레즈비언이기를 포기했다는 소식은 대학 전체에 순식간에 퍼졌고 학생들이 줄어들기는커녕 교실바닥과 복도에 앉아 수업을 해야 할 정도로 많은 학생들이 내 수업에 몰려들었다. 물론 나에 관한 호기심으로 온 학생들도 있었지만 하나님의 인도하심을 받아 온 학생들도 있었다. 놀라운 사실은 일반 학생들과 토론을 하기 원하는 게이와 레즈비언 학생들도 계속 내 수업에 들어왔다는 것이다. 자살 충동에 시달리던 위중한 상태의 학생들도 있었다. 레즈비언으로 생활을 할 때 나는 언제나 아웃사이더였다. 하지만 이제 나는 다른 의미에서의 아웃사이더로 자리를 잡게 되었고 하나님은 내게 얼마간의 상처받은 사람들을 보내주셨다.

매일같이 하나님을 앞세우는 삶을 살기란 믿을 수 없을 정도로 힘겨웠다. 이전의 내 생활패턴들이 손만 뻗으면 닿을 수 있는 곳에서 나를 유혹했다. 학교에서 중요한 교육프로그램들을 책임지고 운영하는 것도 힘들었지만(학부 책임자로서 나는 200개가 넘는 전공과목 수업들을 조율해야 했다), 내가 얼마나 힘든 일을 하고 있는지 이해하지 못하는 교회의 목사님, 장로님들에게 순종하는 모습도 보여야 했다. 이기적인 이전의 생활패턴을 물리치는 유일하면서도 효과적인 방법은 의도적으로 기독교 사역을 펼치는 것이었다. 게이들을 위해 목요일마다 집에서 식사를 준비하던 일은 찾아오는 사람들이 없어 자연스레 그만두게 되었다. 여장남자인 친구 J만이 계속 찾아와서 나와 복음을 주제로 대화를 나누었다. 일부 학생들은 하나님께서 어떻게 나를 바꾸셨는지에 대해 공개적으로 관심을 보였기 때문에 금요일 저녁마다 "기독교인으로 산다는 것의 모든 것"이라는 제목의 스터디 모임을 하게 되었다. 누구든지 관심 있는 사람은 우리 집에 와서 예수님과 성경에 관한 대화와 질문을 할 수 있었다. J와 함께 몇몇 학생과 이웃사람들이 찾아왔는데 한 달에 한 번은 모임 대신 봉사활동을 펼치기도 했다. 이제껏 내가 관여했던 성경공부 모임 중 가장 야릇한 구성원들로 이루어진 모임이었다.

R이 신학교로 떠난 후 우리의 신앙생활은 더욱 차이를 보이게 되었다. 하나님은 내가 그리스도 안에서 내 죄들에 대해 승리를 선포하도록 도우셨지만 R은 점점 더 낙심하는 모습을 보였다. 그에게 조언을 하고 그가 지닌 문제들로 고민을 하면서 그가 나와 대등한 상대가 아니라 내 자식처럼 느껴지기 시작했다. 돈이 떨어지면 돈을 보내주고 전화카드에 잔액이 부족하다고 하면 내 것을 보내주었다. 그는 밤낮을 가리지 않고 아무 때나 전화를 했다. 분명히 건강한 관계가 아니었지만 그런 불건전한 관계도 건강한 관계만큼이나 사람들을 옭아

매는 법이다. 오래지 않아 우리는 그런 온전하지 못한 결속을 사랑과 혼동하기 시작했다.

소위 'R문제'를 내게 환기시킨 제일 첫 번째 사람은 내 여장남자 친구 J였다. 함께 강연에 참석했다 돌아오던 길에 R이 지쳐서 집에서 기다린다며 내가 안절부절못하는 것을 본 J는 차 안에서 단호한 목소리로 말했다. "로자리아, 나는 이게 어떤 관계인지 잘 알아. R은 점점 죄의 늪으로 빠져들어 가고 있고 너는 그를 쳐다보며 절벽에서 내려오라고 애원을 하고 있어. 예수님께 맡기고 이제는 그를 놓아줘. 더 이상 네가 할 수 있는 일은 없어." 지금 생각해도 적절하고 현명한 충고였지만 당시의 나는 그런 충고를 받아들이기엔 너무 목이 곧았다.

R과의 약혼

힘들어하는 R에게 신학공부가 그에게 해가 되는 것은 아니냐고 물어본 적이 있었다. 왜 그가 '소명'을 받았다고 생각하느냐는 내 질문에 그는 켄 목사님이 아직도 예배 중에 사역자들을 보내달라고 기도를 하느냐고 물었다. 켄 목사님은 매주 설교 중 기도시간에 "추수할 것은 많되 일꾼이 적으니 그러므로 추수하는 주인에게 청하여 추수할 일꾼들을 보내주소서 하라"라는 마태복음 9장 37절에서 38절의 말씀을 인용하여 기도를 했었다. "그게 바로 내가 신학교에 오게 된 이유예요. 꼭 나를 향해 기도를 하는 것처럼 느껴졌거든요." R이 대답을 했다. 나는 좀 자세히 설명해 보라고 다시 부탁을 했다. 나는 사역자를 보내달라는 켄 목사님의 기도를 R 스스로 자신을 향한 기도로 받아들였다는 것인지, 성령님이 켄 목사님을 통해 그에게 사역자로 일할 것을 명하셨다는 것인지 알고 싶었다. 사람에 의한 부르심과 하나님에 의한 부르심, 나는 두 가지를 분명히 구분해야 할 것 같았다. 그는 내 질문을 듣고 잠깐 생각을 해보더니 자신 있게 대답을 할 수 없노라고 했다.

최근 몇 년 동안 나는 그 말씀에 대해 묵상을 하고 있다. 소명에는 성령님이 우리 양심에 일하시는 결과로 느끼는 소명과, 우리가 중요하게 여기고 우리에게 큰 의미를 지니는 사람들의 영향에 의한 소명, 즉 프로이트식으로 말하자면 우리의 초자아에 의한 소명이 있다. 그 두 가지 소명에는 큰 차이가 있다. 교회 일을 하면서도 사람들은 무의식중에 스스로 자신에게 속아 넘어가기 쉽다. 프로이트에 의하면 초자아는 우리의 의식 중에서도 타인들이나 단체들의 기대에 적극적으로 부응하고자 하는 부분이라고 한다. 즉, 교회 일을 하면서도 하나님을 기쁘게 하기보다는 사람들을 기쁘게 하고자 하는 마음으로 일을 하기 쉽다는 것이다.

R은 내게 청혼을 했고 우리는 11월에 약혼을 했다. 교회는 우리의 결합에 전폭적인 지지를 보냈다. 우리가 받은 도움은 이루 말로 다 할 수 없을 정도다. 보통 크리스천들은 남의 눈을 의식하며 절제된 삶을 살지만 결혼식과 베이비샤워에는 과하다 할 정도로 흥분한다는 것을 나는 알게 되었다. 내가 직접 그런 흥분의 대상이 되어보고 난 후에 깨

닫게 된 사실이었다. 내게 쏟는 관심이 나는 부담스럽고 짜증이 났다. 이제까지 친구로 여겨왔던 사람들이 내가 기혼자 모임에 합류한다니 까 이제야 진짜 사람다운 삶을 살게라도 된 것처럼 요란을 떨었다. 나는 내가 느끼는 두려움과 불안을 누구에게 토로해야 할지 알 수 없 었다. 나는 다시 한 번 나 같은 사람이 어떻게 성결한 사람이 될 수 있 을까 하는 질문에 부딪쳐야 했다. 나는 그때까지 R이 과연 성결한 사 람인지 의문을 품어본 적이 없었다. 그는 나와 항상 복음을 논했고 내 게 복음을 전해주었으며 나를 위해, 나와 함께 기도를 하던 사람이었 다. 더구나 그는 교회의 지원을 받아 신학공부를 하고 있었고 곧 목회 자가 될 사람이기도 했다. 물론 그가 마음을 잡지 못하고 고민 중에 있긴 했지만 나는 교회가 그런 문제를 알면서도 그가 훌륭한 목회자 가 될 거라고 확신을 갖고 지원하고 있다면 그는 분명 좋은 목회자가 될 것이고 충실한 남편이 될 거라고 생각했다. 나는 성결한 분별은 없 었던 셈이다.

　R과의 결혼식을 준비하면서 평생 처음으로 합법적인 관계를 맺게 되었다는 사실이 나를 조금씩 들뜨게 했고 나도 모르게 점점 교회 친 구들의 분위기에 휩쓸리게 되었다. R과 나는 매일같이, 어떤 날은 하 루에도 몇 차례씩 전화통화를 했다. 하지만 그는 죄의 유혹에 점점 빠 져 들어가고 있었다. 하나님께서 나에게는 승리의 삶을 살게 하시면 서 왜 그에게는 죄로부터의 자유를 허락하시지 않는지 알 수 없었지만 모두 시간문제일 뿐 그도 곧 승리의 삶을 살게 될 거라고 생각했다. 어쨌건 그는 거듭해서 주님께 그의 삶을 바치기로 서약을 했고 그런

그에게 승리 외에 다른 결과가 있을 것 같지는 않았다. 첫 번째로 합법적인 관계 안에 들어간다는 가능성은 나를 자긍심과 경외감으로 채웠고, 이전에는 감히 내가 속하리라고 생각해 보지도 않았던 무리가 나를 받아들이기 위해 손짓을 하고 있었다. 예수님은 죄에 대한 승리를 보이시기 위해 나를 특별하게 사용하고 계심에 분명했다.

교회를 떠나고 싶다

게이들 사이에서 회자되는 이야기가 있다. 구태의연하긴 하지만 나는 그 말 안에 일말의 진리가 담겨 있다고 생각한다. 즉, 게이들은 섹스를 좋아하지만 레즈비언들은 대화하는 것을 더 선호한다는 것이다. 이 말은 레즈비언들이 짝을 이루어 살기보다 혼자 사는 것을 좋아한다는 뜻이 아니라(일부는 사실이다) 대화가 레즈비언들에게는 섹스만큼이나 중요하다는 의미이다. 이 시기에 R과 나는 내밀한 대화를 많이 나누었다. 다시 주워 담을 수 없을 비밀스런 이야기들, 우리가 저질렀던 성적인 죄들, 우리가 겪었던 가정의 문제들 등 대화의 소재는 끝이 없었다. 나는 과거의 허물들을 고백하고 들어 주는 것을 사랑과 혼동했다.

학교에서의 반응은 내가 교회에서 느꼈던 반응과 천양지차였다. 내가 약혼했다는 소식을 들은 레즈비언 친구들은 새삼 위기감에 휩싸였다. 내가 가르쳤던 학생들이 사무실과 집으로 찾아와서 울음을 터뜨리는가 하면 친한 동료 교수들은 마치 고인을 추모하는 듯한 엄숙하고 조심스런 말투로 내게 말을 해왔다.

교회 친구들이 모여들어 내 결혼 준비를 돕는다고 법석을 떠는 동안에도 나는 학장님에게 무슨 말을 해야 할지 난감하기만 했다. R은 신학교를 졸업하려면 2년을 더 공부해야 했다. 목사안수를 받은 뒤에 어디에서 목회를 할지 알 수 없었다. 우리 교단에서는 사역할 장소를 목회자가 선택할 수 없었다. 우리가 계속 시러큐스에서 살게 될 가능성은 별로 없었다. 교수직을 그만두어야 할까? 나는 내 삶의 문제로 학사행정을 어렵게 만들고 싶지 않았다. 연구 휴가를 낼까? 비록 재직을 하던 대학이 훨씬 크긴 했지만 세속 대학보다 기독교 계통 대학에서 교직을 맡을 가능성을 열어두기 위해 기독교 교육을 공부하고 싶은 마음도 간절했다. 내가 휴가를 얻을 수 있는 기간은 1년밖에 되지 않았지만 R이 졸업을 하기 위해서는 2년이 더 필요했다. 연구 휴가를 쓴 다음에는 신변정리를 위한 휴가를 1년 더 쓸 수 있을까? 학장님은 시러큐스 대학에서 생활하는 동안 내게 좋은 친구가 되어주었다. 나는 그 앞에 모든 문제를 솔직히 털어놓고 그의 자문을 받는 편을 택했다. 학장님은 내 이야기를 듣고 격려를 아끼지 않았고 실제적인 도움을 주었다. 그는 내가 2년 동안 연구 휴가를 떠날 수 있도록 허락해 주었다. 다음 순서로 나는 살고 있던 집을 세주기 위해 계획을 세웠다.

학기는 순조롭게 진행되었다. 나를 담당하는 교무처장은 2년간의 휴가(첫해는 학술 휴가, 다음 해는 개인 신변정리를 위한 휴가)를 승인해 주었고, 피츠버그에 있는 도심 사역 프로그램 중 한 군데서 주말마다 와서 교육을 해줄 수 있겠느냐고 연락을 해왔다. 모든 일이 착착 아귀가 맞아갔다. 나는 교수로서의 내 일에서 하나님의 능력을 체험했다. 나는 학생들을 위해 또 그들과 함께 기도를 했고 많은 학생들이 금요일마다 집으로 찾아와 기독교적인 대화를 나누었다. 내 수업은 언제나 수강하는 학생들로 넘쳤다. 기독교 해석학과 낭만주의 시대 시인들 시간은 이제껏 내가 가르쳤던 수업들 중에 가장 뛰어나다 할 만했다. 나는 정말로 나 자신이 크리스천 교수가 되어가는 것처럼 느꼈다. 크리스천 교수와 목회자 사모로서의 역할을 어느 것 하나 치우침 없이 제대로 해낼 수 있을 것 같다는 생각이 들었다. R은 아직도 흔들리고 있었지만 나는 하나님께서 결혼 전까지는 그를 온전히 돌려놓으시리라고 생각했다. 나는 믿음을 갖고 기도를 했고 교회 친구들은 남편을 위해 기도하는 법에 관한 책들을 내게 주었다. 나는 모든 일이 잘 풀려나가리라고 확신했다.

처음으로 합법적인 관계를 맺기 위해 준비를 하고, 누설하지 말아야 할 비밀들까지 나누며 교제를 하고, 어떻게 하나님이 원하시는 결혼을 할 수 있는지에 관한 책들을 읽고, 그를 얻기 위해 이전의 모든 친구를 잃은 후 일터에서는 조롱과 멸시를 당하고, 이런 모든 영적인 고통을 지적으로 필요한 일인 것처럼 포장하여 2년간의 휴가를 얻어낸 후 살던 집을 세주고, 맡고 있던 학부생들 관리 프로그램은 내가 없어도 문제가 없도록 꼼꼼히 챙긴 후 결혼식을 준비하면서, 이 모든 것이 하나님께서 내 삶을 위해 예비하신 것이라고 믿고, 내게 끊임없이 복음을 전해주고 나누며 교회와 나의 가교역할을 해주던 사람에 대해 사랑과 감사의 마음을 지니고 살던 중 갑자기 그가 나를 찾아와 "말할 게 있어요. 나랑 결혼을 하면 안 될 것 같아요. 나는 아직 준비가 안 되었어요. 나는 기독교인이 아닐지도 몰라요"라고 말했다. 그러면 나는 어쩌란 말인가?

R에 대한 당장의 내 생각은 다음과 같았다. 이 덜떨어진 배신자. 사악하고 불쌍한 겁쟁이. 자기가 목사가 될 때까지의 학업일정에 따라 내 직장생활을 모두 조정을 해놓은 마당에 이제 와서 준비가 안 되었다고? 뭐? 더구나 자신이 기독교인이 아닐지도 모른다고? 크리스천인지 아닌지도 모르는 인간이 신학교는 왜 다닌 거야? 그런 주제에 설교단에는 왜 서는 거지?

가장 설득력 있게 내게 복음을 전해주었고 아마도 나와 가장 비슷한 신앙생활을 하고 있는 그가 어떻게 자신이 '기독교인이 아닌 것' 같다고 이야기할 수 있는 걸까? R은 '진정으로' 자신이 기독교인이 아니라고 생각하는 것일까? 혹은 구원의 확신을 느낄 수 없어서 좌절감을 표하는 것일까? 구원의 확신이 있다는 것은 자신의 삶에서 하나님의 부르심을 알게 되는 것이다. 자신이 그분의 것임을 의식적으로 아는 것이다. 성령이 우리의 삶에 역사하심으로, 우리의 심정에 느껴지는 그분의 부르심을 통해 우리는 이런 사실을 알 수 있다. 하나님께 순종하고 이웃을 사랑하는 자신의 모습을 통해 우리는 우리의 삶에 성령님이 역사하고 계심을 알 수 있다. 이런 사실은 요한일서 3장 10절("이러므로 하나님의 자녀들과 마귀의 자녀들이 드러나나니 무릇 의를 행하지 아니

하는 자나 또는 그 형제를 사랑하지 아니하는 자는 하나님께 속하지 아니하
니라")에 잘 나타나 있다. 우리의 심정에 호소하시는 성령님의 모습은
갈라디아서 4장 6, 7절("너희가 아들이므로 하나님이 그 아들의 영을 우리
마음 가운데 보내사 아빠 아버지라 부르게 하셨느니라. 그러므로 네가 이후로
는 종이 아니요 아들이니 아들이면 하나님으로 말미암아 유업을 받을 자니라")
에 드러나 있다. 지금까지도 나는 R에게 부족했던 것이 확신 또는 구
원 어느 쪽이었는지 알 수 없다. 사도 바울은 "보라 지금은 은혜받을
만한 때요, 보라 지금은 구원의 날이로다"(고린도후서 6:2)라고 선포를
했다. 그렇다면 나 자신, 내 신앙은 어떤가? '아마도' 나는 기독교인이
고 '아마도' R은 기독교인이 아닌 걸까? 여기에서 '아마도'란 말은 어
떤 의미를 담고 있는 것일까?

    학기 말과 결혼식이 불과 몇 주 앞으로 다가왔을 때 생긴 일이다.

    마치 고요한 수면에 쏟아져 내리는 낙석들처럼 충격과 슬픔은 얼마
동안 지속적으로 밀려왔다. 내게 닥친 위기의 근저에는 다음과 같은
질문이 기다리고 있었다. 예수님이란 분은 과연 누구신가? 예수님과
R, 나는 이제껏 누구를 따르고 있었던가? 나는 둘 중 누구를 더 사랑
하고 있었던 것일까? 좀 더 현실적인 문제들도 있었다. 다음 2년 동안
나는 어디에서 무엇을 하며 살아야 할 것인가? 막 계약을 맺은 피츠버
그의 도심 사역 교육 프로그램은 R이 다니던 신학교에서 주관하는 것
이었다. 그 일 가지고는 피츠버그에서 아파트를 구할 수도 없었다. 시
러큐스에 있는 내 집은 주택대출 이자만 간신히 갚을 수 있을 액수로
이미 대학원생들에게 월세를 준 상태였다. 우선 당장 급한 불을 끄고

난 후에는 개인적인 고통이 다가왔다. 거절당했다는 생각이, 이제 막 자리를 잡아가려는 성결한 여성으로서의 자아에 충격으로 다가왔다. 혹시 R은 나 모르게 나에 관한 무슨 이야기라도 들은 것일까? 어쩌면 내가 성적인 정체성을 완전히 회복하지 못하고 어중간한 상태로 남아 있게 되리라고 생각을 한 것일지도 모른다. 하지만 독신여성이 성적으로 완전히 치유를 받은 것을 어떻게 알 수 있다는 말인가? 아니, 성적인 치유란 무슨 의미가 있는 것일까? 만약 내가 성적인 정체성을 완전히 회복하지 못했다면 나는 회심을 하지 못한 것일까?

도심 사역, 학술 휴가, 월세 계약 모두를 취소하고 방 안에 틀어박혀 내가 받은 상처가 회복되기를 기다리는 것은 어떨까? 하지만 가장 큰 심적인 부담은 세계관의 문제였다. 예수님은 누구신가? 나는 누구에게 배반을 당한 것일까? 하나님, 아니면 R? 왜 예수님은 어떤 사람에게는 고침을 주시지만 어떤 사람에게는 그런 은혜를 베푸시지 않는 걸까? 그렇게 자의적이고 변덕이 심한 하나님을 누가 믿을 수 있을까? 믿음은 감정의 문제가 아니다. 믿음은 기독교적인 세계관 위에 서서 삶의 우여곡절들을 넘어서는 것이다. 믿음과 세계관은 밀접하게 연결이 되어 있다. 우리의 평화, 사랑, 용기, 오래 참음, 평생의 직업 등은 모두 우리들의 세계관, 또 그런 세계관의 기초인 믿음과 보조를 같이 한다. 내 믿음은 어떠한가?

시편 15편이 당시의 내 삶을 이끌어 주는 등불이 되었다. 그 시편을 통해 나는 내가 했던 약속들에서 물러나지 않도록 인도하심을 받았고 하나님이 허락하시는 능력 가운데서 그런 일들을 감당하는 법을 알게 되었다. 15편에서 시편 기자는 내가 겪고 있던 문제를 묻고 있다. "여호와여, 주의 장막에 머무를 자 누구오며 주의 성산에 사는 자 누구오니이까?"(시편 15:1) 나는 정말 궁금했다. 과연 나는 주의 장막에 거하는 자인가? 나는 주님의 뜻 안에 있는가? 왜 하나님은 내게 이런 일들을 겪게 하시는 걸까? 그 장의 나머지 구절들은 내가 찾고 있던 답을 제공해 준다. 하나님의 사람들은 진실을 말한다(15:2). 하나님의 사람들은 남을 비방하지 않는다(15:3). 하나님의 사람들은 주님을 두려워한다(15:4). 하나님의 사람들은 해가 되더라도 깨뜨리지 않고 약속들을 지킨다(15:4). 하나님의 사람들은 후하게 돈을 지불한다(15:5). 하나님의 사람들은 뇌물을 거절한다(15:5). 시편은 다음과 같은 약속으로 결론을 맺는다. "이런 일을 행하는 자는 영원히 흔들리지 아니하리이다"(15:5). 그 말씀들은 바로 나를 향한 말씀들이었다. 말씀을 읽은 나는 내가, 내 믿음이 흔들리고 있었음을 깨달았다. 나는 하나님께 시편의 이 구절들을 한 구절씩 제대로 살아내게 해달라고 기도를 드렸다. 그리고 나는 마침내 예수님이 우리의 모든 연약함을 아신다는 말이 무엇을 의미하는지 알게 되었다. 히브리서 4장 15, 16절의 말씀, "우리에게 있는 대제사장은 우리의 연약함을 동정하지 못하실 이가 아니요 모든 일에 우리와 똑같이 시험을 받으신 이로되 죄는 없으시니라. 그러므로 우리는 긍휼하심을 받고 때를 따라 돕는 은혜를 얻기 위하여 은혜의 보좌 앞에 담대히 나아갈 것이니라"라는 말씀의 의미를 비로소 이해하게 된 것이다. 나는 나 자신을 들여다보았다. 자기 연민 속에 빠져 헤매면서 나는 스스로를 은혜의 보좌 앞으로 나아가지 못하게 속박하고 있었던 것이다.

　교회는 부드럽게 나를 감싸주었다. 누구도 내게 어떻게 해야 한다느니, 어떻게 느끼고 생각을 하라는 등의 압박을 하지 않았고 교회 친구들은 나를 편안하게 받아주었다. 그들은 그들의 삶과 기도로 나를 에워쌌다. 하지만 나는 간신히 교회에 와서 눈물을 비추지 않으려 애쓰는 게 고작이었다. 설교 중에 죄에 대한 정죄의 말씀이 나오면 나는 예배 중간에 예배당을 나와야 했다. 나는 마치 1년 전의 내 모습으로 돌아간 것 같았다. 어느 주일 날, 예배 중간에 밖으로 나가는 나를 본 B장로님이 따라 나왔다. 장로님은 "로자리아, 하나님께 지금 당장을 견딜 수 있는 힘을 달라고 기도하는 것도 좋아요. 바로 이 순간을 말이죠"라고 말해주었다. 그는 나를 위해 그 자리에서 기도를 해주었고 점차 시간이 지나면서 나는 하나님이 슬픔 가운데도 견디고 극복할 수 있도록 순간순간 마음의 평화를 주시는 것을 느낄 수 있었다. M 장로님은 나를 집으로 초대해 저녁을 대접해 주었다. 그와 그의 부인은 R을 적극적으로 후원하는 사람들이었는데 그만큼 나에 대해서뿐만 아니라 R에 대해서도 걱정하고 있었다. 그는 "로자리아, 이번 일은 우리가 생각하는 한, 당신이 인생에서 겪을 가장 큰 믿음의 시험일 수도 있어요. 지금 이 순간, 당신이 수치심과 패배감에 빠져 있을 때 예수님은 '너는 나 혹은 그 둘 중 누구를 더 사랑하느냐? 누구를 따라 살고 있느냐' 하고 묻고 계신 거예요"라고 충고해 주었다. 나는 이런 용기 있는 충고를 해주는 장로님들과 기도의 후원을 아끼지 않는 믿음의 친구들이 무척 고마웠다.

자신의 믿음이 부족하다고 R이 내게 고백한 사실을 아무도 믿지 않으려 하는 것 같았다. 교회 지도자들은 그가 구원을 받았지만 확신을 얻기까지는 시간이 좀 필요할 뿐이라고 믿는 눈치였다. 그는 이전에도 그의 감정들과 문제들을 사람들에게 과장을 해서 말하곤 했었는데 그때마다 교회 지도자들은 그의 말을 심각하게 듣지 않고 그저 앞으로 나아가라고 그의 등을 떠다밀었을 뿐이었다. 한참 세월이 지나고 진실한 크리스천과 결혼을 한 지금에 와서 다시 생각해 봐도 R은 과장을 하고 있던 것이 아니었다. 나는 교회가 그의 고백을 다룬 방식이 마음에 들지 않는다. 어느 누구도 회유와 칭찬으로 다른 사람의 등을 떠다밀어 믿음의 자리로 나아가게 해서는 안 된다. 다른 사람에게 말씀을 전할 사람의 경우에는 특별히 더욱 그렇다.

그해 봄과 여름 동안 R은 신학교를 휴학하고 파트타임 전도사로 일을 했다. 그는 새 개척교회로 발령을 받아 일하고 있었는데, 내가 더 이상 방해를 받지 않고 믿음생활을 할 수 있도록 교회가 그를 내게서 멀리 떼어놓은 것 같았다. R은 계속 사람의 눈을 기쁘게 하는 문제에서 벗어나지 못했다. 어느 땐가는 우리 교단의 목사들 여러 명에게 편지를 보내서 그간 우리 사이에 있었던 일을 낱낱이 밝히고 그의 행위 중에 '죄'라 할 만한 것이 있었는지를 물었다고 한다. 그들은 나름대로 은밀하게 그 문제를 토론하고 있었지만 나의 교회 친구들과 나는 모두 그런 사실을 알고 있었고, 나는 내 일신상의 문제를 둘러싸고 개혁장로교회가 총회를 열어 열띤 토론이라도 펼치는 것처럼 느껴졌다. 나는 마치 알몸이라도 된 듯한 참담함을 들어 교회를 옮겨야 할

까도 생각했다.

물론 그의 잘못이 아니라는 것을 잘 알고 있었음에도 나는 켄 목사님에게 일말의 배반감마저 느꼈다. 목사님은 적어도 내게 R에 대해 경고는 해줄 수 있지 않았을까? 켄 목사님의 사역은 특별했다. 그는 자신의 교회 문을 모든 사람에게 넓게 열어두기를 원했다. 덕분에 애초에 나나 R 같은 사람도 그의 교회에 들어올 수가 있었을 것이다. 하지만 그의 넓은 교회 문은 나를 치유하기도 했지만 내게 상처를 입히기도 했다. R과의 일을 겪은 나는 내가 진실로 예수님을 믿음으로 따랐는지 자문을 할 수밖에 없었다. 그에 대한 대답은 그렇지 못했었다는 것이었다. 나는 예수님을 따른다고 주장하는 R을 따랐을 뿐이었다. 나는 그를 통해서 복음을 접했고 성경을 접했고 교회를 접했고 예수님을 접했다. 1) R이 당시 교회에 있지 않았더라면 나는 열심히 교회에 출석을 하지 않았을 것이다. 2) R은 나를 크게 배신했다. 나로서는 이 두 가지 사실이 마치 이항대립(binary oppositions: 두 가지의 대립적인 요소가 한 짝을 이루는 것-옮긴이)처럼 느껴질 뿐이었다.

때로는 이런 생각들이 매우 힘들어 그저 잠시 옆으로 치워두는 수밖에 없었다. 나는 그 2년 동안 그런 생각을 하지 않으려 애썼다. 나는 하나님이 우리가 의심에 사로잡히기보다 믿음의 발걸음을 내딛기 원하신다는 것을 알고 있었다. 켄 목사님은 어느 때인가 내게 "정지해 있는 차의 방향을 돌릴 수는 없어요. 삶의 방향을 바꾸고 싶다면 움직여야만 해요!"라고 충고를 했었다. 하지만 얼마 전에야 비로소 하나님은 내가 당한 배신을 살펴보고 담담히 설명할 수 있는 힘을 주셨다.

피터 스미스 목사님의 설교 중 "사람들은 당신을 배반할 것입니다. 하지만 예수님은 결코 여러분을 배반하시는 법이 없습니다"라는 말을 듣는 순간 그간의 내게 일어났던 모든 일이 이해가 되었다. 배반을 당하는 것은 예수님(우리를 결코 배반하지 않으실)에 대한 우리의 사랑을 더 깊게 한다. 배반을 당하는 것은 예수님과 그의 희생, 순종, 사랑에 대한 우리의 지식을 더 깊게 한다. (예수님은 손수 택하신 제자들에게 배반을 당하셨고 그를 구원자라 부르던 모든 사람에게도 배반을 당하셨다.) 배반을 당하는 것은 크리스천으로서의 비전을 넓혀주기도 한다. 즉 십자가는 우유부단한 자, 자신의 의에 취한 자들이 접근할 수 없는 거친 장소인 것이다.

나는 그해 여름, 하나님은 연약함을 통해 우리를 사용하신다는 것을 배웠다. 사도행전 17장 28절의 말씀, "우리가 그를 힘입어 살며 기동하며 존재하느니라"란 말씀의 의미를 깨닫게 되었다. 겉으로 보기에는 교회가 나를 배반한 것처럼 보일 수도 있었을 것이다. 사람들의 입방아에 의하면 모든 면에서 내가 교회의 배신을 당한 그때 나는 다른 한 무리의 사람들에게는 더욱 접근하기에 쉬운, 안전한 사람이 되었다. 레즈비언이었을 때 알고 지냈던 사람들이 내게 다시 돌아왔다. 이전 여자 친구들 중의 한 명은 아름다운 편지를 써서 보내주었다(그녀는 시인이었다). 그녀는 아직도 나를 믿고 있다며 언제라도 다시 레즈비언들의 공동체로 돌아와도 좋다고 했다. 삶의 힘든 교훈을 얻은 셈치라며 혹시라도 그녀와 다른 친구들이 내가 고통을 받길 원한다고는 생각하지 말라고 했다. 내가 심각한 믿음의 위기를 겪고 있는 덕분에 나는 다른 사람들이 다가와 불안, 의심, 실망을 토로하기 편한 상대가 되어 있었다. 그때에야 비로소 안 사실이지만 이웃의 레즈비언 여인도 한때는 자신도 신앙생활을 했노라고 밝혔다. 그녀는 암으로 시한부 인생을 살아가고 있었다. 그녀는 나를 찾아와 "나는 네가 행복할 때 네게 하나님이 어떤 존재였는지는 아무 관심이 없어. 하지만 지금 네가 고통 가운데 있다니 네게 질문을 하고 싶어. 하나님은 네게 어떤 분이지? 네가 겪고 있는 이 모든 일 가운데 그분은 네게 어떤 의미지?"

첫 번째 증언

자정이 되었을 때 갑자기 전화벨이 울렸다. 침대에서 한참 벨 소리를 듣고 있던 나는 내가 혼자 사는 사람이고 전화를 받을 사람이 집안에 나밖에 없다는 사실이 문득 떠올랐다. 침대에서 힘들게 몸을 일으킨 나는 머피에게 발이 걸려 넘어질 뻔하며 허둥지둥 전화기가 있는 쪽으로 갔다. 불도 켜지 않은 채 받은 전화는 응급실에서 온 것이었다. 내가 지도하던 대학원생 가운데 한 명이 중화상을 입은 채 응급실에 있다는 통보였다. 그녀가 자신의 몸에 불을 질러 자살을 시도했다고 알려준 간호사는 환자가 자신의 비상연락망에 위급 시 연락할 사람으로 나를 지정해 놓았기 때문에(나로서는 전혀 뜻밖의 내용이었다) 내게 전화를 했다고 말했다. 그녀는 내게 "마침 전화를 받으신 김에 환자에게 혈관주사로 투여하고 있는 모르핀액에 항우울제를 좀 섞어 투약을 해도 좋을까요?"하고 허락을 구했다. 항우울제? 모르핀? 그녀가 왜 내게 이런 것들을 묻는지 나는 이해할 수 없었다.

병원에 도착한 나는 안내대로 손을 씻고 소독된 옷으로 갈아입은 후 비닐로 된 방역복을 다시 겹쳐 입었다. 호흡관들과 비닐로 온통 덮인 중환자실에는 마치 미라처럼 붕대를 두른 A가 누워 있었다. 그런 상황에서도 이상하리만치 그녀는 생기가 있었다. 그녀는 마치 자신의 파티에 참석한 사람을 맞기라도 하듯 내게 고마움을 표했다. 나는 벌어지고 있는 일들이 실감 나지 않았다. 그녀는 쉬지 않고 자신의 두려움, 비전, 어떻게 자신의 몸에 불을 질렀는지에 대해 떠들어 댔다. 자신의 언니가 사탄 숭배의 일환으로 저지른 살인에 연루되어 있다는 사실, 무언가가 자신을 쫓고 있다는 두려움, 그녀가 화장실에 갈 때 도와주는 남자 간호사들에 대한 이야기를 늘어놓던 그녀는 퇴원 후 우리 집에서 함께 지내도 좋으냐고 물었다. 나는 내게 벌어지고 있는 일들을 이해하려 노력해 봤다. 사탄 숭배에 빠져 있는 언니? 그럼 이 화상도 사탄의 짓으로 봐야 하는 건가? 나는 그녀의 이야기가 모르핀에 취해서 하는 말인지 마귀의 조종을 받아 하는 것인지도 알 수 없었다. 내가 왜 그 자리에 있는 것인지조차 알 수 없었다. 하지만 바로 그 순간 깨달음이 왔다. 이 일이 지금 당장 하나님이 맡겨주신 내 일이다. 지금 이 자리에서 나는 지난 학기 중 내게 큰 실망을 했다는 이 레즈비언 학생에게 하나님의 사랑을 증언해야 한다. 이것이 '지금 바로 당장' 그분의 일을 하라는 하나님의 부르심이다. 나는 전율이 내 등줄기를 훑고 지나가는 것을 느낄 수 있었다. 하나님이 맡기신 사역을 감당하는 것보다 더 선명한 믿음의 테스트는 없을 것이다. 하나님의 미세한 음성이 그 자리에서 그 학생을 통해 내게 말씀을 하고 계셨다. 내가 그 자리에 선 이유는 하나님께서 나를 택해서 거기 세우셨기 때문이었다. 내 눈에서 졸음을 몰아내고 뭔가를 해야만 했다.

나는 비닐에 덮인 내 손을 역시 비닐에 덮인 A의 손에 올려놓고 교회와 내가 그녀를 돌봐줄 것이라고 말해주었다. 그녀에게 기도를 해도 좋으냐고 묻자 그러라고 했다. 내가 하나님의 자비, 평화, 구원의 믿음을 간구하는 동안 그녀는 잠에 들었다.

나는 켄 스미스 목사님, 비비안, 플로이에게 전화를 하는 한편 이전의 레즈비언 동료들에게도 연락을 했다. 레즈비언 공동체와 교회 공동체가 A를 위해 함께 노력을 해야만 했다. A는 퇴원을 한 후 처음 얼마 동안은 켄 목사님 집에서, 그 후에는 우리 집에서 요양을 했다. 나는 그녀가 고침을 받는 광경을 보고 자유하게 하시는 주님을 경험할 수 있었다. 나는 병원에서 상이한 세계관을 지닌 양쪽의 사람들 사이에 우정이 싹트는 것을 보고 조화롭게 하시는 하나님을 느낄 수 있었다. 사탄이 A와 나를 흔들려 할 때는 그리스도의 권능을 체험했다. 장로님들은 '가정예배'를 드리라고 내게 권유하셨다. 얼마 전까지만 해도 레즈비언이었던 독신 여인이 도대체 어떻게 가정예배를 드릴 수 있다는 걸까? 내가 기르던 강아지들을 모두 한 줄로 앉힌 채 성경을 읽으면 될까? 장로님들과 교회 친구들은 지치지도 않고 밤마다 우리 집을 찾아와 내가 가정예배를 드릴 수 있도록 도왔다. 모두 각자의 집에서 편하게 휴식을 취하며 보내야 할 소중한 개인 시간들을 나를 위해 기꺼이 희생해 주었다. 교회 주일학교 어린이들이 우리 집으로 A의 병문안을 왔을 때 나는 그리스도의 사랑을 느낄 수 있었다. (그중 한 아이는 A에게 불조심이란 말을 들어보았느냐고 물었다.) A는 회복이 되었다. 비록 그 시기 동안 그녀가 하나님을 영접하지는 않았지만 이것 하나만은 분명하다. 즉 하나님은 그의 백성들을 그녀의 삶에 보내셔서 그의 자비하심을 보이셨고 우리는 모두 그분의 명령에 복종을 했다는 것이다.

어느 날, A가 거실에서 냄비받침을 뜨개질하고 있을 때 R이 찾아왔다. 한참 동안 그와 대화를 나눈 A는 R이 떠난 후 내게 말했다. "교수님, 저 사람 좀 이상하지 않아요? 우울증 치료제를 자기가 얼마나 복용한다느니, 의사들이 처방량을 바꾼 후 힘들다느니 하는 이야기만 계속 늘어놓더라고요."

그런 상황들을 겪을 때마다 나는 내가 큰 교훈을 얻었다는 사실을 깨닫는다. 주시는 분도 하나님이고 취하시는 분도 하나님이며 무엇을 하시든 그분은 우리의 유익을 위해 하신다는 것이다. R은 내 제일 친한 친구이기도 했고 나와 아무 관련이 없는 사람이기도 했다. 내가 그를 사랑했던 이유는 우리가 공유했던 병적인 관계의 패턴을 서로에 대한 깊은 확신으로 오해했던 탓이다. 하나님은 나를 위해 내게서 그를 떼어놓으셨다. 그분은 내가 무엇을 필요로 하는지 나보다 더 잘 아신다. 나와 온 교회 사람들은 내가 R과 결혼을 하는 것이 내 삶을 향한 하나님의 뜻이라고 생각을 했다. 하지만 성숙한 인간으로서 할 수 있는 가장 큰 물음인 청혼에 "네"라고 내가 대답을 했던 남자는, 만약 결혼을 했더라면 나를 망가지게 했을 사람이었다. 다시는 하나님의 뜻을 분별하는 것이 나 자신을 가장 겸손하게 비우는 일에 다름이 아님을 잊지 않을 것이다. 다시는 나를 향한 사람들의 기대와 꿈을 나에 대한 하나님의 뜻의 증표라고 생각하지 않을 것이다.

망가졌다가 나락에 떨어졌다가 들림을 받고 하나님의 보호하심에 대한 넘치는 기쁨에 차 있을 때 나는 펜실베이니아 주의 비버폴즈로 가기 위한 행장을 꾸렸다. 시러큐스 대학에서 솔로몬 강의를 한 지 딱 1년 만이었다. 차에 짐을 싣고 있을 때 장로이자 내 오랜 친구였던 밥 라이스가 찾아와 "로자리아, 하나님이 광명 중에 말씀하신 것을 어둠에 싸여 있다고 의심하지는 말아요"라고 말해주었다. 켄 스미스 목사님은 당시 우리 교단의 미션스쿨이었던 제네바 대학의 재단이사회 의장이었는데 내게 그곳에서 학생들을 가르치면서 기독교 교육학을 공부할 수 있도록 1년간 방문교수 자리를 마련해 주었다. 그 덕분에 1년 동안 학술 휴가를 내려던 내 계획을 실행에 옮길 수 있었다. 학교가 피츠버그에서 한 시간가량 떨어져 있었으므로 나는 금요일 저녁마다 도심 사역 프로그램에서 학생들을 가르칠 수 있었고 애초에 그들과 맺었던 약속을 지킬 수도 있게 되었다. 학교에서 R과 마주칠 걱정도 없었다. 하나님께서 그의 죄를 교회 중진들에게 드러내셔서 그가 신학교를 계속 다닐 수 없도록 하셨기 때문이다. 대학 당국은 학교에 딸린 아파트에서 내가 무료로 생활할 수 있도록 도움을 주었고 내 주택담보대출은 집에 세든 학생들의 집세로 충당이 가능했기 때문에 나는 내가 받는 급여를 고스란히 자금 부족으로 어려움을 겪는 도심 사역 프로그램에 기부할 수 있었다. 덕분에 시편 15편 5절의 말씀("이자를 받으려고 돈을 꾸어주지 아니하며")도 지킬 수 있었다. 대학 총장님은 내가 기르던 개 머피도 집에서 기르도록 허락해 주었다. 하나님은 내가 바라는 것보다 넘치도록 내 잔을 채워주셨다.

시러큐스를 막상 떠나려니 발걸음이 떨어지지 않았다. 지금 떠나면 과연 이곳으로 다시 돌아올 수 있을지 의문이 들었다. 가장자리를 초록색으로 칠한 내 하얀 집이 좋았고 이웃들도 모두 마음에 들었었다. 적어도 여름 한철은 시러큐스도 살 만한 곳이었다. 하지만 무엇보다 나는 내 일이 마음에 들었었다. R을 위해 직장을 기꺼이 내려놓으려던 내 모습이 떠올랐다. 어떻게 하나님이 그런 사람으로부터 나를 지켜주셨는지도. 종신교수직을 차버리려 하다니! 나는 얼마나 경솔한 여자였던가. 나는 내 직장과 동료들이 좋았다. 혹시 이런 축복들이 우상은 아닐까? 만약 그런 것들이 내게 우상이 되면 사랑과 자비의 하나님은 그것들을 내게서 제하실 것이다.

내가 고속도로로 접어들었을 때 충성스러운 나의 개 머피가 내 얼굴을 핥았다. 다음에 내게 무슨 일이 일어날지 나는 흥분과 기대로 부풀어 올랐지만 마음 한편은 아직도 슬픔에 젖어 있었다. 나는 여전히 R이 정신을 차리고 진정한 믿음을 얻게 된 후 다시 내게 돌아오기를 기도하고 있었다. 하지만 무슨 일이 닥치건 나는 하나님의 일을 하게 되는 것이다. 얼마나 놀라운 특권인가? 얼마나 놀라운 구원의 증거인가? 하나님은 나로 하여금 이 세상의 일들에 몰입하지 말라고 가르쳐

주고 계셨다. 그분은 나로 하여금 그의 나라를 위해 내가 가진 능력을 사용하는 법을 가르쳐 주고 계셨다. 그분은 내 삶의 사소한 것들을 통해서, 그분이 내 앞에 제시하시는 다양한 선택들을 통해 자신을 드러내고 계셨다. 나는 차를 타고 내게 익숙하고 소중한 장소, 삶, 직업, 사람들로부터 멀어져 가고 있었다. 하지만 그 순간 예수님은, 이런 눈에 보이는 모든 것들보다 더 구체적으로 내게 다가오고 계셨다. 머피가 내 얼굴을 다시 한 번 핥았고 나는 소리 내어 웃음을 터뜨렸다. 내 회심을 한마디로 정리하면 이런 고백이 될 것이다. 나는 개 한 마리만 제외하고 모든 것을 잃었다.

3장

선한 사람들,
선한 공동체

펜실베이니아 주 제네바 대학, 2000-2001

THE SECRET THOUGHTS OF AN UNLIKELY CONVERT

회심의 과정 어디쯤인가부터 나는 다시 뜨개질을 시작했다, 그것도 아주 열심히. 여섯 살 때 엄마에게 뜨개질을 배운 이후 나는 계속 뜨개질을 해왔다. 회심 이후의 나는 단순 반복적이며 몰입할 수 있는 일이 필요했고 그래서 뜨개질은 내가 의지하는, 떼어놓을 수 없는 습관과도 같은 취미가 되었다. 나는 손가락 사이에 걸친 털실의 느낌이 좋았고 내 약손가락에 박인 굳은살 위를 가르듯 스치는 실의 느낌도 좋았다. 실의 색들도 좋았다. 뜨개질 교본들을 열심히 읽고 실 가게에서 뜸을 들이며 알록달록한 색들과 실의 느낌들을 음미했다. 나는 다양한 색실과 무늬들을 시도해 봤다. 무늬를 만드는 법을 제대로 익히려 노력했고 항상 뜨개질을 했지만 특별히 기도를 할 때는 뜨개질을 멈추지 않았다. 나는 아직도 뜨개바늘이 손에 들려 있을 때 더 집중해서 기도를 할 수 있다. 예배와 감사, 간구, 고백, 새로워짐, 사람들, 문제들, 지혜, 통찰에 대해 묵상을 하고 암송한 말씀들을 되뇌다보면 금세 몇 줄이 올라오곤 했다. 어떤 이들은 기도 일기를 쓰지만 내가 쓰는 기도 일기는 날줄과 씨줄로 이뤄진 몇 개의 뜨개 줄들이다. 내가 뜬 스웨터들, 담요, 벙어리장갑, 접시와 그릇 받침들을 보노라면 그것들이 만들어질 때 내가 어떤 기도를 드렸는지 생각이 난다. 어릴 때 묵주를 굴리며 기도했던 습관이 뜨개질로 바뀐 것일까 궁금하기도 하다.

시러큐스를 떠나다

시러큐스를 떠나기 위해 짐을 싸며 두려움이 느껴졌다. 나는 뜨개실을 넣은 상자를 열어서 두 학기를 지탱할 만큼 충분한지 확인했다. 나는 가지고 가는 옷들보다 실들에 더 신경을 썼다. 1년 동안이나 떠나 있을 예정이었으므로 충분한 실이 필요했다. 다시 돌아올 것을 확신했으므로 나머지 실뭉치, 내가 끝낸 프로젝트들, 일기들을 상자에 담아 이웃의 지하실에 보관해 놓았다. 지금은 들어오는 사람들보다 나가는 사람들이 더 많은 지역이지만 시러큐스는 내 고향과도 같은 곳이었다. 얻는 것들보다는 잃는 것이 더 많았던 이곳에서의 교수로서의 삶도 중요했다. 내 직함, 나의 역할, 나만의 비밀 장소들, 이들 모두가 내게서 분리될 수 없는 나의 일부가 되었다. 이것들은 내 프라이드였고 나는 그것을 감추려 하지 않았다.

나는 언제나 바깥의 사물들보다는 내 안의 심상들에 더 관심이 많왔기에 내가 있는 지역의 지리적인 특징들이나 다른 사람들이 신고 있는 구두 색깔 등에는 둔감한 편이었다. 혹여 아무라도 나를 법정에 목격자로 선정한다면 아무 쓸모가 없다는 것을 곧 깨달을 것이다. 내적인 심상들의 깊이, 모양, 색, 질감, 맛은 쉽게 이해했지만 바깥세상은 내게 그저 뿌연 회색 공간일 경우가 많았다. 하지만 그런 나에게조차 뉴욕에서 펜실베이니아 주 서부로 운전을 해가는 동안 풍광의 변화가 느껴졌다. 우선 녹음이 더 짙어져 갔다. 나무들이 더 무성해지고 공기도 더 습해져 갔다. 고속도로를 벗어날 무렵에는 머리칼이 구부러져 말리는 것을 느낄 수 있었다. 비버 카운티에 접어들자 놀라운 광경이 나를 기다리고 있었다. 온 세상이 '종교적'인 분위기에 젖어 있었다. 집집마다 가게마다 그 안에 거주하는 사람들의 세계관을 보여주는 성경구절들이 걸려 있었다. 뉴욕에서는 이웃 주민들의 뜰에 핑크빛 플라멩코나 성모 마리아 상이 세워져 있는 게 고작이었다. (머피는 뜰에 설치된 장식물들을 보면 한쪽 다리를 들어 올리는 습성이 있어서 주민들의 원성을 사지 않기 위해 항상 집 안에 묶어두어야만 했다.) 하지만 이곳 비버폴즈의 1945년풍 벽돌 방갈로들의 뜰에는 플래카드에 쓰인 성경구절들이 걸려 있었다. (이곳에서도 절대로 머피를 풀어놓아서는 안 되겠다는 생각이 들었다.) 가장 눈에 많이 띄는 구절은 요한복음 3장 16절 말씀, "하나님이 세상을 이처럼 사랑하사 독생자를 주셨으니 이는 그를 믿는 자마다 멸망하지 않고 영생을 얻게 하려 하심이라"였다. 어떤 집들에는 하나님의 심판이나 구원받은 자들과 버림받은 자들의 구별 같은 내용의 말씀들이 걸려 있었다. 마침 대통령 선거가 임박한 때여서 그에 관한 플래카드도 눈에 많이 띄었는데 대부분 조지 부시를 지지하는 내용이었다. 정치적인 선전문구가 성경구절과 나란히 씌어 있는 것을 보면 나는 마음이 불안해진다. 단언하기는 어렵지만 내 생각엔 예수님은 민주, 공화 어느 당의 편도 들지 않으실 것 같다.

플래카드에 쓰인 성경구절들에 대한 내 생각을 정리하는 데엔 조금 시간이 걸렸다. 성경이 내 삶의 일부, 내 삶의 인도자, 내가 의미와 방향을 구하는 패러다임의 반영물이 되었다는 것에는 의심의 여지가 없었다. 나는 성경을 사랑하고 한 번 읽기 시작하면 많은 양을 게걸스럽게 탐독한다. 하지만 성경말씀 전체의 풍성하고 복잡한 문맥에서 떼어낸 몇 줄의 말씀들이 플래카드에 쓰여 마당에 붙어 있는 것을 보면 너무 노골적이고 무례해 보이기까지 한다. 그 말씀들에는 공감을 하지만 몇 줄의 성경말씀들을 떼어내 그렇게 사용하는 사람들에게는 혐오감까지 들 정도다. 예를 들자면 요한복음 3장 16절은 17절과 함께 읽지 않으면 균형을 잃고 오해를 불러일으키기 쉽다. "하나님이 그 아들을 세상에 보내신 것은 세상을 심판하려 하심이 아니요 그로 말미암아 세상이 구원을 받게 하려 하심이라"라는 17절 말씀은 바로 앞 절의 의미를 더욱 명료하게 해준다. 이 말씀들은 예수님이 이 세상을 심판하러 오신 것이 아니라면 크리스천들도 그분처럼 행동을 해야 한다는 것을 말해준다. "구원을 받게 하려 하심이라"라는 마지막 구절은 구원(그것은 하나님의 영역이다)이 증인으로서의 크리스천들의 영역이 아님을 말해준다. 크리스천들의 할 일은 이타적인 사랑과 희생이다. 17절의 사랑의 신학을 배제한 채 혼자 서 있는 16절은 그 말씀을 제대로 이해할 수 없게 한다.

　나는 성경말씀이 문장들의 동사나 대기 중의 산소처럼 모든 대화와 문화에 잘 연결될 수 있다는 것을 구체적으로 많이 경험해 왔다. 나는 기독교인들이 성령님이 인도하시는, 복잡하고 그들의 직관에 반하는 방법들을 따를 필요가 있다고 생각한다. 은밀한 중에, 특별히 주님만 그에 따르는 희생을 아시는 경우에, 예수님을 위해 영웅이 되는 것도 훌륭한 일이다. 하지만 섬김보다 구원을 강조하며 구원을 내세우는 성경구절들은, 비록 그것들이 기독교 가정들과 그들을 지켜보는 세상의 접점 구실을 하더라도 어쩐지 세상에 대한 비겁하고 쩨쩨한 공격 같은 느낌을 준다. 그렇게 선별된 구절들은 그 배후에 있는 사랑의 세계관을 제대로 보여주지 못한다. 나는 진정한 기독교 복음주의의 수혜자라 할 만하다. 켄 스미스 목사님은 내게 자신의 시간들을 투자했다. 그것도 자투리 시간이 아니라 그의 귀중한 시간들을 말이다. 그는 범퍼스티커나 슬로건 뒤에 숨지 않았다. 그는 자신의 자만심을 중요한 원칙인 양 꾸며 사람들에게 제시하지도 않았다. 하지만, 모르겠다. 어쩌면 내가 비버폴즈라는 새로운 환경에 지나치게 예민하게 반응을 하는 것일지도 몰랐다. 이렇게 성경말씀을 걸어놓은 가정들은 나 혹은 내 여장남자 친구들을 따뜻하게 환영하여 자신들의 집으로 들이고 소박한 시골풍의 비닐 깔린 식탁에서 차를 마시게 할 수도 있을 것이다. 그들은 우리를 그저 하나님의 형상대로 만들어진 존재로, 우리를 있는 그대로 받아들이고 우리와 대화를 할지도 몰랐다. 물론 그렇지 않을 가능성도 있었다. 그런 성경구절들을 보면 궁금한 생각이 계속 들었다. 이런 가정들은 내가 회심했기에 나를 받아들여 줄까? 하나님의 형상대로 지음을 받은 것과 회심 이 둘 중 어느 것이 더 큰 하나님의 선물일까? 둘 다 똑같을까? 이 둘 중 어느 것이 중요한 것인지 서열을 매겨야 하는 걸까? 우리는 하나님의 형상대로 지으심을 입은 모든 사람들보다 우리 눈앞에서 구원을 받은 사람들을 더 대우해 줘야 하는 걸까? 이들 플래카드에 쓰인 성경구절들은 레즈비언 시절 내가 집에 걸었던 무지개 깃발과 같은 문화적인 의미를 지니는 것은 아닐까? 이 말씀들은 '환영'의 의미일까, 혹은 '우리끼리만 뭉치자'는 결속의 표현일까?

비버폴즈로 차를 몰고 들어갈수록 소름이 돋는 것이 느껴졌다. 눈에 띄는 플래카드들이 위압감을 주는가 하면 분지에 갇힌 오염된 공기에서는 세제냄새와 값싼 반죽용 케이크가루냄새가 섞여 났다.

나는 두려움에 위축된 채 지치고 허기진 상태로 학교에 도착했다. 학교 본관에서 집 열쇠를 갖고 나를 기다리던 직원이 내가 거주할 집으로 데려다 주었다. 이층짜리 아파트는 내가 어린 시절 깡통차기를 하며 놀았던 곳 같은 골목을 마주하고 있었다. 일층 문을 열고 들어가자 널찍한 저장고와 세탁실이 나왔다. 나는 세탁실이 건물에 있으리라고는 생각지도 못했었다. 기대하지도 않았던 사실이 나를 좀 들뜨게 했다. 계단을 올라가 거실에 들어가자 아름다운 안락의자가 눈에 들어왔다. 나는 안락의자를 좋아했는데 사용하던 것을 시러큐스에 두고 와야 해서 안타까워하던 참이었다. 말끔한 부엌, 푹신한 소파, 편안한 침대, 심지어는 텔레비전(내가 사용하던 것보다 훨씬 크고 좋은 것이었다)까지 구비되어 있었다. 카펫은 새로 깔았고 부엌은 흰색으로 새로 페인트가 되어 있었다. 나는 머피의 집을 침실과 거실 사이에 내려놓은 후 한숨을 내쉬었다. 나는 인정을 해야만 했다. 새 집은 한마디로 완벽했다. 하나님은 나를 완벽한 거처로 인도하여 주셨다. 나는 시편 23편을 마음속으로 노래하듯 암송하며 차에서 짐을 내린 후 머피와 함께 동네로 산책을 나갔다.

여호와는 나의 목자시니 내게 부족함이 없으리로다
그가 나를 푸른 풀밭에 누이시며 쉴 만한 물 가로 인도하시는
도다
내 영혼을 소생시키시고
자기 이름을 위하여 의의 길로 인도하시는도다
내가 사망의 음침한 골짜기로 다닐지라도
해를 두려워하지 않을 것은 주께서 나와 함께 하심이라
주의 지팡이와 막대기가 나를 안위하시나이다
주께서 내 원수의 목전에서 내게 상을 차려주시고
기름을 내 머리에 부으셨으니 내 잔이 넘치나이다
내 평생에 선하심과 인자하심이 반드시 나를 따르리니
내가 여호와의 집에 영원히 살리로다

산책에서 돌아온 나는 깊고 평화로운 잠에 빠졌다. 나는 자신이 지혜롭고 능력 있는 누군가의 품에 의지한 어린이처럼 느껴졌다. 나는

스스로 자신을 돌볼 수 있다는 생각으로 살아왔다. 잠시일지라도 내 직장, 직위를 떠난 것은 내가 "주님, 전 주의 것입니다. 제게 준비하신 것을 행하소서"라고 고백하는 것과 다름없었다. 깊은 잠 속으로 빠져들면서 나는 내가 맑은 정신일 때 경험할 수 없었던 것, 평온한 신뢰를 느낄 수 있었다.

다음 날 아침, 기적 소리, 교회 종소리, 새들의 울음소리에 눈을 뜨자 내가 얼마나 큰 모험을 선택한 것인지 갑자기 실감이 몰려왔다. 잠 속에서 내가 느꼈던 그 신뢰감은 어디로 간 것일까? 왜 순종은 신뢰감을 만들어 내지 못하는 것일까? 순종하는 것이 신뢰하는 것보다 더 쉬워서일까? 제리 브리지스는 그의 책 「삶이 고통스러울 때조차 하나님을 신뢰하라」(Trusting God Even When Life Hurts)에서 이 문제를 다뤘다. 순종의 문제에서 그 경계는 분명하다. 하지만 신뢰는 경계가 없는, "무슨 일이든지 일어날 수 있는" 세상에서 그 스스로의 모습을 드러내야 한다. 하나님이 선과 악 모두에게 주권을 가지고 계신다는 사실로 인해 악이 덜 가공할 만한 존재로 되는 것은 아니다. 나는 시편 23편을 외우며 침대에서 몸을 일으켰다.

나를 비버폴즈까지 가게 한 것은 시편 15편이었고 내가 그곳에서 지탱할 힘을 얻도록 한 것은 시편 23편이었다.

그해 생일선물로 플로이는 내게 F. B. 마이어가 쓴 「목자의 시편」(The Shepherd's Psalm, 1889)이라는 책을 주었다. 그 책에서 나는 영문학에서 '상위 메타포'(controlling metaphor, 한 패러다임의 다른 부분들을 모두 하나로 결속시키는 강력하지만 다소 억제된 아이디어)라고 부르는 것을 발견했다. 그것은 크리스천의 삶에서 상위 메타포로서, 내가 처음으로 마이어의 책에서 발견한 것이었고 비버폴즈의 조그맣고 안락한 아파트에서 맞은 첫날 직접 체험한 것이었다. 마이어는 그 책에서 "불신은 상황을 자신과 예수님 사이에 개입하게 함으로써 그리스도를 볼 수 없게 한다……. 신앙은 그리스도를 자신과 상황 사이에 위치시킴으로써 상황을 볼 수 없게 한다"라고 설명한다.

새 교회를 찾아서

비버폴즈에서 맞은 첫날은 주일이었으므로 내게 급선무는 교회를 정하는 것이었다. 나는 개혁장로교의 중심이라 할 만한 곳에 있었다. 비버폴즈 한 곳에만도 다섯 군데의 개혁장로교회들이 있었는데, 그중 두 곳은 걸어갈 만한 위치에 있었고 두 곳은 조깅코스 내에, 한 곳은 차를 타고 가야 하는 거리에 있었다. 그 교회에 관한 소식은 많이 들었지만 결국 마지막 교회는 구경도 하지 못했다. 내 계획은 교회들을 한 번씩 모두 방문한 후에 내가 예수 그리스도를 아는 지식과 은혜에서, 교회와 세상에 대한 섬김에서 성장할 만한 곳을 정해 등록하는 것이었다.

첫날 아침은 제네바 대학 바로 건너편에 있는 개혁교회에서 예배를 드렸다. 교회의 느낌은 시러큐스에서 출석한 교회와 아주 상이했다. 교인들이 전체적으로 젊었고 옷들도 캐주얼 차림이 대부분이었다. 예배에 참석한 사람들은 제네바 대학의 교원들, 직원들, 학생들, 졸업생들로 이뤄진 듯했다. 나는 북미주 개혁장로교단(RPCNA: Reformed Presbyterian Church of North America)에 정식 교인으로 등록하기 전에는 이런 학교가 존재한다는 사실도 알지 못했다. 하지만 그 교회에 출석하는 교인들은 한 번쯤은 제네바 대학의 문턱을 밟은 사람들처럼 보였다. 나는 그때까지 그렇게 동질적인 구성원들로 이뤄진 모임을 만나본 적이 없었다.

새 학기가 막 시작될 무렵이어서인지 예배 시작 전에 교인들이 나누는 대화 내용은 대부분 제네바 대학과 관련된 내용이었다. 인문학부의 과목들과 건축 계획, 기금 부족, 학교 행정당국의 일처리 등에 대해 사람들은 이야기를 나누었다. 하지만 그들의 말에는 뭔가 뾰족한 구석들이 있었다. 나는 우리 교단이 아주 작았기 때문에 모든 사람이 서로 잘 어울려 지내는 줄로 알았다. 하지만 내가 어리석었던 걸까? 그들의 대화 내용은 은밀하고 때로는 모의의 냄새까지 풍겼다. 내가 귓등으로 넘겨들은 대화의 내용들은 다음과 같았다. 보수주의자들이 신학교를 점령했다. 개혁주의자들이 다른 교단의 사람들을 따돌리고 있다. 몇몇 장로교회들이 대학을 장악이라도 한 듯 대학 내의 사람들에게 창조교리를 성경의 문자 그대로 조금도 벗어남이 없이 지키라고 강요를 하는데 그것은 개혁장로 교인이건 아니건 모든 교직원의 학문적인 자유를 침해하는 것이다 등등.

나도 대학원생으로서, 일반 교수로서, 나중에는 종신교수로 10년 넘게 학교에서 근무를 해보았지만 이런 대화를 나누는 교직원들의 모임은 처음이었다. 그들이 텔루구어(인도 첸나이의 북부 지역과 벨라리까지의 내륙 지역에서 쓰이는 드라비다족 언어-옮긴이)로 대화를 나누고 있다 하더라도 그처럼 낯설지는 않았을 것이다. 나는 서서히 패닉에 빠져 들어가는 느낌이 들었다. 나는 교수로서의 경험도 어느 정도 있고 크리스천으로서의 삶에 대해서도 조금은 알고 있었다. 하지만 그 교회 안에서 벌어지고 있는 대화 내용들을 알아들어야 비버폴즈에서 교수로서 일을 할 수 있다면 나는 아예 시작도 하기 전에 실패를 선언해야 할 판이었다.

어떤 이들은 배에서 떨어져 익사할 위기에 처해서야 수영을 배우는 경우가 있다. 하지만 그들이 훌륭한 수영 코치가 되리라는 보장은 없다. 나는 자신이 죽느냐 사느냐 하는 줄다리기의 한복판에서 크리스천으로 태어난 느낌을 가지고 있었다. 이제야 막 나는 기독교인으로 모습을 갖춰 가는 단계에 있었다. 나는 아직 이방인들에게 제시할 적절한 신앙의 고백도 작성하지 못하고 있었다. 나는 간신히 익히기 시작한 언어로 가장 중요하고도 복잡한 진리를 전파하려고 하는 외국인처럼 느껴졌다. 이제 막 형성되기 시작한 성경적인 의사소통 능력은 내게 향해진 과중한 기대에 짓눌려 붕괴될 지경에 처해 있었다.

그날 교회에서 내가 가장 절실하게 하나님께 기도한 내용은 이 교회 교인들 중 아무도 내게 "차 한잔 하실래요?"를 넘어서는 질문을 하지 않게 해달라는 것이었다.

예배 시작 전의 교인들의 대화는 내가 그곳에 출석하면 어떤 미래를 맞게 될지 그림처럼 떠오르게 했다. 나는 한 해 동안 나를 허물고 다시 세우며 자신을 버리고 십자가에 접붙임을 받으려고 그곳엘 왔다. 가능한 모든 관점에서 자신의 모습을 돌아볼 때 슬픔은 우리를 항상 동요하게 만든다. 무엇이 나를 괴롭게 하는가? 내가 겪은 파혼? 페미니즘? 동성애자였던 내 과거를 이성과의 결혼을 통해 간단히 해결할 수 있다고 믿었던 내 전 교회? 과거의 성적인 죄? 혹은 현재의 죄? 나 자신이 택했던 어리석은 선택들 대신에 제대로 된 삶을 살아온 사람들에 대한 질투? 새로 처한 공적인 환경에서 나는 과연 어떤 얼굴을 써야 할지 알 수 없었다. 훌륭한 자녀들을 거느린, 완벽한 결혼생활을 영위하는 사람들의 이상적인 삶의 모습들이 이제껏 내가 해온 선택들에 얼룩처럼 희미하게 반영이 될 뿐일 것이다. 만약 내가 애초에 제네바 대학엘 다녔더라면 내 인생이 달라졌을까? 학부생일 때 주님을 영접할 수 있었을까? 과거의 인생관에서 보자면 내가 처한 입장은 괴로운 농담에 지나지 않을 것이다. 하지만 그때조차 하나님은 나를 위해 오래전부터 준비를 해놓으셨다. 하나님은 높아질 수 있을 때까지 나를 높이셨다가 모든 사람이 보는 가운데 나를 나락에 빠지게 하셨다. 만약 내가 공개적으로 죄를 지은 후 회개를 함으로써 구원의 생명선에 올라타지 않았다면, 기독교 가정 안에서 안전하게 신앙생활을 하다가 교회와 가정이 원하는 선택만을 하며 살았다면 나는 지금 바리새인 중에서도 가장 골수 바리새인이 되어 있을 것이다. 어떤 이들은 쉽게 교훈을 배우지만 나는 아니다. 나는 된통 제대로 당해봐야 정신을 차리는 타입이다.

교회 사람들은 친절했다. 나는 환대 속에 여신도 성경공부반으로 안내를 받았고 사람들은 아무런 도움이라도 필요하면 연락을 하라고 전화번호들을 쥐어주었다. (마침 내가 비버폴즈로 이사를 할 때 통신회사가 파업을 벌이고 있어서 몇 주 동안은 전화를 설치하지 못할 형편이었지만 어쨌건 그들의 선의는 무척 고마웠다.) 주보를 살펴보니 그 교회는 출석 신자들뿐만 아니라 교회 밖의 사람들에게도 관심을 쏟는 게 분명했고, 새 담임목사를 찾는 과정에 있었지만 교인들이 반목해서 갈라지거나 하는 혼란스런 모습도 찾아볼 수가 없었다. 내가 출석한 날은 전임 목사인 조너선 와트 박사가 설교를 했다. 그는 언어학 박사로 제네바 대학과 내가 학생들을 가르칠 신학교에서도 강의를 하고 있었다. 그는 학생들을 가르치는 일에 전념을 하기 위해 교구를 떠난다고 했다. 와트 박사의 설교는 켄 목사님의 설교보다 짧았지만 훨씬 세련된 느낌을 주었다.

켄 목사님의 설교를 들을 때마다 아직 내 안에 살아 있던 페미니스트의 감수성은 심한 상처를 받곤 했다. 켄 목사님은 인칭대명사를 써야 할 때는 언제나 남성형을 사용했고 한 번은 합계하는(totalizing)이란 단어를 사용해야 하는 설교 내내 실수로 전제적인(totalitarian)이란 단어를 사용했다. 나는 설교를 들으면서 내내 속이 부글부글 끓어올랐다. 하지만 이상하게도 나는 그의 설교에 더욱 목말라하는 나를 발견했다. 내가 마조히스트가 아닐까 의심할 정도였다. 혹은 내 인내심이 향상되고 있는지도 몰랐다. 하지만 점차 나는 내가 할 일은 목사님의 설교를 '비판'하는 것이 아니라 받아들이고 그 말씀을 파고드는 것이라는 것을 깨달았다. 설교 안의 힘을 파악하고 말씀에 동참하고 그 열매들을 따는 것이 내가 할일이었다. 나는 켄 목사님의 설교를 들으며 쉽게 화를 내는 사람은 중요한 것을 놓치기 쉽다는 것을 깨달았다. 시러큐스의 교회에서는 내 학교 동료이자 친구였던 켄 스미스 박사가 성인 성경공부를 이끌고 있었다. 그의 수업을 통해 나는 크리스천들이 어떻게 삶의 우선순위를 정해야 하는지를 배웠다. 또 나는 성경말씀에 비추어 내 연구 분야인 성의 역학관계를 고찰하는 법을 배웠는데 동시에 성경을 믿는 크리스천들조차 일정한 범위 내에서 성적(性的) 차이와 여성의 역할에 성경을 적용할 수 있다고 생각하는 것을 알게 되었다. 하지만 새로 출석을 한 이 교회에서는 먼저 교회보다 더 지적인 메시지들이 더 지적인 교인들에게 전파되고 있었다. 나는 분하고 상처받은 마음으로 설교를 듣지 않아도 되었다. 대신에 나는 성경적인 세계관을 감싸고 있는 풍요한 언어와 문학에 관해 생각을 했고, 성경을 읽고 이해하는 능력에 대해 새로운 각도에서 한층 깊은 사고를 할 수 있었다. 예배는 군더더기 없이 짧았고 목사님은 아주 온화하고 친절했다. 나는 한편으로는 이 교회가 맘에 들었지만 한편으로는 이 교회에서 내가 제대로 신앙생활을 할 수 있을지 미덥지 않았다.

비버폴즈의 개혁장로교회들은 아침예배뿐만 아니라 저녁예배들도 드리고 있었다. 나로서는 처음 대하는 전통이었다. (적응하는 것도 쉽지 않았다.) 시러큐스였다면 주일 저녁 식사 후에는 잠옷으로 갈아입은 후 책을 한 권 집어 들고 침대 속으로 들어가는 것이 내 일과였다. 비버폴즈의 교회들은 모두 다른 개성을 지니고 있었다. 아침에 내가 출석을 했던 교회는 거의 동아리 모임 같은 느낌을 주었다. 학생들과 교수들로 이루어진 교인들은 젊고 쿨하고 흥미로운 일상들을 살아가는 사람들이었다. 비버폴즈에서 첫 번째 저녁예배를 드리기 위해 나는 아파트에서 두 블록 떨어진 곳에 있는 제네바 개혁장로교회로 향했다. 브루스 백켄스토 목사님은 성화의 교리에 관하여 신학박사를 밟고 있는 중이라고 했다. 목사님과 사모님은 각자 한 번씩 이혼을 한 경험이 있었다.

나는 어느 곳이건 처음 방문할 때의 습관대로 10분쯤 일찍 교회에 도착했다. 그리고 뒷줄에 자리를 잡고 앉아서 교인들의 대화를 들었다. 대화의 주된 내용은 간암을 앓고 있는 메리 루라는 여인이었다. 이식할 간이 마침내 그녀에게 배정되어서 수술을 받을 수 있게 된 모양이었다. 수년간 그녀를 위해 기도를 해온 교인들이 응답을 받은 것이다.

내가 새로 왔다는 것을 깨달은 교인들은 마치 오랜 친구들처럼 나를 대해주었다. 교회 식당에는 윌라드 맥밀란과 렌윅 라이트가 그들의 부인인 셜리와 모린과 함께 있다가 나를 맞아주었다. 두 부부의 장성한 자녀들이 아이들과 함께 시러큐스 교회에 다녔기 때문에 나는 이전에도 그들을 만난 적이 있었다. 교회 교인들은 모두 느긋했고 아무런 꾸밈도 없어 보였다. 윌라드가 내게 물었다. "짧은 기간에 아주 많은 일들을 겪으셨다고 들었는데 지금은 어떠세요? 하나님이 힘을 주고 계시죠?" 렌윅은 내게 "다니엘, 다윗, 사도 바울을 모두 합해 놓은 것 같은 분이 오셨구먼! 오늘 하루도 승리를 하고 계시죠? 하루가 너무 길다면 지금 이 순간은 어때요? 승리의 삶을 살고 있나요?" 그들의 말을 듣자 나는 바로 이곳이라면 내 불안정하고 시시각각으로 변하는 마음을 편안하게 들여다볼 수 있을 것 같았다. 이곳 제네바 교회에서라면 안심하고 애통하는 과정을 겪을 수 있을 것 같았고, 혹여 내가 사람들에게 잘난 척을 하려 한들 통하지 않을 곳 같았다. 나는 곧 마음 속의 생각들을 하나씩 영적 수술대 위에 올려놓고 조명을 하기 시작했다.

예배가 막 시작되려 했으므로 나는 습기로 축축하고 곰팡이 냄새가 나는 교회 지하실에 놓인 접의자들 중 하나에 자리를 잡고 앉았다. 교인들은 대부분 70-80대 노인들이어서 어린아이들이 끼어 있는 목사님의 대가족만이 이채로웠다. 대학생들과 20-30대들도 몇 명 눈에 띄었다. 예배 중 시편 낭송 순서는 이제까지 내가 경험한 것 중 가장 암울했다. 가뜩이나 불안정한 노인들의 음정은 보청기 탓에 다음 소절로 넘어갈 때 애를 먹었다. 특히 한 영감님은 다음 소절이 중반으로 접어들 때까지 이전 소절을 부르고 있었다. 낭송을 듣고 있자니 마치 배라도 탄 듯 멀미까지 느껴졌다. 브루스 목사님은 오십이라는 나이에 어울리지 않게 기우뚱 기우뚱 위태한 걸음으로 설교단으로 나왔다. 그의 얼굴은 자못 비장하고 절실했다. 원고도 없이 그는 갈라디아서 5장 16-26절 말씀을 주제로 설교를 시작했다.

> 내가 이르노니 너희는 성령을 따라 행하라. 그리하면 육체의
> 욕심을 이루지 아니하리라. 육체의 소욕은 성령을 거스르고
> 성령은 육체를 거스르나니 이 둘이 서로 대적함으로 너희가 원

하는 것을 하지 못하게 하려 함이니라. 너희가 만일 성령의 인도하시는 바가 되면 율법 아래에 있지 아니하리라. 육체의 일은 분명하니 곧 음행과 더러운 것과 호색과 우상 숭배와 주술과 원수 맺는 것과 분쟁과 시기와 분냄과 당 짓는 것과 분열함과 이단과 투기와 술 취함과 방탕함과 또 그와 같은 것들이라. 전에 너희에게 경계한 것같이 경계하노니 이런 일을 하는 자들은 하나님의 나라를 유업으로 받지 못할 것이요, 오직 성령의 열매는 사랑과 희락과 화평과 오래 참음과 자비와 양선과 충성과 온유와 절제니 이 같은 것을 금지할 법이 없느니라. 그리스도 예수의 사람들은 육체와 함께 그 정욕과 탐심을 십자가에 못 박았느니라. 만일 우리가 성령으로 살면 또한 성령으로 행할지니 헛된 영광을 구하여 서로 노엽게 하거나 서로 투기하지 말지니라.

브루스 목사님은 육신에 따른 행위들을 자세히 하나씩 알아보고 그에 비춰 우리의 삶을 살펴보겠다면서 그날은 특별히 육신의 행위들 중에서도 성적인 타락을 다루겠다고 말문을 열었다.

나는 그때까지 그런 설교를 들어본 적이 없었다. 설교 내용은 성경과, 또 내가 읽고 이해하던 말씀과 부합하기는 했지만, 나는 이제까지 아무라도 설교단에서 그렇게 말씀을 전하는 사람을 본 적이 없었다. 시러큐스에서라면 일부의 사람들(켄 목사님 같은 사람은 절대로 포함되지 않을) 사이에서 은밀하게 이야기되었을 내용들이 설교에서 다뤄졌다.

브루스 목사님은 에둘러 말함이 없이 먹이를 쫓는 독수리처럼 직설적이고 솔직하게 그리고 주저함 없이 말씀을 전했다. 내 뺨 위로 눈물이 흘러내리기 시작했지만 마음에는 아무 의심도 들지 않았다. 내가 이제 막 회개의 여정을 시작했을 뿐이라는 사실이 와락 절감이 되었다. 그제까지 나는 내가 제대로 내 죄를 다 회개했고 내가 받는 고통은 R의 죄 때문이라고 생각하고 있었다. 하지만 그의 설교말씀을 듣고 있자니 사정없이 뺨을 맞는 기분이 들었다. 나는 내 죄로 인해 고통을 겪고 있었고 내 자만심은 아직도 내 마음속에서 꼿꼿이 머리를 들고 있었다. 나는 여전히 내가 대우를 받아야 하고 좋은 것을 누려야 한다는 특권의식에 빠져 있었다. 그런 주제에 지난여름 동안 나는 묻지마 범죄의 희생양이라도 된 듯 느끼고 행동을 했었다. 내가 얼마나 잘못되었던가! 나는 죄인이었다.

R의 죗값은 그에게 돌아갈 것이고, 주님 앞에 고백해야 할 내 죄가 산더미였다. 성적인 죄를 회개하는 것은 그 결과가 우리의 과거와 미래 모두에 그림자를 드리운다는 면에서 그만큼 더 어렵다. 성적인 죄에 대한 회개는 우리가 우리 삶을 기억하고 합리화하는 방식에, 우리가 살아가는 방식에 영향을 미친다. 나는 얼이 빠진 사람처럼 목사님의 설교를 듣고 있었다. 할 수 있는 한 목사님의 말씀을 한마디도 놓치지 않으려고 미친 듯 필기를 했다. 며칠 동안 물을 한 모금도 마시지 못한 사람이 물을 들이키듯 나는 열광적으로 말씀을 받아들였다. 처음 접해보는 낯선 설교 스타일을 따라가기 위해 맹렬히 필기를 하는 나에게 윌라드 맥밀란이 의자 끝에서 내게 쪽지를 보내왔다. 옆 자

리의 낯선 사람에게서 쪽지를 건네받는 순간 자신이 쪽지를 보냈음을 알리기 위해 맥밀란은 내게 윙크를 했다. 쪽지에는 "숨도 좀 쉬어가면서 해요!"라고 쓰여 있었다. 다시 그를 바라보자 그는 사람 좋아 보이는 함박웃음을 지어 보였다. 그의 웃음이 걷히기 전에 나는 알 수 있었다. 내가 안주할 새 집을 찾은 것이다! 축도가 끝난 뒤 자리에서 일어나 의자를 접은 다음 나는 곧장 출구를 향했다. 예배가 끝나고 으레 있기 마련인 신자들 간의 즐거운 대화를 나누거나 목사님께 감사 인사를 드리기에는 내가 너무 지쳐 있었다.

주체할 수 없이 흐르는 눈물을 닦느라고 휴대용휴지 한 팩을 다 쓴 나는 땀에 흠뻑 젖은 채 두 블록을 걸어 부상당한 사람처럼 내 아파트까지 천천히, 조심조심 걸어왔다. 그때까지 나는 그런 영적인 경험을 해본 적이 없었다. 살아 계신 예수님을 그렇게 가까이에서 느껴본 적이 없었다. 나는 시러큐스에 있는 친구들에게도 내가 들은 말씀을 들려주고 싶었다. 내 생각이 옳았다는 안도감과 함께 내가 죄인임을 다시 한 번 깨달았지만 마음속에 평강이 찾아왔다. 어두운 길을 걸어 집으로 돌아오는 동안 하나님께서 왜 나를 이곳 비버폴즈로 보내셨는지 확연한 깨달음이 왔다. 주님께서는 내가 브루스 백켄스토 목사님의 설교단 아래 앉아 그의 설교를 듣고 들은 대로 살기를 원하시는 것이었다. 나는 회개해야 할 겹겹의 죄로 둘린 존재였다. 목사님의 설교를 들으며 나는 거짓으로 꾸민 결백함을 벗어버리고 어떻게 애통하며 진정으로 회개해야 할지 배우게 될 것이다. 나는 그날 성화에 관한 단순한 진리를 배웠다. 성화는 히브리서 기자의 말대로 '이미' 이루어진 것이기도 하지만 '아직' 완성되지 않은 것이다. 타인의 죄로 인해 아무리 심한 고통을 당하는 중에 있더라도 정작 우리를 넘어지게 하는 것은 우리 안에서 곪아 터지려 하는 우리 자신의 죄인 것이다.

새로운 생활에 적응하기까지

비버폴즈에서 맞이한 첫 한 주 동안 나는 여유를 찾으려 노력했다. 내겐 외부와 연락을 할 수단이 전무했다. 전화도 없었고 인터넷도 사용할 수 없었다. 나는 앤 오닐에게 무사히 이곳에 도착했지만 아직 전화를 사용할 수 없노라고 편지를 했다. 앤은 피츠버그에 살고 있었는데 그녀의 남편인 제리는 우리 교단 신학교 학장이었다. 그 부부를 몇 번밖에 만나지 않았음에도 나는 그들이 지닌 뜨거운 믿음을 존경했고 나도 그런 믿음을 갖게 되기를 소망했었다. 그 부부는 세상에 깊숙이 들어가서 보수적인 크리스천들이라면 생각지도 못할 사람들의 삶을 어루만졌다. 그들이 나를 대할 때 깨달은 점이 그것이었다. R이 나와 파혼을 했을 때 나를 이끌어 주었던 것도 그들이었다. 자신들도 어려움을 많이 겪어 타인들의 고통을 아무 사심 없이 도와주는 그런 사람들이었다. 펜실베이니아에서 생활을 하는 동안 그들과 더 친해지는 것이 내가 리버폴즈에서 고대하는 일들 가운데 하나였다.

제네바 대학에서 보낸 첫 주는 놀라움의 연속이었다. 교직원들 간의 관계는 원래 독특하기 마련이다. 시러큐스에서는 교직원들 간에 반목이 있어도 크게 문제될 것이 없었다. 하지만 제네바 대학에서는 전혀 다른 상황이 펼쳐지고 있었다. 우선 교직원들 중 상당수가 제네바 대학 졸업생들이었는데 나로서는 별로 이상적인 구성으로 느껴지지 않았다. 비록 지금은 그들이 학생들을 가르치는 입장에 서 있지만, 이전에 존경하며 배웠던 교수들과 그들이 가치중립적인 토론을 펼칠 수 있을지 의문이었다. 젊은 교수들은 그들이 가르칠 교과목, 학생 문화, 교직원 문화에 신선하고 독창적인 안목을 가져오는 대신 향수, 감정, 권위에 대한 존경심에 먼저 압도되지는 않을까? 교수로서의 자신의 정체성을 확립하는 대신 그들은 자신들의 멘토에 종속될지도 모른다. 그게 아니라면, 지금 막 교수직을 제 발로 걷어차고 나온 내가 교수 자리를 차지하고 있는 그 사람들에게 질투심을 느껴 이런 이야기를 하고 있는 것일지도 몰랐다.

학교에서의 내 강의 스케줄은 이러했다. 우선 제네바 대학의 교수 한 사람과 팀을 이루어 비판이론을 가르치게 되었다. 졸업반 학생들에게 기독교 해석학의 관점에서 샬롯, 에밀리 브론테의 작품을 강의했고 주중에는 스터디 모임들과 캠퍼스 성경공부를 진행했다. 제네바 대학의 학생들은 시러큐스 대학의 학생들보다 다양한 경로를 거쳐 학교에 왔고 놀랄 정도로 열렬하게 나를 환영해 주었다. 그들은 교파 간의 갈등, 작든 크든 그들이 지니고 있는 죄의 문제 등 크리스천 대학들에서 학생들이 직면하고 있는 많은 문제들을 내게 솔직하게 토로했다. 내 작은 아파트에서 처음 성경공부를 진행하던 날 한 학생이 다른 학생에게 물었다. "너 가톨릭 신자였어? 그런데 여기는 왜 온 거야?"

그러자 그 학생이 "이 학교 학생들 가운데 20퍼센트가 가톨릭 신자야. 엄밀히 말하면 개혁장로교인인 네가 이 자리에 더 어울리지 않는 거지" 라고 대답했다.

'정말 흥미로운 한 해가 되겠군.' 그들의 대화를 지켜보며 나는 속으로 생각했다. 월요일부터 목요일까지 내 사무실은 찾아오는 학생들로 북적였고 성경공부를 위해 아파트를 찾아오는 것은 물론 식당까지 따라와 질문을 했다. 그들 덕에 나는 크리스천과 교수라는 두 위치 사이에서 균형을 잡아갈 수 있었다.

내 스케줄 중에서 가장 힘든 시간은 매주 한 번씩 피츠버그를 찾아가 도심 성경 사역 센터에서 강의를 하는 것이었다. 강의실까지 찾아가는 것이 녹록하지 않았다. 피츠버그는 강과 터널, 일방통행로가 많기로 유명한 곳이다. 비버폴즈에서 피츠버그까지 운전을 해서 간다는 것은 버뮤다 삼각지대를 항해하는 것과 다름없을 것이다.

하지만 그런 고된 운전 길은 충분히 가치가 있는 수고였다. 학자로서의 내 삶을 바꾸어 놓을 만큼 중요한 일이 도착지에서 기다리고 있었으니까. 도심 성경 사역 센터에서 나는 카라 스레드길 버드 밑에서 일을 했는데 그녀는 조금의 허식도 없는 흑인 여성이었다. 나는 문학으로서의 성경과 조사방법론을 그곳에서 가르쳤다. 내 학생들은 모두 나보다 총명했다. 모든 학생은 인생에 한두 가지 사연은 있는 사람들로서 그리스도의 면류관의 보석 같은 존재들이었다. 학생들은 모두 흑인이었고 40대 이상의 장년들로서 각자 인생의 어려움을 겪은 후다시 제대로 된 삶을 일구어 가고 있는 사람들이었다. 교육을 받지 못하고 가난과 인종차별로 고통받고 있음에도 그들은 아이들을 입양하여 양육하고 가정을 지켜가는 한편 공부를 해 일부는 목회자로까지 일하고 있었다. (우리 부부는 지금 나와 피부색이 다른 네 아이를 입양해 양육하고 있는데 이들 성자 같은 사람들의 삶이 우리에게 귀감이 된 덕분이다.) 매주 금요일 오후 비버폴즈에서 피츠버그까지 운전을 해서 교실에 들어서면 그때까지 내가 얼마나 피곤하고 우울했는지와 상관없이 나는 성지에 발을 디디는 느낌을 받았다. 앞으로도 혹여 다시 도심 성경 사역 센터 같은 곳에서 카라 스레드길 버드 같은 사람을 상관으로 모시고 학생들을 가르칠 기회가 있다면 내겐 큰 영광일 것이다. 센터는 처절한 사람들이 모인 곳이었다. 우리는 아무에게도 자신을 포장할 필요가 없었고 겸손하게 하나님이 우리의 삶에서 원하시는 것을 발견하고 그것을 실천하기 위한 용기와 진실 됨을 얻기 위해 노력했다.

센터에서의 내 수업들은 늦은 밤이 되어서야 끝이 났다. 제리와 앤 오닐은 나와 내 개를 그들의 집에 머물도록 해주었고 저녁 식사를 제공하는 한편 함께 기도하고 편안한 휴식을 취할 수 있도록 해주었다. 매주 금요일 밤이 되면 그들 부부는 내게 그들의 귀중한 시간을 내어주었고, 그 가정의 일원이 되어 아이들과 어울리며 진정한 기독교 가정의 모습이 어떤지 몸소 체험할 수 있게 해주었다. 수업이 진행되던 1년 동안 나는 금요일마다 그들의 집에 머물렀고 그들과 모든 것을 나누었다. 밤이 깊도록 대화를 나눈 우리는 기도로 끝을 맺고 잠자리에 들었다. 그들의 가정은 내 피난처였고 그들의 우정은 내가 하루하루를 버텨갈 힘이 돼주었다. 나는 충분히 기력을 회복한 후 토요일 오후가 되어서야 주일을 맞이하기 위해 집으로 돌아오곤 했다. 하지만 어떤 주에는 그들 부부와 함께 프로비던스 개혁장로교회에 출석해서 설교 내용은 물론 가족들의 어울림, 목회와 삶에 대한 개인적 성향들, 여성들의 역할, 상처, 치유 등 모든 것들을 지켜보며 마음속에 담곤 했다. 켄 목사 부부와 마찬가지로 제리와 앤은 내가 진정한 크리스천들의 삶의 모습을 경험할 수 있도록 해주었다.

새로운 생활을 시작한 지 한 달쯤 되었을 때 동료 교수 한 명이 삶과 신앙의 통일을 주제로 하는 강의 시리즈에 참여하지 않겠느냐는 제의를 해왔다. 나는 흥미가 동했다. 새로운 환경으로 옮겨온 후 아직 공식적인 소통의 기회를 가져본 적이 없었기에 좋은 출발점이 될 것 같다는 생각이 들었다. 그의 제안을 받아들인 후 애초에 그 연설을 했던 배경과 대상을 설명하기 위해 도입부를 수정한 후 내 '솔로몬' 연설문을 넘겨주기로 했다. 이미 완성된 원고라서 나는 바로 넘겨줄 수 있었다.

강의를 하던 날, 예상치 않게 많은 동료 교수들이 찾아온 것을 보고 나는 놀라지 않을 수 없었다. 시러큐스 대학에서 이런 강의를 했더라면 교수들이 서너 명이나 찾아왔을까? 그곳의 출세지향적인 학문 태도는 '내 이력서에 도움이 되지 않는 한 아무것도 손댈 필요가 없다'로 요약될 수 있다. 브루스 목사님까지 청중석에 앉아 있는 것을 본 나는 한 번 더 놀라지 않을 수 없었다. 비록 같은 원고였지만 시러큐스 대학과 제네바 대학에서 하는 강연은 천양지차였다. 시러큐스에서 내가 배반자, 왕따로서 연설을 했다면 이곳의 청중들은 내 연설에 공감을 표하고 지지를 해주었다. 원고를 읽어 내려가는 동안 나는 천정으로 둥실 떠올라서 강의를 하고 있는 나 자신을 내려다보는 느낌이 들었다. 나는 처음 연설을 할 때 내가 게이 공동체에 느꼈던 배신자로서의 죄책감을 떠올렸다. 그러자 당시와 마찬가지로 메스꺼움과 함께 무릎이 후들거리기 시작했다. 내 입을 통해 나오는 연설이 무미건조하고 하찮게 들렸다. 나는 스스로를 우스갯거리로 만들고 있다는 느낌이 들었다.

연설 후에 두 가지 중요한 일이 내게 벌어졌다. 청중들이 강연장에서 빠져나갈 때 브루스 목사님이 내게 다가와 괜찮으냐고 물은 후(나는 물론 괜찮지 않았다) 필요하다면 매주 상담을 해주겠다고 제안했다. 목사님은 언제나 단도직입적으로 이야기를 했고 나는 그런 솔직함이 마음에 들었다. 우리는 상담 시간을 정했고 다음 1년 동안 나는 브루스 목사님, 킴 사모님과 일주일에 한 시간씩 시간을 보냈다. 두 사람은 내 이야기를 들어 주었고 내 삶의 여정을 통해 역사하시는 하나님의 섭리를 깨닫도록 도와주었다. 두 사람은 자신들의 삶 이야기도 들려주었는데 그들의 이야기를 들으며 브루스 목사님이 설교 중 언급한 그의 험한 십자가가 무엇인지 알 수 있었다. 그는 단지 성화에 대한 학문적인 접근을 한 것이 아니었다. 그와 그의 가정은 그것을 살아내고 있었다. 만약 그들이 내게 할애한 시간에 대해 금전적인 청구를 했더라면 나는 아직도 그들에게 밀린 상담료를 갚고 있을 것이다.

다음으로, 대학의 성서학부의 학장이었던 딘 스미스 박사(그는 오랜 전통과 명성을 지닌 칼리지힐 개혁장로교회의 담임목사를 역임하기도 했다)는 내게 문제가 있음을 직감하고 나를 그의 사무실로 불러서는 아무 도움이라도 주고 싶다고 제안했다. 다음 1년 동안 나는 많은 시간을 그의 사무실에서 보냈다. 나는 그에게 나 자신이 가짜처럼 느껴지고 어떻게 해야 진정한 크리스천 교수가 될 수 있을지 모르겠다고 말했다. 그에게 멘토가 되어달라고 부탁을 한 후 그가 진행하는 수업에 참여해서 그를 지켜보며 삶과 믿음을 하나로 통합하는 것을 배우고 싶다고 말했다. 학장님은 아무런 꾸밈도 없이 나를 따뜻하게 대해주었고 나는 그와 함께 있는 것이 편안했다. 학장님 부부는 내가 힘든 시간을 보내고 있는 것처럼 보일 때면 나를 집으로 초대해 주었다. 나는 그해 인생에서 가장 행복한 크리스마스(몇 가지 이유로 해서 나는 크리스마스를 지키지 않는다)를 그들의 집에서 보냈다. 학장님은 자신이 가르치던 기독교상담 시간에 나를 초대해 주었고 나는 그의 수업을 통해 청교도를 연구하는 법을 직접 배우게 되었다. 그의 수업시간은 진정한 크리스천 교수가 수업을 하는 방식을 지켜볼 수 있는 기회였다. 규율, 지식, 그리스도, 고난, 배신, 인내, 동정, 믿음이 그의 수업에 얼마나 하나로 통합되어 있는지, 그가 얼마나 학생들을 잘 다루는지를 보고 감탄을 금할 수 없었다. 지금이나 그때나 나는 그 같은 재능은 감히 흉내를 낼 수조차 없다. 그는 자연스럽게 강의와 말씀을 번갈아 가며 수업을 진행했고 모든 학생의 질문을 진지하게 받아들였다. 그는 겸손하게 자신을 낮추었지만 그럴수록 학생들의 존경심은 더해갈 뿐이었다. 나는 그의 해박한 성경지식과 감성, 지성, 겸허함에 매료되었고 그의 능력을 눈곱만큼이라도 소유하게 되기를 소망했다. 지금도 그런 마음은 변함이 없다. 내 인생 중 제일 좋았던 시절에 나는 잘못된 세계관에 빠져 지냈다. 그런 나를 하나님은 구해주셨지만 강제로 내 뇌회로를 바꿔놓지는 않으셨다. 내 뿌리 깊은 생각의 패턴과 세상을 이해하는 방식은 아직도 죄에 끌리고 있다는 사실이 다시 한 번 뼈아프게 다가왔다.

비버폴즈에 도착한 지 두 주일이 지나자 하나님은 나를 위한 상담팀과 롤모델들의 진용을 짜주셨다. 브루스 목사님은 하나님이 주시는 은사를 회개와 성화의 과정에 적용하는 법을 가르쳐 주셨다. 제리와 앤은 마음이 내키지 않을 때조차 기도를 해야 한다고 가르쳐 주었다. 카라에게서는 자기희생과 모험을 껴안는 법을 배웠다. 학장님에게서는 '크리스천'과 '교수'의 삶을 어떻게 일치시킬 수 있는지를 배웠다.

내게 훌륭한 선생들과 롤모델들을 보내주신 데 대해 하나님께 감사를 하고 담대히 기도하기 시작하자 하나님은 말씀에 주리고 진리를 찾는 학생들의 무리를 내게 보내어 사역을 하게 하셨다.

미성년자 청취 불가 간증

내가 솔로몬 강의를 한 지 한 달쯤 지났을 때 교목이 나를 찾아와 제안을 했다. 그는 교목실 주관으로 강의, 찬양 등으로 이뤄진 '집회' 과목을 개설하려고 하는데, 학생들이 그 과목을 이수하기 위해서는 정해진 횟수만큼 예배와 강의에 참석해야 하므로 적어도 일정한 수의 학생들을 강의에 오게 할 수 있을 것이라면서(아마도 그는 나를 유혹하기 위해 그런 이야기를 한 것 같았다. 하지만 나는 아무런 흥미도 생기지 않았다) 내게 간증을 해볼 생각이 없느냐고 말했다. "고맙지만 사양하겠습니다." 내가 대답을 하자 교목은 "그럼, 천천히 시간을 갖고 생각을 해보세요"라고 말했다. 나는 그것에 관해서는 더 이상 고려할 필요도 없다고 생각했다. 나는 내 간증의 삶을 살아내기에도 고단한 처지였다. 게다가 나는 약간 정상이 아닌 것 같은 사람들이 출연하여 경쟁이라도 하듯 자신들이 무엇을 통해 구원을 받았노라고 떠들어 대는 오프라 윈프리 쇼를 너무 많이 봐왔다. 예외 없이 과거시제로 쓰인, 상투어투성이의 들큼하고 느끼한 간증문들도 많이 읽어본 마당이었다. 사람들 앞에서 간증을 하는 데 따르는 수많은 실수의 함정에 빠지고 싶지 않았다. 나는 아직도 회심의 충격에서 완전히 벗어난 상태가 아니었고 어떤 상투적인 행동도 하고 싶지 않았다. 나는 침묵 하는 것이 최선이라고 생각하고 있었다.

그때까지 내가 들어봤던 간증들은 모두 에고와 자만이 가득한 것들이었다. 그리스도를 선택한 내가 정말 장하지 않나요? 그리스도를 따르기로 한 내 결정이 정말 대단한 것 같아요. 저는 내 삶을 주님께 바치기로 결단했어요. 아직 길을 발견하지 못한 저 이방인들보다 얼마나 훌륭한지 모르겠어요. 복음주의 기독교인들 사이에서 흔히 찾아볼 수 있는 이런 식의 생각들은 어리석기 짝이 없는 것들이다. 이런 식의 이야기를 들으면 나는 저절로 몸이 움츠러들고 만다. 나는 지독한 경험주의자이다. 나는 그리스도를 택하지 않았다. 아니, 그리스도를 선택하는 사람들이란 존재하지 않는다. 그리스도께서 우리를 택하실 뿐이다. 그렇지 않으면 멸망뿐이다. 그리스도께서 나를 부르시면 나는 응답을 해야 한다. 응답을 할 수밖에 없다. 그게 이야기의 전부이다. 누구의 귀에도 달콤한 이야기로 들리지는 않을 것이다.

"시간을 가지고 생각해 보세요." 교목은 말했다.

그의 말대로 나는 기도를 했다. 아무 양심의 가책도 없이 거절을 하기 위해서였다. 나는 회심을 한 동성애자라는 구경거리가 되고 싶지 않았다. 그들이 구원받은 사실만으로 다른 사람들보다 의인인 것처럼 행동하는 사람들과 아무런 연대도 하고 싶지 않았다. 관심 대상이 되는 것도 싫었고, 학교의 온갖 괴짜들이 찾아와 자신들의 동성애나 인간혐오에 대한 고민을 끝도 없이 늘어놓거나 동성애자인 자신의 친척이나 이웃과 상담을 해달라고 부탁을 하는 것도 원치 않았다. 얼마 전 동성애자들이 복음주의자들을 조롱하기 위해 차에 붙이고 다니던 범퍼스티커 문구들 중에는 이런 것도 있었다. "나는 그리스도를 위해 동성애에 빠진 고래를 죽였습니다!" "주님, 제발 저를 당신을 믿는 사람들로부터 보호해 주세요!" 나는 여전히 내 옛 친구들에게 빚을 진 느낌을 지니고 있었다. 아무리 내가 노력을 한다 해도 성인남녀 모두가 읽을 수 있는 행복하고 산뜻한, 자기중심적이면서도 듣는 사람들의 심금을 울리는 간증을 쓸 자신이 없었다.

하지만 나는 다시 생각해 보았다. 나는 진정으로 솔직하고 정직한 간증문을 쓸 수는 없는 걸까? 사도 바울의 말과 전통대로 크리스천의 삶의 열매로서의 회개를 보여주는 간증을 할 수는 없는 걸까? 문화는 담론으로 이루어져 있다는 말이 있다. "우리는 곧 우리가 하는 이야기와 다름없습니다"라고 나는 학생들에게 가르쳤었다. 나는 교회 친구들로부터 또는 복음주의적 문화 내에서 듣는 이야기들에 대해 비판적이었다. 하지만 나는 내가 듣는 이야기들에 비판적인 자세를 취하는 것 이상의 일을 할 수는 없는 것일까? 새로운 담론을 시작하는 것은 어떨까? 있는 그대로의 사실을 이야기한다면 어떤 반응을 볼 수 있을까? 혹시 회심에 대해 어정쩡한 입장의 사람들이 있다면, 그것을 달콤하지만 씁쓸하기도 한 경험으로 여기는 사람들이 있다면, 주님의 제자가 되는 데 따르는 희생을 생각만 해도 두려워 움츠리는 사람들이 있다면, 포기하고 싶은 마음이 들거나 매일 주님의 십자가를 지는 데 지쳐가는 사람들이 있다면, 새로운 탄생을 위해 이전의 삶을 포기해야 하는 것이 슬퍼 주저하는 사람들이 있다면, 그런 그들에게 내가 진실한 간증을 할 수 있다면?

다음 날 나는 교목에게 간증할 준비가 되었노라고 연락을 했다. "하지만" 나는 그에게 단서를 달았다. "내 간증은 미성년자 입장 불가예요."

나는 한 달에 걸쳐 열 쪽 넘는 간증을 작성하고 다시 수정하는 과정을 반복했다. 벽에 내 옛 친구들의 사진을 붙여놓고 그들에게 강연을 할 것처럼 상상했다. 새벽에 일어나서 허겁지겁 글을 쓰고는 늦은 밤까지 글을 수정했다. 나는 한 문장이라도 사실에서 벗어나지 않게 하려고 노력했다. 진실만을 말하게 하셔서 하나님이 영광을 받으시도록 기도했다.

사람들로 가득 찬 강당은 대학생들 특유의 젊음의 열기로 가득했다. 청중에 섞여 앉은 브루스 목사님과 장로님들의 모습이 눈에 띄었다. 나를 지지하고자 그곳까지 온 그들을 보자 적잖이 마음이 안정되었다. 소개를 받은 후 나는 마이크 앞으로 나갔다. 나는 먼저 청중에게 '사적인'이란 단어와 '비밀의'란 형용사의 의미 차이를 아느냐고 물었다. 내가 이제부터 할 이야기는 나의 '사적인' 이야기이고 사적인 이야기들은 일반적인 상황이 아닌 특별한 상황에서만 다뤄질 수 있으므로 누구든지 내 강연에 관해 더 이야기를 하고자 한다면 나와 따로 시간을 정해 이야기를 해야 할 것이라고 말했다. 나는 그날 강연 내용을 내 수업 시간이나 점심 식사 자리에서 논하지 않을 것이었다. 이런 강연을 한다는 것은 내게 쉬운 일이 아니므로 내 강연에 관해서 프라이버시를 지켜달라고 부탁을 하자 강연장은 숙연함으로 쥐죽은 듯 조용해졌다.

나는 내 삶을 털어놓았다. 할 수 있는 한 진실만을 이야기했다. 원고를 읽어 내려가면서 느꼈던 두려움이 지금도 기억난다.

연설이 끝난 뒤 학생들에게서 많은 질문이 쏟아졌다. 어느 질문은 하나님의 은총이 어떤 것인지에 대해 전혀 알지 못하고 있다는 것을 보여주었다. 한 학생은 내게 "남자와 성관계를 하지 않으신다면 교수님이 레즈비언에서 치유를 받았다는 것을 어떻게 알 수 있죠?"라고 질문했다. 난 그에게 "크리스천으로서의 건강한 삶이 성적인 관계를 갖느냐의 유무에 의해 왜 판정되어야 한다고 생각하죠?"라고 대답한 후 많은 크리스천들이 오해를 하는 것에 대해 계속 설명해 나갔다. 흔히 선한 기독교인들조차 성적인 죄를 성적인 방종이라고만 생각을 한다. 섹스는 하나님이 선하게 창조하신 것으로 하나님이 허락하신 범위(결혼) 안에서만 행해지면 아무 문제가 없다고 생각을 하는 것이다. 하지만 그것은 오해다.

선한 크리스천들이 오해를 하는 것은 성적인 죄가 한도를 넘은 오락이라고 생각을 하는 점이다. 성적인 죄는 우는 사자처럼 항상 먹이를 찾아 헤맨다. 섹스가 벌어지는 맥락이나 섹스 상대의 성을 바꾼다고 죄가 치유되는 것은 아니다. 성적인 죄는 한마디로 박멸이 되어야 한다. 그다음에 우리의 섹스가 어떤 모습으로 남게 될지는 전적으로 하나님께서 결정하실 바다. 성적인 죄를 저지른 죄인에게 치유란 죄에 대해 죽는 것뿐이다. 그게 전부다. 많은 젊은 크리스천들이 사통(私通)을 하면서도 상대와 결혼하면 문제가 해결되는 것으로 생각하고, 자위를 하면서도 결혼을 하면 그들의 행동이 치유받을 것으로 생각한다. 인터넷상의 포르노에 중독되어 있으면서도 합법적인 성관계를 맺는 날이 되면 그들의 중독이 사라질 것으로 생각을 한다. 모두가 잘못된 생각이다. 이런 생각으로 이르게 되는 결혼은 위기의 장소가 될 수밖에 없다. 왜 50퍼센트 이상의 크리스천들 사이의 결혼이 이혼으로 끝나는 걸까? 그들이 결혼을 통해 죄에서 구원을 받는다고 생각을 하기 때문이다. 결혼이 죄를 사할 수는 없다. 예수님만이 죄를 사하실 수 있다. 학생들은 내 이야기를 듣고 적잖이 충격을 받는 듯했다.

학생들의 질문은 성적인 죄에서 교회 문화에 대한 반감으로 옮겨갔다. 한 학생은 '위선자들로 가득한' 교회에서 그들이 어떻게 이런 이야기들을 할 수 있겠느냐고 물었다. 비록 입 밖으로 그런 질문을 한 학생은 한 명이었지만 나머지 참석자들은 깊은 한숨을 쉬면서 공감을 표했다. 나는 그런 생각을 하는 사람들이 얼마나 되는지 알아보고 싶어 그의 의견에 공감을 하는 사람들은 손을 들어보라고 했다. 학생들 대부분이 손을 들었다. 그것을 본 나는 원고를 한편으로 밀어놓은 채 학생들에게 도전을 했다. "교회가 위선자들로 가득 한 이유는 여러분이 그곳에 없기 때문일지도 모릅니다. 혹은 여러분이 교회에 나간다 하더라도 자만심과 공명심에 가득하기 때문일지도 모르죠. 내가 여러분에게 제안을 하나 하겠습니다. 소속된 교회가 있는 사람들은 상처를 받을까봐 두려워하지 말고 여러분의 있는 모습 그대로 정직하게 교회에 출석해 보기 바랍니다. 교회를 나가지 않는 학생들이라면 나와 함께 내가 다니는 교회에 출석을 합시다. 그렇게 6개월을 지내보는 겁니다. 그동안 저와 함께 구원을 받기 위해, 긍휼하심으로 인도하심을 받기 위해 기도를 합시다. 그런 다음 교회가 위선자들로 가득한 곳인지를 다시 논의해 보는 겁니다."

나는 원고 없이 즉석에서 충동적으로 말하는 경우가 거의 없었다. 몇 번 그렇게 한 적이 있었는데 그때마다 크게 곤욕을 치렀었다. 그날 강당에서 내가 했던 제안은 그때까지 내가 발설했던 가장 무모한 말이었다.

왜 개혁장로교회인가?

강연이 끝난 후 의심에 빠져 있거나 믿음이 없는, 혹은 깊은 죄에 빠져 있거나 동료 학생들을 위한 사역을 준비하던 학생 등 다양한 학생들이 내 제의를 받아들이겠다고 남았다. 나는 그들을 데리고 제네바 개혁장로교회로 출석하기 시작했다. 교회는 죽음이 임박한 메리 루 때문에 슬픔에 잠겨 있었다. 루가 이식받을 만한 간이 나타났지만 이미 암이 많이 번져 수술할 때를 놓친 것이다. 교회는 그녀에게 맞는 간 기증자가 나타나기를 수년간 기도해 왔었다. 하지만 마치 누군가가 짓궂은 장난이라도 친 것처럼 그녀에게 맞는 간이 나타나자 그녀의 상태가 급격히 나빠진 것이다. 브루스 목사님은 설교 시간에 로마서를 강해하면서 하나님의 의지의 신비하심과 사람들의 생각을 넘어서시는 하나님을 강조했다. 브루스 목사님은 아침 예배 시간에는 로마서를, 저녁 시간에는 갈라디아서 5장 말씀을 본문으로 사용했다. 나와 학생들은 브루스 목사님의 설교를 듣고 교인들이 애통해하는 것을 지켜보았다. 오전 예배가 끝난 후 우리는 내 작은 아파트에 모여서 '왜 혼전 순결을 지켜야 하는가? 하나님이 누구시기에 내 몸을 내가 마음대로 사용할 수 없다고 하시는가? 인터넷을 통한 내 성행위가 어떻게 다른 사람들에게 해가 되는가? 내 과거에 대해서는 어떻게 해야 하는가? 내 가족들, 친구들을 어떻게 대해야 하는가? 나에게 있는 우울증, 중독, 불안에 대해서는 어떤 자세를 취해야 하는가?' 등 기초적이면서도 근본적인 문제들을 토론했다. 토론을 마치고 기도를 한 후 우리는 강아지를 데리고 함께 산책을 나갔다가 저녁 예배를 위해 다시 교회로 갔다.

나와 학생들이 1년 동안 한 일은 아주 단순했다. 그것은 이른바 '주일 성수'라고 말해지는 행위로 내가 속한 교단은 그것을 아주 중시했다. 우리는 일주일 중 하루를 온전히 떼어내어 우리의 영적 삶을 확장하는 데 바쳤다.

이 시기 동안, 내 동료 교수들과 친구들은 내가 피해오던 질문들, 즉 내가 다니던 교회의 독특한 예배 규준들이 성경적인 것인지에 대해 계속 문제를 제기했다. 내 동료들은 그런 이상한 예배 규준들이 내게 전혀 불쾌감을 주지는 않는가, 신앙심이 없는 학생들이 그런 규준들을 보면 교회에 더 흥미를 잃게 되지 않겠는가, 왜 나같이 포스트모더니즘에 경도된 여인이 그런 규준을 수용할 수 있는지 등의 질문을 퍼부었다. 특히 한 교수의 말이 그들의 모든 질문을 잘 요약하고 있었다. "개혁장로교회의 예배 규준에서는 신약성서의 은혜라는 개념을 찾아볼 수 없다."

나는 그런 질문들에 정면으로 노출이 되었다. 나는 그것이 싫었다. 나는 내가 다니던 교회가 좋았다. 나는 내가 만난 목사님들이 좋았고 켄과 플로이와 함께한 시간들도 좋았다. 나는 정서적인, 그리고 나만의 개인적인 경험들로 인해 내가 속한 교단에 애착을 느꼈다.

그런 질문들을 받으면 나는 불편해 몸이 뒤틀릴 지경이었다. 마치 내가 개혁장로교에 대한 의심과 오해를 불러일으키는 장본인처럼 느껴졌다. 교수회의 시간에는 내가 개혁장로교회의 *끄나풀*이 아니냐는 이야기까지 들었다. (당시 내 친구였던 켄 스미스 박사가 이사회 의장이었는데 제네바 대학의 교수들은 내가 그에게 학교에서 벌어지는 상황을 알려주고 있다고 생각한 모양이었다.) 학부의 한 책임자는 우리 교단이 나를 "간증을 써먹을 목적으로 이용"하고 있다고 주장하고 내 정체가 드러나는 날 (내 정체? 도대체 내 정체가 무엇이라고 생각을 하고 저런 말을 하는 걸까? 나는 의아했다) 나를 "국기 게양대에 걸어놓고 불을 붙이겠다"고 말했다. 성서적인 여권운동을 하던 한 퇴임 여교수는 내게 비성서적인 성의 정치학이 횡행하는 그런 권위적이고 가부장제적인 교파를 떠나 성공회로 옮기고, 거기서 사제가 되는 길을 찾아보라고까지 조언했다.

　나는 왜 하필이면 개혁장로교회의 교인이 되었느냐는 질문을 사람들에게서 끝도 없이 받았다. 의미 있는 질문이긴 했지만 답하기 어려운 질문이기도 했다. 그 질문은 마치 피부 밑 속살을 건드리는 것처럼 쓰라렸다. 나는 내가 왜 그리스도께 속해 있는지는 알고 있었지만 왜 이 특정 교단에 속해 있는지는 나도 알 수 없었다. 내가 대답할 수 있는 것이라고는 "이 교단 사람들로 인해 제가 하나님을 알게 되었기 때문에 그런가 봐요. 제가 원래 충성심이 좀 강하거든요"가 다였다. 충성심이 좋은 덕목임에는 틀림없지만 크리스천 지성인이라면 그보다는 나은 대답을 할 수 있어야 할 것이다. 과연 나는 무슨 이유로 이 교단에 속하게 된 것일까? 나는 스스로에게 질문을 하기 시작했다. 왜 우리의 예배 의식은 그렇게 다른 사람들이 거부감을 느끼도록 만드는 것일까? 우리 교회에서 여성들이 설교나 독창을 하지 못한다고 해서 왜 사람들은 내가 '주어진 재능'을 사용하지 않는다고 말하는 걸까? 예배에 참여한다는 것은 내가 예배 순서에 들어가야 한다는 뜻일까? 그렇게 예배 순서에 들어간 사람들은 그저 예배를 드리는 사람들보다 더 큰 은혜를 받는 것일까? 나는 예배를 드릴 때 입을 다문 채 자리에 앉아 말씀을 경청하고 세상에 나가 내 재능을 사용하여 주의 일을 감당하는 것을 하나님은 더 원하신다고 생각한다. 하나님은 내가 재능을 자랑하거나 사람들의 관심을 끌기를 원치 않으실 것이다. 물론 이런 생각들도 모두 내 느낌일지 모르지만, "왜 하필 개혁장로교회죠?"라고 묻는 사람들에게 나는 구체적으로 대답을 해줄 말이 없었다.

나는 교회 사람들에게 이 질문들을 해보았다. 많은 이들은 내 질문을 대수롭잖게 받아들였다. 동료 교인들은 대체로 교단 간의 상이한 의식들이 모두 나름대로 의미 있는 것들이라고 생각했다. 어떤 사람들은 우리만의 독특한 의식을 변호하려 하기도 했다. 많은 동료 교인들은 우리 교단에서 벌써 수대째 신앙생활을 해왔고 그래서인지 그들도 나만큼이나 왜 자신들이 그 교단에 속한 것인지 묻지 않았다. 내 질문을 심각하게 받아준 사람으로는 신학생이었던 켄트 버터필드가 유일했다. 그는 내게 중요한 책 두 권을 추천해 주었는데 마이클 부셸의 「시온의 노래」(*Songs of Zion: A Contemporary Case for Exclusive Psalmody*)와 브라이언 슈워틀리의 「오직 성경, 그리고 예배의 규정적 원리」(*Sola Scriptura and the Regulative Principle of Worship*)가 그것이었다. 이 책들을 읽으면서 나는 주님께 대한 예배가 우리가 할 수 있는 가장 중요한 일이라는 것을 알게 되었다. 여기에서 주목할 것은 내가, 예배가 우리가 해야 할 유일한 일이라고는 말하지 않았다는 것이다. 그럼에도 예배는 우리가 각자의 삶으로 뛰어드는 도약대이다. 예배를 통해 하나님은 세상에서 그의 나라의 일을 할 수 있도록 우리를 준비시키신다. 그러므로 예배는 하나님 보시기에, 그리고 우리의 심정과 마음에 맞아야 한다. 그 책들을 읽으면서 나는 우리 교단의 예배 규준들이 우리의 구원뿐만 아니라 우리의 성화와 섬김의 기초라는 것을 깨닫고 더욱 우리의 예배에 마음이 끌렸고 감사한 마음이 들었다.

   이런 질문들은 내가 애초에 지적으로 이끌렸던 학문 분야인 해석학에 다시 관심을 갖게 했고 케빈 밴후저라는 기독교학자가 쓴 「이 텍스트에 의미가 있는가?」(한국 IVP 역간)라는 책에 흥미를 느끼게 했다. 예배 의식에 관한 이런 질문들을 해석학적 관점에서 연구해 봐야 할 것 같은 생각이 들었다. 해석학(Hermeneutics)은 고대 헬라어로 삶, 문헌, 사건을 해석하는 방법을 뜻한다. 즉 해석학은 우리가 문헌에서 어떻게 의미를 이끌어 내야 하는지를 다룬다. 해석학이라는 말과 자주 혼용되는 단어로는 세계관이 있다. 해석학이 디테일을 다룬다면 세계관은 틀이라는 관점을 택한다. 이 두 단어들은 관계 속에서 이해해야 한다. 스테인드글라스로 만들어진 창이 성공적이기 위해서는 각각의 틀을 구성하는 세부와, 그런 세부사항들에서 떨어져서 볼 때 비로소 눈에 들어오는 큰 그림 사이에 제대로 관계가 성립되어 있어야 한다. 한 가지에만 의지해서 크리스천이 삶을 세우려는 것은 아주 위험한 일이다. 두 가지가 긴장 속에 균형을 이루고 있어야 한다. 두 가지가 함께 제대로 기능을 할 때 우리는 비판적인 시각을 지닐 수 있다. 하지만 예배에 관한 한 기독교적이면서 비판적인 시각이 존재할 수 있는 걸까? 나는 궁금했다.

페미니스트 학자로서 세계관이라는 개념은 내게 가장 중요한 지적인 무기였다. 여권운동을 연구하고 억눌리고 소외된 사람들을 분석하는 어떤 연구 분야든 세계관은 필수적인 수단이다. 그것은 중요한 사건들을 연구하기 위해 우리가 사용하는 이해의 틀로부터 어떤 해석이 어떻게 형성되는지를 알게 해준다. 비평적인 시각은 개인적인 경험이 아니라 그런 경험들을 걸러내는 틀을 통해서 우리가 삶으로부터 의미를 추출한다고 단언한다. 내가 가르치던 여성학 입문 과목 소개책자에 나는 비평적인 시각에 대해 다음과 같이 소개했다.

특히 명심할 사항: 이 과목을 수강하는 학생들은 모든 리포트와 논술 시험문제에 대해 페미니스트적인 세계관과 비평적인 시각에서 글을 써야 한다. 스페인어 교실에서는 스페인어를 말하고 써야 하는 것처럼 여성학 시간에는 페미니스트적인 패러다임에서 말하고 생각해야 한다. 비평적인 시각에서 작성되었으나 페미니즘에 입각하지 않은 리포트는 자동으로 낙제점수를 받을 것이다. 비평적인 시각에서 작성되었으나 페미니즘에 입각하지 않은 답안은 한 번 수정할 기회를 줄 것이다. 성실한 마음으로 페미니즘에 입각하여 비평적인 시각으로 글을 쓰고 생각할 수 없는 사람은 이 과목을 수강하지 말아야 한다.

세속적인 학문 분야에서는 목소리를 높여 자신들만의 세계관을 지키려 노력하기 마련이다. 따라서 나와 내 동료 학자들도 이런 선언을 과목 소개책자에 실을 수 있었다. 우리는 연합하여 수업을 진행했다. 우리는 같은 이해방식의 공동체를 형성하여 의식적으로, 그리고 의도적으로 우리만의 사고방식을 보호하려 했다. 모든 종류의 교육에서 세계관이 얼마나 중요한지 알 수 있는 대목이다. 같은 이해방식의 공동체가 세계관을 지키는 데 얼마나 중요한지는 새삼 말할 필요가 없을 것이다. 고립되어서 자신만의 의미를 만들어 낼 수는 없다.

하지만 세계관이라는 것이 과연 그렇게 중요한 것일까? 삶을 살아가는 것 자체만으로도 우리는 교훈을 얻지 않는가? 나와 학생들은 이 질문에 대해 자주 토론을 했다. 토론은 이런 식으로 진행이 되었었다.

학교 혹은 경찰과 문제를 자주 일으키는 십대를 예로 들어보자. 그의 부모는 그에게 모든 행동에는 결과가 따른다는 것을 가르치고 싶어 한다. 그들은 그에게 이런 교훈을 가르칠 가장 좋은 방법은 삶 자체, 즉 인생의 쓴맛을 보게 하는 것이라고 생각한다. 하지만 그들의 생각에는 문제가 있다. 그들은 '인생의 쓴맛'이 그 자체로 독립적인 경험이라고 생각하는 것이다. 모든 경험은 세계관이라는 필터를 거쳐 이해가 되는 법이다. 그 아이가 "오직 친구들만이 믿을 수 있는 존재다. 모든 권위들(부모, 목사, 선생, 경찰 등)은 모두 나를 못살게 구는 존재들이다"라는 세계관을 갖고 있다고 해보자. 이런 세계관 가운데 있는 그 아이는 현실에서 고통을 당하면 당할수록 자신의 생각이 옳다고 느끼게 될 것이다. 물론 아이가 선택한 또래 친구들, 같은 이해방식을 공유하는 그 무리도 아이에게 이 모든 '인생의 쓴맛'이 그를 괴롭히려는 권위들 때문이라는 그의 세계관을 강화한다. 그가 성경의 방탕한 아들처럼 결국엔 정신을 차리고 부모에게 돌아올 수도 있을 것이다. 하지만 방탕한 아들이 어떻게 회개를 하게 되었던가? 그는 돼지들처럼, 돼지들과 함께 사는 데 염증이 나서 회개를 하게 된 것이 아니다. 하나님께서 그에게 제대로 현실을 볼 수 있는 눈을 주셔서 그가 회개에 이른 것이다. 그때까지는 아무리 개인적으로 많은 경험을 한다 해도 그의 비판적인 관점을 무너뜨릴 수는 없다. 그게 한마디로 우리가 세상을 바라보는 데 사용하는 틀의 정의이다. 그것은 잠드는 법도 없고 우리의 의식에 깊이 뿌리를 내리고 견고히 자리를 잡고 있어서 사실 삶의 경험보다 강하다. 개인적인 경험들은 계속 변할 수 있지만 (우리가 선택한 비판적 시각의 결과물인) 세계관은 언제나 가장 비밀스럽고도 집요하다.

크리스천들의 비판적 경험의 요소들이라면 어떤 것들이 있을까? 성경, 개인들이 속한 교단, 교회의 의식들과 전통들, 신자의 개인적인 경험들이 그런 것들일 것이다. 하지만 다양한 교단들은 이런 요소들 사이의 중요성을 각자 달리 평가하기 때문에 통일된 '기독교적 세계관' 같은 것은 존재할 수 없을 것이다. 그렇다면 문제는, 적어도 내게는, "개혁장로교회에 다니는 사람들은 어떤 세계관을 지니고 있는가? 신자로서의 내 개인적인 경험과 교회의 교리 중 무엇이 더 중요한가? 성경과 교회의 전통, 의식들의 관계는 어떤 것일까?"라는 질문으로 요약될 수 있을 것이다.

이러한 질문들에 유념하면서 나는 밴후저의 「이 텍스트에 의미가 있는가?」를 읽고 있었다. 특히 예배의 개념에 관하여 그 책은 동료들이 내게 물어오던 질문을 명료화하는 데 도움을 주었다. 올바른 질문은 아주 중요하다. 대학교 2학년만 되어도 말할 수 있는 내용이더라도, 교수가 기말시험에서 틀린 문제를 출제한다면 제대로 된 대답을 내놓을 수 없는 것이다. 내 동료들은 내게 예배의식과 내 개인적인 경험에 관하여 질문을 하고 있었지만, 얼마 전까지만 해도 이방인과 다름없던 내게 다른 교단의 예배에서 사용하는 찬송들이 부르고 싶지 않느냐고 묻는 것은(북미의 개혁장로교단은 시편을 가사로 하여 영창을 한다. -옮긴이) 식인종에게 두부가 먹고 싶지 않느냐고 묻는 것과 다름없다. 나는 예배의식은 이러해야 한다는 정해진 틀을 가지고 있지 않다. 애초에 모든 예배의식은 내게 낯설고 불편한, 내가 일찍이 경험해 보지 못한 것들이었다. 밴후저의 책은 내가 잘못된 질문들에 더 이상 얽매이지 않고 바른 질문에 집중할 수 있게 해주었다.

결국 올바른 질문은 이것이다. 예배를 위한 성경적인 지침이 우리에게 있는가? 하나님께서 우리에게 특정한 삶의 방식을 요구하신다면, 그것은 예배까지를 포함하는가? 세상 속에서 크리스천으로 살아간다는 것은 말씀을 면도날로 가르듯 세밀하게 해석하며 살아가는 것을 의미하며, 거기엔 많은 창의성이 필요하다. 유창하다는 것은 창의적이고 속어적이며 현재적이다. 그렇다면 하나님을 경배하는 데에 내 성서적 유창함은 예배의식에 창의적으로 첨가할 여지가 있을 때 더 강화되는가, 혹은 그렇지 않은가? 우리 교단의 예배가 다른 예배들보다 더 나은가? 하나님은 예배에서 발휘된 우리의 창의성에 기뻐하시는가? 하나님은 얼마나 우리가 창의적이기를 원하시는가? 물론 해석은 중요하고 또 그만치 어렵다. 하지만 하나님을 특정한 방식으로 예배하기 위한 성경적인 근거가 있는 것일까? 만약 그렇다면 하나님은 얼마나 엄격하게 그 한계를 정해놓으신 걸까? 이런 질문들은 성경에 나타난 몇 가지 근본적인 가르침들의 해석학적 이해를 통해서만 답할 수 있다. 즉 '오직 성경'(Sola Scriptura)이라는 원칙과 그것의 논리적인 결과물인 '예배의 규정적 원리'(Regulative Principle of Worship: 하나님을 섬기는 데에 필요 충분한 도리들이 성경에 계시되어 있다는 개혁자들의 '오직 성경' 정신과 연관이 있는 것으로, 하나님께 예배할 때 지켜야 할 원칙을 성경이 계시하고 있다는 사상 및 그 구체적 내용들을 가리킨다. -옮긴이)가 그것이다. 이런 질문들에 답하기 위해서 나는 구문 연구에 필요한 다른 수단들, 즉, 정경성('오직 성경'을 이해하기 위한)과 장르(시편 전용론[Exclusive Psalmody: 예배 안에서는 시편찬송 외에는 어떤 찬송도 사용해서는 안 된다는 입장-옮긴이]을 이해하기 위한)에 집중을 해야 했다.

내가 지나치게 전문적인 문헌 연구 장치들을 사용하는 것처럼 보일지 모르겠지만 나는 영문학 교수로 전문적인 훈련을 받아왔고, 따라서 원문에 대한 존중과 더불어 어떻게 문헌이 형성되었는지에 대해 깊은 관심을 가질 수밖에 없다. 하지만 이 문제들은 단순히 내가 전문가이기 때문이 아니라 크리스천으로서도 답을 해야 할 문제였다. 우리는 예수님을 따른다. 예수님은 요한복음에 나타난 대로 "말씀이 육신이 되어 우리 가운데 거하시는" 분이다(요한복음 1:14). 많은 크리스천들이 말씀으로서의 예수님, 문헌으로서의 성경의 중요성을 간과해

온 것은 안타까운 일이다. 나는 이런 문헌적 장치들이 예수 그리스도께서 어떤 분이고 어떤 일을 행하셨는지를 이해하고, 예배를 통해 그분께 나아가는 데에 아주 중요하다고 생각한다.

나는 먼저 '정경성'이라는 장치와 브라이언 슈워틀리의 「오직 성경, 그리고 예배의 규정적 원리」를 연구하기 시작했다. 슈워틀리는 가차 없이 타인들을 회화화한다. 하지만 그의 책은 많은 것을 말해준다. 호되게 공격을 당하더라도 하나님의 은혜 가운데 자라갈 수 있다면 나는 아무 이의가 없다. 슈워틀리의 주장의 요점은 이것이다. 예배를 규정하는 원칙은 '오직 성경'(성경은 그 자체로 권위가 있고 완벽하고 온전하고 충분하다는 믿음)이라는 정신의 결과물이다. 이 원칙에는 성경의 근거가 되는 구문들과 이에 대한 해석학적 접근이라는 요소들이 포함된다. 슈워틀리가 제시하는 근거 구문들은 아래와 같다.

> 내가 너희에게 명령하는 말을 너희는 가감하지 말고 내가 너희에게 내리는 너희 하나님 여호와의 명령을 지키라. (신명기 4:2)

> 너는 그의 말씀에 더하지 말라. 그가 너를 책망하시겠고 너는 거짓말하는 자가 될까 두려우니라. (잠언 30:6)

> 내가 너희에게 명령하는 이 모든 말을 너희는 지켜 행하고 그것에 가감하지 말지니라. (신명기 12:32)

이런 구절들로부터 예배에 대한 어떤 원칙들을 도출할 수 있을까? 하나님께서 성경을 통하여 우리에게 어떻게 살아가야 하는지를 가르치신다면, 하나님은 또한 그의 성경을 통하여 우리가 어떻게 그분께 예배를 드려야 하는지도 가르치고 계신다는 것도 원칙적으로 맞는 말이다. 예배를 규정하는 것이 성경의 특정한 구절이 아니고 성경 전체에 흐르는 원칙—가장 중요한 생각—이라는 것이 중요하다. 성경의 세부 사항들을 걸러내듯 살피면서도 성경 전체를 다루어야 규정적인 원칙을 찾을 수 있다. 불신자들이 점성술 책을 읽듯 성경을 읽는다면 거기에서 아무런 원칙도 발견할 수 없을 것이다.

비록 성경은 아무 오류가 없지만 '오직 성경'의 교리는 "정경이 완성되기 전에 하나님께서 다양한 수단을 통해 계시를 하셨을 가능성"을 부정하지 않으며(슈워틀리), "정경에 포함되지 않은 많은 역사적인 사건들을 통해 계시들이 있었을 가능성"도 부인하지 않는다. 다시 말하자면 성경은 '정경화'되었다. 즉, 신적인 섭리에 의해 특정한 문헌들에 정경의 권위가 부여되었다는 것이다. 그것은 섭리에 의해 다른 문헌들이 정경에서 배제되었음을 뜻한다. 성경은 하나님의 신성한 힘이 사람들로 하여금 문헌을 편집하게 함으로써 존재하게 되었다. 바로 여기에서 커다란 지적인 결단이 필요하다. 즉, 성경만이 하나님이 직접 편집을 하신 유일한 책이라는 것을 인정해야 하는 것이다. 하지만 성경이 진리이기는 하지만 우리가 세상에서 알아야 할 모든 것을 포함하고 있지는 않다. 하나님은 우리가 각자의 경험에서도 배우기를 원하신다. 그렇다면 다음과 같은 의문들이 떠오르게 된다. 그러면 예배의

식도 우리의 삶의 경험, 취향, 문화적 가치들로부터 도출되어야 하는 가? '오직 성경'이라는 교리를 믿는다면 우리는 그런 질문들에 '노'라고 대답을 해야만 한다. 예배는 삶과 구분되며 예배의 규준은 성경에서 찾아져야 한다. 즉, 자연계시가 아닌 신적인 계시에서 예배의 규준이 도출되어야 하는 것이다.

이런 주장은 언뜻 받아들이기 어려울 수도 있다. 예배는 하나님의 권능에 의해 규정되기에 우리는 예배드릴 때 하나님께서 명하신 바만 행해야 하고 조금도 그것에 더해서는 안 된다. 그렇다고 이 교리가 삶으로부터 우리가 배우는 것의 가치를 부인하는 것은 아니다. 우리 모두는 하나님의 섭리대로 각자의 삶의 고통, 투쟁, 기쁨에서 교훈을 얻으려고 노력해야 한다. 이 교리는 성스러운 예배를 위해, 예배를 보호하기 위해 단지 그 둘레에 특별한 경계만을 설정할 뿐 하나님께 대한 예배에 담을 쌓는 것은 아니다. 우리의 예배의식이 좀 더 하나님 중심적인 것이 될수록 우리의 삶은 은혜 중심적일 수 있다. 예배는 지금 우리가 어떻게 살아야 할지, 그리고 장차 하늘나라에서 어떻게 하나님을 영화롭게 할지를 미리 연습하는 것이다. 예배는 그저 우리의 기분이 좋아지도록 일요일 아침마다 행하는 행사가 아니다. 예배의 규정적 원리를 준수하는 것은 중요한 문제를 중요하게 강조하는 것이다. 개혁장로교회에서는 코미디언 같은 목사나 눈요깃거리들, 즉 요란한 밴드, 촌극, 비디오 상영, 창작댄스 등을 볼 수 없을 것이다. 예수님이 그곳에 임재하시어 함께 예배를 드리고 성령님이 우리에게 힘을 주시며 하나님이 영화를 받으시든지 그렇지 않으면 그냥 무위든지 둘 중 하나일 뿐이다.

마지막으로 나는 개혁장로교의 독특한 예배의식으로서 다른 교단 사람들에게 가장 큰 비난을 자주 받는 시편영창을 제대로 이해하기 위해 장르라는 문학 장치를 살펴보았다. 마이클 부셀의「시온의 노래」는 시편 찬송에 대한 개혁장로교회의 입장을 내가 제대로 이해할 수 있도록 큰 도움을 주었다. 예배의 규정적 원리를 이해하는 데는 정경이라는 문학적 장치를 살펴봐야 한다. 이때의 정경은 성경을 말한다. 마찬가지로, 예배 시에 다른 모든 음악을 배제한 채 시편영창을 하는 것을 이해하기 위해서는 장르라는 문학적 장치를 살펴봐야 한다. 성경의 모든 책은 다른 책들과 마찬가지로 장르별로 묶여 있다. 장르는 '문헌의 특정한 형태나 목적을 보여주는 스타일이나 카테고리'를 말한다. 장르라는 단어와 성(gender, 性)이라는 단어는 어원이 같다. 성(性)이 특정한 목적을 가지고 있듯 장르도 특정한 목적을 지니고 있는 것이다. 우리가 성경 속에 포함된 책들의 장르에 관심을 가진다면 '당연히 그래야 한다.' 우리는 다음과 같은 의문을 가질 수밖에 없다. "하나님께서 우리에게 이미 찬양의 노래들을 주셨다면 우리가 감히 거기에 무엇을 덧붙일 자격이 있는가?" 부셀은 전적인 시편영창만이 '오직 성경' 정신의 논리적인 귀결이라고 결론을 내린다. 그 첫 번째 이유는 우선 정경 안에 있는 시편이라는 장르의 중요성 때문이고, 두 번째로는 요한복음 17장의 대제사장으로서의 예수님의 기도에 드러나 있듯 오직 하나님의 말씀만이 우리의 삶을 이끄시고 우리의 소원과 기도를 순전하게 하시기 때문이다. 예수님은 그분의 기도에서 하늘에 계신 하나님 아버지께 다음과 같이 간구하신다.

> 그들을 진리로 거룩하게 하옵소서. 아버지의 말씀은 진리니이
> 다. 아버지께서 나를 세상에 보내신 것같이 나도 그들을 세상
> 에 보내었고 또 그들을 위하여 내가 나를 거룩하게 하오니 이
> 는 그들도 진리로 거룩함을 얻게 하려 함이니이다. (요한복음
> 17:17-19)

  시편은 하나님의 말씀이다. 찬송과 찬양이 크리스천의 삶이라는 주
제를 담고는 있지만 위의 성경말씀에서 볼 수 있듯 우리는 오직 말씀
에 의해 성결함을 입는다. 그 주제는 교육을 하고 나름의 정보를 제공
하지만 오직 말씀만이 우리를 성화하고 우리의 삶을 이끌고 분별하게
하고 정죄를 한다.

> 하나님의 말씀은 살아 있고 활력이 있어 좌우에 날선 어떤 검
> 보다도 예리하여 혼과 영과 및 관절과 골수를 찔러 쪼개기까
> 지 하며 또 마음의 생각과 뜻을 판단하나니. (히브리서 4:12)

  살아 계셔 하나님의 우편 보좌에 앉으신, 우리를 위해 탄원하시고
우리가 하나님을 예배할 때 우리와 함께 찬양을 하시는 예수님 덕분
에 우리와 개인적인 관계를 맺으시고 우리를 긍휼히 여기시며 우리의
매일, 순간순간의 삶에 개입하시는 하나님을 우리가 믿고 있다는 것

을 알 수 있다. 예배를 할 때 우리와 함께 예수님이 부르시는 노래는 어떤 것일까? 2천 년 전에 그가 부르셨던 노래는 무엇이었던가? 그건 바로 시편이다.

시편은 (질문을 하고 그에 답을 하는) 대화체로 되어 있기 때문에 시편을 노래한다는 것은 각자의 소명에 대한 목적, 의미, 은혜에 대해서 배운다는 것을, 우리를 이끄시는 주님의 변치 않는 손길과 항상 함께 산다는 것을 뜻한다. 시편의 각 구절은 미적 감각으로 채워져 있다. 시편의 각 구절은 하나님의 영광을 반영하므로 시편영창은 크리스천의 삶을 아름다움의 심포니로 만든다. 시편을 지으신 하나님의 손길은 우리가 어둠과 고통의 시기를 지날 때에도, 삶의 심포니가 불협화음을 낼 때에도 크리스천의 삶을 이끌어 조화롭게 하신다.

우리의 예배와 삶 중에서 시편영창을 하면 우리는 고통을 겪을 때도 그것을 통해 말씀하시는 하나님을 만날 수 있다. 시편은 우리의 심중에서 방향을 제시하고 궤도를 수정하고 훈계를 하고 격려를 하는 노래이다. 시편영창은 공허한 반향을 가져오는 법이 없기 때문에 우리는 가사를 듣고 그에 반응을 하며 하나님께서 우리를 가르치고자 하시는 대로 은혜 속에서 자라며 성화의 길을 가는 것이다.

시편은 그리스도의 말씀이다. 그리스도는 사람이 된 말씀(로고스)이시고 예수님이 자신을 사람이 된 말씀(사람이 된 주제나 사람이 된 부연 설명이 아닌)이라고 하셨기에 우리는 그분을 말씀 그대로 믿는다. 우리는 하나님의 말씀을 수정하거나 부연하려 하지 않는다. 그보다 우리는 그 말씀을 살아내려 노력한다. 우리는 우리의 삶을 기쁨으로 채

우시는 그 말씀을 살아간다. 우리는 두려울 때 그 말씀을 산다. 우리는 그분의 은혜 안에서 그 말씀을 산다. 우리는 그 말씀을 살고 그 말씀은 우리 각자의 삶의 시험들과 실망스러운 경험들을 통해 유지되신다. 우리는 그 말씀을 살고 그 말씀은 우리를 통해 역사하시는 변치 않는 거룩한 성령의 존재를 통해 유지되신다. 그 말씀은 구주의 아프고 튼 발에 부어지고 자신의 머리카락으로 닦아낸 마리아의 향유처럼 감각을 통해 깨달아질 수 있다. 어디를 가든 마리아에게는 변치 않는 주님의 임재와 그를 향한 그녀의 사랑의 증표가 따랐다. 우리가 시편을 영창할 때 우리는 그런 신실한 주님의 임재와 심미적인 것을 손에 잡듯 느낄 수 있다.

나는 이런 귀중한 자료를 연구하는 첫 단계에 이르렀을 뿐이다. 아주 풍요로운 연구 영역이어서 나는 여전히 연구를 멈추지 않는다. 아니, 연구를 하면 할수록 나는 하나님께서 그분을 예배하는 데에 인간의 모든 작위적인 노래들을 배제하고 시편을 영창하라고 명하셨다는 생각이 든다.

내게 그렇게 중요한 책들을 소개해 주고 내 영적인 질문과 필요에 답을 제시해 준 켄트 버터필드를 기억하는가? 내가 가장 좋아하는 19세기 여주인공 제인 에어의 말을 빌려 그에 관해서 내가 할 말은 이 한마디다.

"여러분, 나는 그와 결혼을 했어요."

4장

가정을
이루다

펜실베이니아 주 비버폴즈와 버지니아 주 퍼셀빌, 2002-2009

만약 그가 허락만 한다면 나는 책 한 권을 켄트 버터필드에 대한 내용으로 채울 수도 있을 것이다. 그의 부드러운 갈색 눈동자가 얼마나 순식간에 나를 평안하게 만드는지, 내 등을 감싼 그의 손길이 하루 동안의 긴장을 얼마나 눈 녹듯 사라지게 하는지, 그의 짓궂은 장난에 내가 얼마나 쉽게 속아 넘어가는지 등을 글로 옮기자면 끝이 없을 것이다. 한번은 어려움에 처한 두 가정을 두 주 연속으로 집에 머물게 했었다. 그들 중에 한 사람은 내가 화장실에 있을 때조차 끊임없이 나를 찾아와 팸퍼드 셰프 마늘 분쇄기나 빵틀, 전기밥솥, 정수기 필터 등 시시콜콜 자신이 필요한 것을 찾아달라고 부탁했다. 그녀가 떠나고 난 뒤 모처럼 자유를 만끽하기 위해 화장실 문도 잠그지 않은 채 긴 샤워를 즐기고 있었다. 그때 갑자기 화장실 문이 열리고 쏟아져 들어오는 차가운 공기와 함께 낯선 음성이 들려왔다. "버터필드 사모님? 혹시 윌리엄소노마 카푸치노 제조기가 어디에 있는지 아세요?" 내가 놀라 비명을 지르자 켄트가 웃으면서 자신임을 밝혔다. 그의 손길이 내 등에 일어나는 경련을 잠재울 수 있다는 건 참 다행스런 일이다. 그의 익살스러운 장난기는 목회와 가정생활로 긴장된 우리의 삶을 이완시켜 준다.

켄트는 내 남편이자 제일 친한 친구, 평생에 걸친 기도 파트너, 그리고 내 진실한 사랑이다. 하지만 아쉽게도, 켄트 버터필드에 대해 글을 쓰는 것은 이쯤에서 멈춰야 할 것 같다. 자신에 관해 더 많은 글을 쓰는 것을 허락하기에는 그가 지나치게 겸손하고 점잖다. 아니, 어쩌면 자신의 실생활이 온 세상에 드러나는 것을 매우 두려워하고 있는지도 모르겠다. 어쨌든, 이제 다시 우리의 이야기로 돌아갈 때가 된 것 같다.

나 같은 여자가 어떻게 결혼을 할 수 있었을까? 과거의 나만큼 결혼에 대해 부정적인, 심지어 그것을 위험한 제도로 여겼던 여자를 찾아보기도 힘들 것이다. 우파 종교인들을 연구하던 때인 1990년대 초 나는 크리스천 여성들을 위한 잡지를 몇 가지 구독했었다. 내가 가장 재미있게 읽은 잡지는 「아담의 갈비뼈」(Adam's Rib)였는데 프러미스 키퍼스가 발행하고 있었다. 나와 레즈비언 친구들은 함께 그 잡지를 들여다보며 배꼽을 잡곤 했다. 아직 뇌세포가 몇 개라도 살아 있는 사람들이라면 어떻게 이런 생각들을 하며 살 수 있는지 이해할 수 없었다. 책에 실린 사진들은 마치 19세기 풍경을 찍은 것 같았고 책에 실린 글들은 여자들이 바지를 입어도 좋은 걸까, 여자들도 대학교육을 받아야 할까, 수정 헌법 제19조(미국 시민이 성별에 따라 투표권을 보장받지 못한 것을 예방하기 위해 수정한 헌법-옮긴이)는 폐지되어야 하지 않을까 따위의 내용들을 다루고 있었다. 「아담의 갈비뼈」를 읽고 있으면 18세기 최초의 여성해방운동가였던 울스턴크래프트의 말대로 결혼은 노예제도에 불과하다는 사실이 명백했다. 물론 「아담의 갈비뼈」라는 잡지 제목 자체도 우리에게는 코믹하기 짝이 없었지만.

그리스도의 소유로 변하기 전에 내가 갖고 있던 결혼에 대한 생각은, 결혼은 위험한 것이기에 무슨 수를 써서라도 피해야 하는 제도였다. 게이들 간에 결혼을 한다는 이야기가 돌 때조차 나는 "왜 멀쩡한 사람들이 그런 이상한 제도에 얽매이려 하는 거지?" 하고 의문을 표했다.

아담의 갈비뼈, 결혼을 하다

켄트와 나는 2001년 5월 19일, 켄트가 졸업한 신학교에서 졸업식 다음 날 결혼을 했다. 식은 수수하게 진행되었다. 음식도 샘스클럽에서 사온 냉육과 스위트 아이스티가 다였다. 꽃장식조차 우리는 전날 졸업식에서 조심스럽게 사용된 꽃들을 다시 사용했다.

우리의 결혼식은 브루스 백켄스토 목사님과 더그 커민 목사님이 진행을 했는데, 더그 목사님은 켄트가 요청했고 브루스는 내가 요청했다. 내가 더그 목사님을 만나기 전, 그와 안면이 있던 내 동료가 "로자리아, 네가 기독교인이 되기 전에 더그 목사님을 만났다면 그는 다짜고짜 돌로 너를 치려 했을 거야"라고 겁을 주었었다. 하지만 실제로 더그를 만나고 그의 설교집들과 책들을 읽고 그의 설교를 듣고 그의 가족을 알게 된 후에는 왜 그 동료가 그런 말을 했는지 이해할 수가 없었다. 더그는 주관이 뚜렷한 훌륭한 학자였다. 나도 대학원에 다닐 때 페퍼로니피자를 먹을 때조차 피자에 대해 그럴듯한 이론을 만들어 내고 까다로운 인터뷰를 눈 깜짝하지 않고 몇 건이건 해내던 더그와 같은 친구들을 본 적이 있다. 더그 목사님은 아주 총명했고, 특히 죄의 기미가 느껴지는 곳을 찾아내고 지적하는 능력은 놀라웠다. 그는 적절한 성경말씀들을 삶에 적용하되 지적으로 치우치거나 경험으로 기울지 않으면서 동시에 더 깊은 울림을 느끼게 하는 능력이 있었다. 더그와 함께 있는 사람들은 서서히 그의 신실함에 영향을 받을 수밖에 없었고, 그들 역시 더그에게 같은 반향을 일으키게 마련이었다.

개혁장로교회에서 거행되는 결혼식 가운데는 '성경적 권면'이라는 특별한 순서가 있었다. 그 시간에는 목사님이 신랑과 신부에게 결혼이라는 제도를 만드신 하나님의 깊으신 뜻을 기억하라고 권면한다. 더그 커민 목사님의 허락하에 그가 우리에게 전해준 성경적 권면을 옮겨본다.

사랑하는 여러분, 저희는 오늘 남과 여, 두 성 사이의 행복과 안락을 위해 인간적인 지혜로 고안된 사회적 관습을 지키기 위해 이 자리에 모인 것이 아닙니다.

그렇다고 과거로부터 우리에게 전해져 내려온, 그리고 우리가 지킬 가치가 있다고 생각하는 전통에 참여하기 위해 이 자리에 모인 것도 아닙니다.

저희는 창조주이자 구세주이신 하나님께서 제정하시고 그분의 권능으로 인치시고 주관하시는 성스러운 제도, 그의 백성들이 겸손히 복종하는 마음으로, 하지만 동시에 주님께서 예비하신 행복과 완성에 기뻐하며 들어서는 결혼이라는 성스러운 제도를 인정하고 기념하고 거룩하게 지키기 위해 이 자리에 모였습니다.

결혼을 그저 사회적인 관습이나 사람에 의해 발명된 전통으로 오해하는 데서 이 성스러운 관계가 오염되게 되고 입에 담기도 힘든 부도덕이 범람하게 되며, 남편들과 아내들 사이에 갈등이 생기고 결국 문명과 사회가 점차 와해되는 결과를 낳게 되는 것입니다.

만약 결혼이 단지 사람들의 권위에 의해 존재한다면 사람들은 자신들이 원하는 대로 그 제도를 지키거나 남자든 여자든 자신들이 좋은 대로 행동을 할 수도 있을 것입니다. 결혼을 새롭게 정의 내리거나 아예 철폐할 수도 있을 것입니다. 하지만 결혼이 신성한 제도라면, 그것이 하나님께서 주관하시는 제도라면, 그것은 복종의 문제가 되며 결혼생활을 하는 남편과 아내의 행동은 하나님께 책임을 져야 하는 행동이 됩니다.

그러므로 결혼의 원형적인 의미를 되새기는 것은 우리가 결혼을 이해하고 각자의 결혼생활을 돌아보며 바른 결혼생활을 하는 데에 기본이 됩니다.

결혼이 성스러운 제도라는 것은 하나님의 기록된 계시의 말씀 서두에서 강조가 됩니다. 인간 창조의 과정은 하나님에 의해 결혼이라는 제도가 만들어졌을 때 비로소 완성되었습니다.

> "여호와 하나님이 이르시되 '사람이 혼자 사는 것이 좋지 아니하니 내가 그를 위하여 돕는 배필을 지으리라' 하시니라. 여호와 하나님이 흙으로 각종 들짐승과 공중의 각종 새를 지으시고 아담이 무엇이라고 부르나 보시려고 그것들을 그에게로 이끌어 가시니 아담이 각 생물을 부르는 것이 곧 그 이름이 되었더라. 아담이 모든 가축과 공중의 새와 들의 모든 짐승에게 이름을 주니라. 아담이 돕는 배필이 없으므로 여호와 하나님이 아담을 깊이 잠들게 하시니 잠들매 그가 그 갈빗대 하나를 취하고 살로 대신 채우시고 여호와 하나님이 아담에게서 취하신 그 갈빗대로 여자를 만드시고 그를 아담에게로 이끌어 오시니 아담이 이르되 '이는 내 뼈 중의 뼈요 살 중의 살이라. 이것을 남자에게서 취하였은즉 여자라 부르리라' 하니라. 이러므로 남자가 부모를 떠나 그의 아내와 합하여 둘이 한 몸을 이룰지로다." (창세기 2:18-24)

이 말씀들 가운데는 중요한 진리들이 깃들어 있지만 정해진 시간 안에 모두 다루기가 힘들어 몇 가지 오늘 주제와 관련한 중요한 사실들만을 살펴보겠습니다.

1. "사람이 혼자 사는 것이 좋지 아니하니"라는 말씀을 살펴봅니다. 남자는 완성된 존재가 아니었습니다. 그를 완성된 존재로 만들기 위해서는 아내가 필요했습니다. 남편과 아내는 그저 거처를 함께하는 독립적인 개인들이 아닙니다. 두 사람은 서로에 의지하며 서로를 완성해 가는 존재들입니다. 사도 바울은 남녀는 서로에게 의존해야 하는 존재라는 진리에 대해 다음과 같이 기술하였습니다.

"그러나 나는 너희가 알기를 원하노니 각 남자의 머리는 그리스도요 여자의 머리는 남자요 그리스도의 머리는 하나님이시라. 무릇 남자로서 머리에 무엇을 쓰고 기도나 예언을 하는 자는 그 머리를 욕되게 하는 것이요 무릇 여자로서 머리에 쓴 것을 벗고 기도나 예언을 하는 자는 그 머리를 욕되게 하는 것이니 이는 머리를 민 것과 다름이 없음이라. 만일 여자가 머리를 가리지 않거든 깎을 것이요 만일 깎거나 미는 것이 여자에게 부끄러움이 되거든 가릴지니라. 남자는 하나님의 형상과 영광이니 그 머리를 마땅히 가리지 않거니와 여자는 남자의 영광이니라. 남자가 여자에게서 난 것이 아니요 여자가 남자에게서 났으며 또 남자가 여자를 위하여 지음을 받지 아니하고 여자가 남자를 위하여 지음을 받은 것이니 그러므로 여자는 천사들로 말미암아 권세 아래에 있는 표를 그 머리 위에 둘지니라. 그러나 주 안에는 남자 없이 여자만 있지 않고 여자 없이 남자만 있지 아니하니라. 이는 여자가 남자에게서 난 것같이

남자도 여자로 말미암아 났음이라. 그리고 모든 것은 하나님
에게서 났느니라." (고린도전서 11:3-12)

2. 하나님은 아담 자신이 불완전한 존재임을 자각하게 하셨습니
다. 하나님께서 그에게 아내를 데려오시기 전에 그로 하여금 자신
이 부족한 존재임을 자각하게 하실 필요가 있으셨던 것입니다. 그
런 과정이 없었다면 아담은 그의 아내를 있으면 좋지만 없어도 그
만인, 그에게 본질적으로 필요한 존재는 아니라고 생각할 수도 있
었을 것입니다. 즉, 그가 취할 수도 있고 취하지 않을 수도 있는 존
재로 아내를 여겼을 것입니다. 하지만 하나님은 아담을 준비시키셔
서 자신의 완성을 위해 필요한 존재로서 아내를 받아들이고 대우하
게끔 하셨습니다.

3. 아담은 결혼이라는 제도에 대해 철저히 수동적이었습니다. 하나
님은 그를 깊은 잠에 빠지게 하셨고 그가 잠든 사이에 그를 완전하
게 해줄 여자를 창조하셨습니다. 결혼은 하나님이 만드신 제도이기
때문에 결혼은 하나님의 뜻에 부합해야 합니다.

4. 하나님은 여자를 '특별한' 관심을 두고 만드셨습니다. 그것은 그
녀가 하나님의 형상을 본떠 만들어진 창조물로서 특별한 본성을 가
졌다는 것을 보여줍니다. 누군가 다음과 같은 글을 써놓은 것을 본
적이 있습니다. "여자들은 오래전부터 짓밟힘을 받아왔다. 특히 이

방 민족들의 경우에는 더욱 그러했다. 그들은 남자들이 소유한 가축들이나 크게 다를 바가 없었다. 교회 안에서조차 여인들은 남자들이 가하는 어떤 능욕도 감수해야 하는 열등한 창조물이라는 생각이 지배적이었다. 남자들은 그들이 여자들의 머리이므로 여자들을 무시하는 것이 경건한 일인 양 생각을 했다. 그런 모든 생각과 관행은 여성이 존엄한 존재로서 창조되었다는 사실에 의해 설 자리를 잃었다."

5. 여자는 흙이나 먼지가 아닌 남자의 본질로 창조가 되었습니다. 아담은 하와를 "내 뼈 중의 뼈요 살 중의 살"이라고 인식했습니다. 예수님은 이런 진리와 그 의미를 다음과 같이 강조하셨습니다.

> "예수께서 대답하여 이르시되 '사람을 지으신 이가 본래 그들을 남자와 여자로 지으시고 말씀하시기를 그러므로 사람이 그 부모를 떠나서 아내에게 합하여 그 둘이 한 몸이 될지니라' 하신 것을 읽지 못하였느냐." (마태복음 19:4-5)

남편과 아내 사이의 신비하고 밀접한 결합은 하나님이 만들어 놓으신 것이기에 이혼이든 사별이든 결혼을 해체하는 데는 큰 고통과 황폐함이 따르게 됩니다. 남편과 아내를 갈라서게 하는 것은 몸의 일부를 잘라내는 것과 마찬가지입니다. 이런 사실은 남편과 아내가 서로를 어떻게 대해야 할지를 알려주는 것이기도 합니다.

창조의 이야기는 서로 완벽한 존재가 되도록 보완해 줌으로써 남편과 아내 모두에게 선이 되는 신성한 제도로서의 결혼에 대한 근거를 제시합니다. 하지만 이런 결합에서 남녀가 발견하는 행복보다 더 중요한 사실은 결혼이 하나님의 형상을 더욱 충실히 드러내기 위한 제도라는 것입니다. 창세기 1장 27절의 말씀에는 "하나님이 자기 형상 곧 하나님의 형상대로 사람을 창조하시되 남자와 여자를 창조하시고"라고 기록되어 있습니다.

성경말씀에 결혼을 통한 남자와 여자의 결합은 반영 또는 형상 또는 하나님과 그의 백성들 간의 관계로 묘사됩니다. 구약성경에는 하나님께서 이스라엘을 그와 정혼한 신부라고 말씀하십니다. 신약성경은 교회를 그리스도의 신부라고 묘사합니다. 바울은 이런 사실들에 기초하여 크리스천 남편들과 아내들에게 다음과 같이 서로에 대한 의무를 다하라고 권면합니다.

"아내들이여, 자기 남편에게 복종하기를 주께 하듯 하라. 이는 남편이 아내의 머리됨이 그리스도께서 교회의 머리됨과 같음이니 그가 바로 몸의 구주시니라. 그러므로 교회가 그리스도에게 하듯 아내들도 범사에 자기 남편에게 복종할지니라." (에베소서 5:22-24)

바울의 권면은 아내가 남편에게 복종하기를 "주께 하듯" 하라는 말로 시작됩니다. 아내들은 남편에게 복종을 하라고 말합니다. 성경

말씀에 의하면 아내가 남편에게 이렇게 순종과 복종을 해야 하는 이유는 아내가 그리스도께 순종하는 교회의 산 모형이기 때문이라고 합니다. 아내가 남편에게 순종하기를 거부한다면 그리스도께 대한 교회의 관계도 세상 앞에서 틀어지게 됩니다.

순종은 내면의 자세를 말합니다. 따라서 그것은 눈에 보이지 않고 비밀스럽습니다. 복종은 아내의 행동에서 보이듯, 순종이 밖으로 드러난 모습입니다. 아내는 겉으로는 남편에게 복종할지라도 안으로는 그를 멸시할 수도 있습니다. 그럴 경우 밖으로 나타나는 모습이야 어쨌건 그녀는 남편에게 순종을 하는 것이 아닙니다. 그런 경우, 그녀는 종교적인 활동을 하는 모습은 흉내 내지만 마음속으로는 그리스도께 아무런 관심이 없는 사람들과 다를 바가 없습니다. 하나님이 기뻐하시는 진정한 신앙은 마음으로부터의 겸손한 순종에서 우러나는 복종입니다. 그에 미치지 못하는 것은 모두 위선입니다. 마찬가지로 남편에 대해 아내의 마음에서 우러나는, 그래서 남편의 뜻에 대한 복종으로 드러나는 겸손한 순종은 주를 기쁘시게 하며 그리스도와 교회의 아름다운 관계를 묘사하게 됩니다.

하지만 이것은 아내가 남편이 말하는 모든 것에 따라야 한다는 뜻은 아닙니다. 바울은 아내의 순종이 "주 안에서" 이뤄져야 한다고 말합니다. 만약 남편이 그녀에게 하나님께 죄를 짓기를 요구한다면 그녀는 남편에게 순종을 하지 않아도 됩니다. 하지만 하나님의 말씀을 거역하는 것이 아닌 한 아내는 남편의 말을 가로막거나 반대하거나 반박해서는 안 됩니다. 하나님의 뜻 안에서 그녀는 남편에게 교회가 하나님께 대하듯 해야 하는 것입니다. 교회는 그리스도를 다스리는 머리가 아니라 순종하는 몸입니다. 아내도 남편에 대해 그렇게 해야 합니다.

"하지만 내 남편이 터무니없는 요구를 하면요?" "남편이 아무 생각이 없는 사람일지라도 그의 말에 순종하고 따라야 하나요?" 그리스도께서는 그러시지 않겠지만 남편들에게 적용할 때는 나올 수 있는 질문입니다.

> "아내들아, 이와 같이 자기 남편에게 순종하라. 이는 혹 말씀
> 을 순종하지 않는 자라도 말로 말미암지 않고 그 아내의 행실
> 로 말미암아 구원을 받게 하려 함이니 너희의 두려워하며 정결
> 한 행실을 봄이라." (베드로전서 3:1-2)

하나님의 말씀은 분명합니다. 만약 남편이 신앙인이 아니더라도 그를 당신의 뜻에 따르도록 강요하는 것이 아니라 자신의 겸손한 행위로 모범을 보임으로써 "말로 말미암지 않고"도 그를 설득하여 주님께 복종하도록 해야 합니다.

베드로가 말하는 "두려움"은 남편에 대한 두려움이 아니라 하나님께 대한 두려움을 말하는 것입니다. 이것이 바로 솔로몬이 덕이 있는 여인을 "고운 것도 거짓되고 아름다운 것도 헛되나 오직 여호와를 경외하는 여자는 칭찬을 받을 것이라"(잠언 31:30)라고 묘사한 이유입니다.

하나님을 두려워하는 아내에게는 하나님의 말씀이 그녀 때문에 욕을 당하지 않도록 하는 것이 중요합니다. 바울은 디도에게 보내는 글에서 교회에서 젊은 여인들이 "신중하며 순전하며 집안일을 하며 선하며 자기 남편에게 복종(디도서 2:5)하게 하라. 이는 하나님의 말씀이 비방을 받지 않게 하려 함이라"라고 했습니다.

바울은 결혼생활에서 아내의 행동이 그리스도께 대한 교회의 자세를 보여준다고 이해했습니다. 분별이 없고, 남편에게 충실하지 않고 혼자서 모든 일을 처리하고 남편을 돕지도 그에게 복종하지도 않는 아내는 그리스도의 영광을 가리는 것입니다.

그러므로 모든 아내는 다음과 같은 인식하에 행동해야 할 것입니다. 즉 그들은 모두 하나님 앞에서, 남편들 앞에서, 세상 앞에서 그리스도께 대한 교회의 겸손한 자세를 보여주는 사람들입니다.

남편들에 대해 바울은 이렇게 말씀하고 있습니다.

"남편들아, 아내 사랑하기를 그리스도께서 교회를 사랑하시고 그 교회를 위하여 자신을 주심같이 하라. 이는 곧 물로 씻어 말씀으로 깨끗하게 하사 거룩하게 하시고 자기 앞에 영광스러운 교회로 세우사 티나 주름 잡힌 것이나 이런 것들이 없이 거룩하고 흠이 없게 하려 하심이라. 이와 같이 남편들도 자기 아내 사랑하기를 자기 자신과 같이 할지니 자기 아내를 사랑하는 자는 자기를 사랑하는 것이라. 누구든지 언제나 자기 육체를 미워하지 않고 오직 양육하여 보호하기를 그리스도께

서 교회에게 함과 같이 하나니." (에베소서 5:25-29)

다시 한 번 바울은 그리스도와 그의 교회 사이의 관계에 비추어 권면을 합니다. 특별한 점은 아내들과의 관계에서 남편들이 교회의 자리가 아닌 그리스도의 자리에 있다는 것입니다.

그 말씀을 읽은 남편들의 자만심은 즉시 고개를 들 것입니다. 정말 좋은 말씀이군! 내가 머리라는 말이지! 내가 이 집에서 제일 높은 사람이야! 내가 명령을 하면 아내는 내 말대로 해야만 해! 하지만, 잠깐! 성경말씀은 "남편들이여, 그리스도가 교회를 다스리는 것처럼 아내를 다스리시오"라고 말하지 않습니다. 성경말씀에는 "남편들아, 아내 사랑하기를 그리스도께서 교회를 사랑하시고 그 교회를 위하여 자신을 주심같이 하라"라고 쓰여 있습니다. 여기서 우리가 먼저 이해해야 할 것은 '사랑'이 감정이나 느낌으로 설명되지 않았다는 것입니다. 세상은 사랑을 그런 식으로 정의하지만 성경은 사랑을 감정이 아니라 행위의 관점에서 말합니다. 사랑은 대상의 선을 증진하기 위해 '이것을 행하는 것'이고 '저것을 행하지 않는 것'입니다.

하나님께서 "남편들아, 너희 아내를 사랑하라"라고 말씀하실 때 그분은 아내들에게 어떤 '감정'을 품으라고 말씀하시는 것이 아닙니다. 남편들이 어떤 마음을 품었든 아내들을 향하여 특정한 방식으로 행동을 하라고 명하시는 것입니다.

그러면 그리스도는 교회에 대한 그의 사랑을 어떻게 행동으로 보여주셨습니까?

> "인자가 온 것은 섬김을 받으려 함이 아니라 도리어 섬기려 하
> 고 자기 목숨을 많은 사람의 대속물로 주려 함이니라." (마가
> 복음 10:45)

> "사람이 친구를 위하여 자기 목숨을 버리면 이보다 더 큰 사랑
> 이 없나니." (요한복음 15:13)

그분은 자신의 편안, 안락, 행복, 충만을 구하지 않고 이 모든 것을 교회를 위해, 그의 신부인 교회를 축복하고 온전하게 하기 위해서 기꺼이 바치려 했습니다.

그런 신랑이라면 순종하기에 어렵지 않을 것입니다. 하지만 아내에게 폭군처럼 군림하는 남편은 아내에게 반항하고자 하는 마음만 생기게 할 것입니다. 더욱이 크리스천 남편이 아내에게 혹독하고 사랑이 없는 모습을 보이는 경우에는, 그는 그리스도께서 그의 교회에 그와 같은 방식으로 군림하신다고 선포하는 것이나 다름없습니다. 성경이 결혼생활을 하는 데에 남편이 아내를 이끈다고 가르치는 사실은 명백합니다. 바울은 "그러나 나는 너희가 알기를 원하노니 각 남자의 머리는 그리스도요 여자의 머리는 남자요 그리스도의 머리는 하나님이시라"(고린도전서 11:3)라고 선언합니다. 그는 이에 덧붙여 "이는 남편이 아내의 머리됨이 그리스도께서 교회의 머리됨과 같

음이니 그가 바로 몸의 구주시니라"(에베소서 5:23)라고 말합니다. 하지만 하나님이 계획하신 결혼에 따르면 크리스천 남편의 역할은 압박하고 군림하는 것이 아니라 그리스도께서 하신 것처럼 남편의 역할을 하는 것입니다. 남편은 그리스도께서 교회를 사랑하신 것과 마찬가지 방식으로 그의 아내를 사랑해야 합니다. 즉, 자기희생을 통해서 말입니다. 고린도전서 13장에 있는 사랑의 정의에 근거해서 자신의 아내에 대한 사랑을 점검해 보십시오.

사랑은 오래 참고 사랑은 온유합니다.

아내에게 짜증을 내고 화를 내고 싶은 마음이 들 때는 그리스도께서 우리에게 보이신, 그리고 지금도 보여주시는 무한한 인내를 기억하십시오.

사랑은 시기하지 아니하며 자랑하지 아니하며 교만하지 아니합니다.

아내보다 우월하고 싶은 질투심이 생긴다면 제자들의 발을 씻기기를 마다하지 않았던 주님을 기억하십시오.

사랑은 무례히 행하지 아니하며 자기의 유익을 구하지 아니합니다.

자신의 주장을 내세우고 아내의 의견을 하찮게 여기려는 마음이 들 때는 하늘 보좌를 버리시고 인간의 몸을 입으신 후 아무런 가치도 없는 당신의 영혼을 구하기 위해 십자가의 수치와 고통을 견뎌내신 그리스도의 겸손을 기억하십시오.

사랑은 성내지 아니합니다.

화가 나서 아내에게 목소리가 높아지려 할 때에는 "욕을 당하시되 욕하지 아니하신"(베드로전서 2:23) 그리스도를 기억하십시오.

사랑은 악한 것을 생각하지 아니하며 불의를 기뻐하지 아니하며 진리와 함께 기뻐합니다.

아내에게 불순한 동기가 있지 않나 의심하거나 아내 생각이 잘못으로 드러났을 때 기쁜 마음이 들려 하면, 당신을 악하게 여기고 당신이 멸망하는 것을 당연히 여기셔야 함에도 당신의 수치를 대신 떠맡으시고 그의 공의로 당신을 덮으신 지존자를 생각하십시오.

사랑은 모든 것을 참으며 모든 것을 믿으며 모든 것을 바라며 모든 것을 견딥니다.

지쳐서 당신의 결혼을 포기하고 싶은 생각이 들 때, 증폭되는 부부 간의 갈등으로 차라리 손을 떼는 것이 더 낫겠다는 생각이 들 때, 당신의 소망을 영원히 지키시기 위해 당신의 죄를 매일같이 참으실 뿐만 아니라 "내가 결코 너희를 버리지 아니하고 너희를 떠나지 아니하리라"(히브리서 13:5)라고 약속하시는 그리스도를 기억하십시오. 그의 백성에 대한 그리스도의 사랑이 사랑의 대상 안에 무슨 가치가 있기 때문이 아니듯이 아내에 대한 당신의 사랑도 그녀의 행위나 그녀가 당신의 사랑을 받을 만하다는 어떠한 판단에 기초해서는 안 됩니다.

사랑은 언제까지나 떨어지지 아니합니다.

그러므로 하나님께서 함께하신 것을 사람이 폐할 수는 없습니다. 이 모든 것에서, 아니 그 이상으로, 자기희생과 사랑에 기초한 크리스천 남편들의 가장으로서의 자리는 교회에 대한 그리스도의 사랑을 반영합니다. 이것이 지금 당신이 이런 신성한 결합으로 들어서면서 느껴야 할 소명입니다. 하지만 그게 다가 아닙니다.

바울은 가장의 역할이 남편에게 부여된 목적이 무엇인지 설명합니다. 그것은 아내의 순전함과 거룩함을 높이기 위한 것입니다. 크리스천 남편으로서 당신의 역할은 그녀의 믿음을 자라게 하고 그녀에게 영적·육체적 행복을 제공하는 것입니다. 그리스도는 그의 자녀들을 위해서 언제나 하나님께 탄원을 하십니다. 따라서 남편들도 언제나 아내를 위해 함께 기도해야 합니다. 그리스도께서는 그의 말씀의 젖과 고기로 그의 교회를 양육하십니다. 여러분도 아내에게 말씀을 공급하고 하나님의 깊은 진리를 전해주어야 합니다.

마지막으로 바울은 다음과 같은 말로 그의 권면을 마무리합니다.

"우리는 그 몸의 지체임이라. 그러므로 사람이 부모를 떠나 그의 아내와 합하여 그 둘이 한 육체가 될지니 이 비밀이 크도다. 나는 그리스도와 교회에 대하여 말하노라. 그러나 너희도 각각 자기의 아내 사랑하기를 자신같이 하고 아내도 자기 남편

을 존경하라."(에베소서 5:30-33)

세상 사람들은 "결혼생활이란 전제 군주 같은 남편들과 이에 반역을 꾀하는 아내들 사이의 치열하고 가차 없는 전쟁터이다. 양방은 서로 승리와 패배를 주고받는다. 현재의 사회 분위기로는 여인들이 우세한 눈치다. 하지만 이런 형국이 지속되면 남편들이 다시 주도권을 잡으려 할 것이고 여자들을 타도한 후에 전보다 더 압제적인 모습을 보일 것이다"라고 합니다.

하지만 이런 견해의 건너편, 아니 그 위에는 크리스천들의 결혼관이 있습니다. 크리스천 남편과 아내는 서로 우위를 차지하려는 경쟁자가 아니라, 한 몸으로 연합하였지만 각각 자신의 근본적인 역할을 수행하면서 함께 하나님의 사랑, 돌보심, 준비하심의 놀라운 아름다움을 드러냅니다.

우리 주님께서 이 한 쌍의 결합에 복 내려 주셔서 이 부부가 그리스도와 교회의 신비를 보여주는 진정한 모형이 되기를 바랍니다.

-더그 커민, "하나님이 디자인한 결혼"

내가 내 결혼식의 권면의 글을 모두 옮긴 이유는 그리스도 안에서는 누구든지 훌륭한 결혼을 할 수 있다는 것을 보여주기 위해서다. 예수님은 모두에게 평등한 기회를 주시는 예언자, 제사장, 왕이시다. 그는 준비시키고 강하게 하고 용서하고 위로하며 성화의 과정이 결실을 맺도록 하신다. 얼마나 길을 잃고 헤매는 존재이든, 얼마나 망가진 존재이든 관계없이 예수님은 모두를 성결한 삶을 살 수 있게 준비시킬 수 있으시다. 바로 내가 그 증거이다.

내가 장황하게 글을 모두 옮긴 또 다른 이유는 북미의 개혁장로교회 정식 교인 서약문처럼 그 글은 아직도 나를 경성(警省)하게 만들기 때문이다. 나는 아직도 그 글들을 신앙인이자 불신자의 마음으로 듣는다.

그리스도께서 중심에 계실 때

갓 결혼을 한 크리스천 여인으로서 나는 여전히 내가 신앙인과 불신자, 두 가지 관점, 두 가지 정체성을 갖고 있음을 짚고 넘어가야 했다. 동시에 나는 언급할 가치조차 없이 뻔한 다른 사실 하나도 짚고 넘어가야 했다. 내 나이가 그것이었다. 내가 켄트와 결혼할 때 내 나이는 39세로, 아이를 갖기에는 너무 늦은(의술의 도움을 받지 않는 한) 나이였다. 그런 사실은 나를 당혹스럽게 했다. 나는 돈키호테처럼 풍차들과 싸움을 벌이느라고 가임연령을 다 보내고 뒤늦게야 정신을 차린 것이다. 내가 겪은 혼란 뒤로 나는 한 가지 성경적인 사실을 찾을 수 있었다. 아무 제약 없이 맘껏 죄와 더불어 산 사람은 반항심 가득한 철부지처럼 행동한다는 것이다. 아무런 제재를 받지 않을 때 죄는 사람들을 아이처럼 만든다. 나는 내가 아주 성숙하고 유능하며 '중요한' 사람인 줄 생각했었지만 사실은 제 나이에 맞게 도 살지 못한 인간이었던 것이다. 회심을 하고 난 뒤 나는 내 실제 나이에 충격을 받았다.

페미니스트의 관점에서 크리스천의 결혼생활을 바라볼 때 가장 받아들이기 어려운 점은 아내로 하여금 가장인 남편에게 순종을 하게 하는 것이다. 이런 패러다임을 세속적인 관점에서 보자면 가부장제도의 전형적인 폐해처럼 느껴질 테지만 그리스도를 중심에 모시고 사는 사람의 관점에서 보면 켄트가 우리 가정의 리더가 되고 내가 그에게 복종을 하는 것은 우리의 편안하고 단합된 삶의 원천이 되어 왔다. 그리스도께서 우리의 결혼생활 중심에 계실 때 켄트가 이끌고 내가 복종하는 삶은 우리로 하여금 제대로 원활하게 기능을 하는 팀이 되게 해주었다. 켄과 플로이가 이 시대를 사는 크리스천들의 가장 큰 적이라고 지적을 한 '선택을 할 권리'도, 그리스도께서 중심에 계실 때는 우리에게 아무런 문제가 되지 않았다. 그리스도께서 중심에 계시면 모든 중요한 결정들은 우리를 위기로 몰아넣지 않는다. 어떤 기쁨과 위험도 우리의 관계의 벽을 허물어지게 하지 못한다. 수행하는 역할들과 관련해서 내가 한 번도 압박감이나 무시당하는 느낌을 받지 않았다거나 켄트가 그의 역할들로 인해 힘겨워한 적이 한 번도 없었다고 말하려는 게 아니다. 인간은 죄로 인해 부패했으며 우리의 감정도 타락을 한 상태이기에, 특히 결혼 첫해에 우리는 맡은 역할들로 힘겨워했다. 하지만 그리스도께서 중심에 계시고 우리가 제대로 호흡을 맞추었을 때 우리는 마치 그물침대처럼 우리의 노동과 사역을 효율적으로 같이 짊어질 수 있었다. 우리의 결혼 선물로 켄과 플로이는 자신들이 쓴 「식구 되기」(Learning to be a family)라는 책을 한 권 주었다. 12장으로 구성된 이 책은 시편 128편의 행복한 가정의 모습을 살펴보고 있다. 켄과 플로이의 책은 내가 그 모습을 구현하거나 삶에 온전히 적용할 수 있게 하지는 않았지만 행복한 가정이 어떤 모습일지 자세히 설명할 수 있도록 해주었다. 행복한 가정은 하나님을 경외하고 순종하기 위해 애쓴다. 시편 1편 전체는 순종을 함으로써 받을 수 있는 행복, 성공, 명성을 개관하고 있다.

복 있는 사람은
악인들의 꾀를 따르지 아니하며
죄인들의 길에 서지 아니하며
오만한 자들의 자리에 앉지 아니하고
오직 여호와의 율법을 즐거워하여
그의 율법을 주야로 묵상하는도다
그는 시냇가에 심은 나무가 철을 따라 열매를 맺으며
그 잎사귀가 마르지 아니함 같으니
그가 하는 모든 일이 다 형통하리로다
악인들은 그렇지 아니함이여
오직 바람에 나는 겨와 같도다
그러므로 악인들은 심판을 견디지 못하며
죄인들이 의인들의 모임에 들지 못하리로다

무릇 의인들의 길은 여호와께서 인정하시나

악인들의 길은 망하리로다 (시편 1편)

우리가 맡은 역할들은 각각 구분이 되어 있지만 그리스도께서 중심에 계실 때 기독교의 유산(창세기 첫 3장에 나오는 가족의 기원과 다음 요리문답의 질문과 답들이 그 예이다. 누가 당신을 창조하셨습니까? 하나님이십니다/ 당신은 무엇으로 지음을 받았습니까? 흙으로 지음을 받았습니다/ 그것으로 당신이 알 수 있는 것은 무엇입니까? 겸손히 죽음을 기억하는 것입니다) 안에서 우리는 하나 됨을 유지할 수 있었다. 설령 각자의 가정에서 얻은 기독교의 역사나 관행에 대한 지식이 없더라도 켄트와 나는 그리스도의 구속하심을 통해 기독교의 유산을 지녔노라고 주장할 수 있다. 즉 어떤 사람도 원래부터 하나님의 가족으로 태어나지는 못한다는 것, '다시 태어남'으로써만 우리는 모두 그분의 가족이라는 동등한 자격을 얻는 다는 것을 우리는 알고 있었다. 입양(adoption: 개역개정성경에는 '양자됨'으로 번역되어 있다-옮긴이)은 단순히 기독교적 비유나 우리가 아이들을 얻은 방식만을 가리키는 것이 아니다. 기독교인으로 입양이 됨으로써 우리 모두는 기독교 유산의 소유자임을 자처할 수 있다.

우리 교단은 가정 성경공부 시간에 보통 「웨스트민스터 소요리 문답」을 교재로 사용한다. 1640년대에 웨스트민스터 대성당에서 열린 회의에서 모든 사람이 이해하기 쉽도록 만든 세 가지 문헌, 웨스트민스터 신앙고백서, 웨스트민스터 대요리 문답, 웨스트민스터 소요리 문답은 개혁교회의 중심적인 가르침을 담고 있다. 그중 소요리 문답은 창조주 하나님(질문 1-12), 원죄(질문 13-20), 구속자 그리스도(질문 21-38), 십계명(질문 39-84), 세례와 성만찬과 같은 성례들(질문 85-97), 주기도문(질문 98-107)을 주제로 하는 107개의 질문으로 이루어져 있다.

소요리 문답의 34번째 질문은 '거듭남'이 무엇인지를 다루고 있다. 이 질문은 크리스천으로 입양되어 다시 태어나는 것을 다음과 같이 정의한다.

질문: 양자됨은 무엇을 말하나요?
답: 양자됨은 하나님이 값없이 주시는 은혜의 행위로서, 우리는 양자됨으로 말미암아 하나님의 자녀가 되어 하나님의 자녀가 누릴 수 있는 모든 권리를 주장할 수 있게 되었습니다.

갈라디아서 4장 7절에도 이 내용이 언급되어 있다.

그러므로 네가 이후로는 종이 아니요 아들이니 아들이면 하나님으로 말미암아 유업을 받을 자니라.

그리스도께서 중심에 계실 때, 우리는 각자 맡는 역할이 달라도 가정사에서 하나가 될 수 있었다. 켄트는 사역자로 부르심을 받았고 그에 따라 그의 아내인 나에게도 '사모'라는 특별한 일이 따라왔다. 그리스도를 중심에 모심으로 우리는 하나님의 말씀에 순종하면서 각자의 부르심을 받아들였다.

그리스도를 중심에 모실 때, 우리가 맡은 역할이 달라도 우리는 가족 구성을 하는 데도 의견의 일치를 이룰 수 있었다. 위탁과 입양으로 이뤄진 가족은 흔치 않을 것이다. 뒤에서도 다루겠지만 우리는 네 아이를 우리 가정에 받아들이면서 큰 기적들을 체험했고 한 아이의 입양이 좌절되면서 아픔도 겪었다. 우리 같은 가정이 겪는 가장 큰 혼란은 아이들의 인종과 출생 순서에 관한 것이다. 5개월짜리 사내아이 녹스는 2003년 5월에 위탁가정을 한 집 거쳐서 우리에게로 왔다. 그의 입양은 2004년 2월에 최종 허락이 떨어졌다. 15세인 딸 AJ는 2004년 4월에 입양이 되었는데 열네 군데나 되는 위탁가정을 거친 경험이 있었다. AJ의 입양은 2006년 3월에 최종 승인이 났다. 딸아이 메리는 갓 태어나서 바로 우리에게 입양이 되었다. 메리가 태어날 때 녹스와 나는 병원에 대기하고 있다가, 세상에 태어나 그 아이를 처음으로 안아 본 사람이 되었다. 메리는 위탁가정을 거칠 필요도 없이 우리에게 왔고 2006년 10월 우리는 그녀의 최종 입양 허가를 받았다. 딸아이 S는 2007년, 태어난 지 이틀 만에 병원에서 우리에게 위탁이 되었다. 처음에는 우리 가정이 일단 위탁보호를 하다가 다시 입양하기로 약속이 되어 있었다. 하지만 입양기구 책임자가 흑인아이를 백인 가정에 보낸 것에 이의를 제기하는 바람에 우리 가정은 그 아이를 포기할 수밖에 없었다. 아들인 매트는 열여섯 살인 2009년 2월에 우리에게 왔고 2010년 11월에 최종 입양 허가를 받았다. 그에 대한 최종 입양 허가가 나던 날 우리 가족은 모두 옷을 차려입고 법원으로 가서 축하를 했고, 집에 돌아와서는 이웃들과 함께 냉장고 크기만 한 케이크를 자르면서 잔치를 벌였다.

독자들이 읽고 있는 이 책에도 우리 가족의 역사가 점철되어 있다. 녹스가 우리 식구가 된 것은 이 책의 첫 장을 마쳤을 무렵이었다. AJ는 두 번째 장 중반쯤 쓸 무렵에 우리에게 왔다. 메리는 3장을 쓸 때, S는 지금 이 장의 초고를 쓸 때 우리에게 왔다가 다시 우리를 떠나갔다. 매트가 우리에게 왔을 때는 5장을 쓰고 출판을 위해 수정을 하고 있을 때였다.

싫든 좋든 우리 가족은 집을 나설 때마다 우리 부부와 피부색이 다른 아이들, 유아가 아닌 십대를 입양한 것에 대한 사람들의 관심을 피할 수가 없다. 친자식 맞아요? 모두 진짜 가족인가요? 진짜 친부모 같은 마음이 느껴지나요? 아이들은 어떤가요? 당신들을 사랑하나요? 그렇게 많은 아이들을 입양하는 데 따른 경제적 부담이 과중하지는 않나요? 입양을 통해 맺어진 가정이 정말 끈끈한 유대감을 형성할 수 있나요? 당신들의 아버지, 어머니는 아이들을 입양한 것에 대해 어떻게 생각하시나요? 많은 이들의 눈에는 우리 아이들이 비정상적으로 보일 정도로 이상한 존재인 것 같다.

한번은 켄트가 시골의 어느 조그만 교회에서 설교를 하게 되었다. 이런 장소들은 나를 지레 겁먹게 만드는데 그럴 만한 이유가 있다. 교회 주차장에 댄 차 안에서 녹스는 내 어깨에 기대어, 메리는 카시트에 앉아 잠이 들어 있었다. 내가 오늘 설교할 목사의 아내인 줄 모르는 것이 분명한 한 남자가 다가와 말을 걸었다. "요새는 백인 여인네들이 흑인 아이들을 입양하는 것이 유행이라도 되나 보죠?" 나는 깊이 숨을 들이마신 뒤 그의 눈을 마주보며 일어섰다.

"교회에 다니시는 분인가요?" 내가 그에게 물었다.

"그렇습니다만……." 그가 대답을 했다.

"하나님이 그쪽을 구원해 주신 것도 유행 때문이셨을까요?" 나는 그가 눈길을 내게서 돌릴 때까지 그의 눈을 응시했다. 그는 알아들을 수 없는 말을 중얼거리며 발길을 돌렸다. 비록 새끼 곰들과 닮지 않은 엄마 곰이라도 보호본능이 발동하면 끔찍한 일이 일어날 수 있다는 것이 느껴진 모양이었다.

우리가 맡은 역할이 모두 다르고, 세상이 우리의 피부색 이상을 보지 못할지라도, 우리는 그리스도께서 우리 가정의 중심에 계실 때 하나 된 가정의 모습을 보일 수 있었다.

치열하게 매 주일을 살아가야 했지만, 그리스도께서 우리 결혼생활의 중심에 계실 때 우리는 예배를 통해 새 힘을 얻고 다음 날을 준비할 수 있었다. 켄트와 나는 언제나 손대접을 최우선으로 하는 목회를 했다. 2002년부터 2007년까지 켄트는 버지니아 주 퍼셀빌에서 교회를 개척하는 사역을 수행했다. 처음 2년 동안 나는 매주 50명분의 식사를 준비해야 했다. 그에 따른 육체적 피로와 경제적 부담, 개인적인 시간, 공간 부족은 말로 다할 수 없을 정도였다. 하지만 많은 여인들이, 심지어는 처음 보는 사람들까지 우리를 찾아와서 물질과 기도, 조리법, 자문을 베풀어 주었다. 시러큐스 개혁장로교회의 교우들은 따로 날을 잡아 음식을 만들어 주일날 친교 시간에 사용할 수 있도록 한 차분씩 빵들과 라자니아를 보내주었다. 손대접을 최우선으로 하는 목회를 도우면서 5개월 된 녹스, 열다섯 살짜리 AJ를 돌보는 일은 만만치가 않았다. 힘든 육체 노동을 하면서도 새 힘을 공급받는 것은 영적인 일이기도 하다. 하나님은 정말로 우리에게 필요한 것들을 공급하여 주셨다. 장거리 사이클 선수들이 자기 옆을 스쳐 지나가는 다른 선수들이 일으키는 바람의 도움을 얻듯, 그리스도께서 우리의 중심에 계실 때 우리는 말씀으로부터 힘을 얻었다. 이보다 더욱 중요한 것은, 그리스도께서 중심에 계실 때 우리는 사람들에게 '노'라고 대답을 하고 그들의 요구를 거절할 수 있었다는 것이다.

그리스도께서 우리의 결혼생활의 중심에 계실 때 우리는 집 밖에서의 사역, 즉 공동체 봉사활동을 적절하게, 성실하게, 용기 있게 감당할 수 있었다. 계획된 봉사활동(예를 들자면, 방학 성경학교를 계획하고 교인들보다 많은 학생들을 받아들이는 일 등)과 계획에 없던 봉사활동(이웃의 아이들을 모아 놀아주는 일이나 미취학 아동들을 돌보는 일, 뜨개질 교실을 여는 일, 눈이 와서 못 움직이거나 병 때문에 거동이 불편한 사람들에게 음식을 가져다주는 일 등)을 통해 우리는 이웃을 돌봐주라는 하나님의 명령을 따랐다. 그리스도께서 우리의 결혼생활의 중심에 계실 때 우리는 다른 사람들에게 선한 사역을 감당하는 크리스천 가정의 역할을 감당할 수 있었다. 하지만 그분이 우리 가운데 계시지 않을 때는 우리의 모든 선한 의도들이 우리를 이용하려는 사람들의 이기심의 늪 안으로 빨려 들어갔다.

어떻게 해야 그리스도를 우리의 중심에 모실 수 있는가? 매일매일, 매 순간, 모든 일을 주님께 복종시키면 된다. 하나님의 지혜, 자문, 복을 구하고 생기를 불어넣어 달라고 뜨거운 간구를 하지 않고서는 감히 아무런 일도 할 생각을 말아야 한다. 나는 그 몇 년을 통해 너무 바빠서 기도할 시간이 없다고 말하는 것이 얼마나 위험한 망상인가를 몸소 배웠다.

손대접과 자비의 목회철학

사역을 시작한 처음 1년 동안 우리 부부는 비버폴즈에 머물렀다. 켄트는 브루스 백켄스토 목사님과 장로님 밑에서 사역을 했다. 나는 학생들을 가르치는 일을 그만두고 지난 2년 동안의 숨 가쁜 삶에서 잠시 벗어나 휴식을 취했다. 켄트는 내가 얼마나 사람들로부터 벗어나 가정에 머물러야 할 필요가 있는지 알고 있었다. 켄트와 나는 우리가 아이를 낳아서든 입양을 해서든 본격적으로 가정을 꾸리기를 원했는데, 그러기 위해서는 내 생활이 바뀌어야 했다. 결혼 후 첫 1년 동안 나는 충분한 휴식을 통해 힘들었던 회심 과정에서 회복을 했다. 그러는 동안 나와 켄트는 손대접과 자비의 목회철학을 정립했다.

먼저 가정에 기반을 둔 두 가지 사역을 우리는 생각해 냈다. 이미 하나님을 알고 있는 사람들(성도 간의 친교를 통해 유대감을 진작하는 사역)과, 아직 하나님을 알지 못하는 사람들(대중을 위한 신학을 개발하고 '성문에 나가 이방인들을' 만나고 그들에게 복음을 전할 수 있는 방법과 수단들을 찾는 사역)을 위한 사역이 그것이다. 우리는 때에 따라 두 가지 사역

가운데 한 가지 사역에 집중해 일해왔다. 내 성격으로는 밖으로 나가 이방인들을 만나 그들을 집으로 데려오는 일이 맞았다. 나는 복음을 처음으로 접하는 사람들을 대상으로 사역하는 것이 좋았다. 생경하고 위험스런 대화를 주고받고 거기에서 부수되는 인간관계들이 나는 맘에 들었다.

2001년에서 2002년까지 비버폴즈에서 사역한 뒤 켄트는 메릴랜드 주 벨츠빌의 트리니티 개혁장로교회로부터 버지니아 북부에 교회를 세워달라는 요청을 받았다. 세간살이를 전세 낸 트럭에 싣고 고양이 두 마리, 개 한 마리를 데리고 우리는 워싱턴 교외의 자그마한 주택가인 퍼셀빌로 향했다. 교회를 세우는 것은 외로운 일이다. 새로 세워지는 교회는 모교회로부터 보호, 지원, 지도, 격려를 받아 태어나는 자녀 교회이다. 하지만 우리가 세울 교회는 우리가 트럭에서 짐을 내리기도 전에 사산의 위기에 처한 것처럼 보였다.

우선 우리를 도와 자녀 교회를 키워 나가기로 되어 있는 '씨앗 가정들'이 우리가 교회에 도착하기도 전에 교회가 아닌 교단을 떠났다. 짐 내리는 것을 도와주고 난 뒤, 그들은 자신들이 교회를 떠나기로 했다고 통보했다. 그들은 하나님께서 자신들을 새로운 교회를 개척하는 일에 부르시지 않았다고 결정했다고 했다. 그런 결정은 모교회가 우리를 초청한 때부터 그에 부응해서 우리가 트럭에 짐을 싣고 현장에 도착하는 사이에 이뤄졌는데, 조금 일찍 그런 사정을 알려주었더라면 일이 좀 더 수월해졌을 것이다. 하나님께서 왜 새 교회와 관계를 끊으라고 명하셨느냐고 우리가 묻자 '친교의 부족' 때문이란 대답이 돌아왔다.

사정이야 어찌되었든 켄트와 나는 2002년 4월, 아무 '씨앗 가정'도 없는 퍼셀빌에 도착을 했다. 우리는 하나님께서 지명을 착각하시지는 않을 것이므로, 결국 그분이 원하시는 곳에 도착한 것이라고 믿었다. 우리가 궁금한 것은 왜 우리를 그곳에 보내셨는지였다.

버지니아의 퍼셀빌은 작지만 날로 번창하는 부유한 주거단지였다. 그곳이 속해 있는 루던카운티는 미국 내에서도 가장 부유하고 빠르게 성장하는 지역이었다. 이곳 주민들의 평균소득은 내 남편이 받는 월급의 두 배 정도였고 공립고등학교 초임 교사가 받는 급여만 해도 시러큐스 대학의 종신교수가 받는 급여보다 많았다. 왜 하나님은 우리를 이런 곳으로 보내신 걸까? 우리는 새로운 보금자리에서 첫 밤을 맞으며 의아해했다.

우리 교회의 처음 모습은 전적으로 캠퍼스 사역을 감당하는 교회였다(2002-2004년). 우리 집 바로 건너편에 공교육 대신 집에서 부모들과 함께 공부를 하는 학생들을 겨냥한 작은 기독교 계통 대학이 문을 열었는데, 그 덕분에 우리 교회의 예배와 성경공부 시간에는 대학생들이 몰려들었다. 특히 집으로 찾아오는 학생이 교회로 찾아오는 학생보다 더 많았다. 2년 동안 우리 교회 식구는 35-40명의 학생들, 두 가정, 그리고 우리 식구가 전부였다. 가끔 새 가정들이 우리 교회를 방문하여 얼마간 출석을 했지만, 우리가 도착했을 때 떠나버린 씨앗 가정들과 같은 이유를 대고 교회를 떠나갔다. 우리 교회에서는 친교의 기회가 부족하고 자신의 아이들도 비슷한 생각을 가진 다른 사람들과 사궐 기회를 얻기 어렵다는 것이었다.

수년 동안 나는 그들의 말이 무슨 뜻일지 곰곰이 생각해 봤다. 친교의 기회가 없다? 처음에는 열의에 넘쳐 교회를 찾아오다가 한 달이 지나면 마음이 바뀌던 몇몇 가정들의 경우를 예로 들자면 친교의 기회가 없다는 것은 사실이었다. 그들은 자신들과 같은 생각을 하고 같은 양육 방식으로 아이들을 키우며 피임, 교육, 투표, 모유 수유, 복장, 정제 밀가루, 흰 설탕, 글루틴, 예방 접종, 세속적 또는 종교적 공휴일 준수 등에 관해 같은 입장인 사람들과 한 교회에 있어야 한다고 생각했다. 우리는 다양성을 가장 큰 두려움의 대상으로 여기는 듯한 가정들도 만나봤다. 그들은 자신들과 다른 양육관을 가진 크리스천 가정들로 인해 자신의 아이들이 혼란을 겪게 하고 싶지 않다고 말했다. 하지만 내가 보기에 그들은 자신의 아이들이 세상이 얼마나 다양한지를 깨닫고 그것에 유혹되어 자신들을 떠날까 봐 두려워하는 듯했다. 나는 이런 식의 이야기를 두려움에 찬, 믿음이 흔들리는 사람들에게서 계속 들어왔다. 교회에 다니는 사람들은 세상의 죄를 자신들의 마음속에 있는 죄보다 더 두려워하는 경향이 있는 것 같다. 왜 그런 걸까?

내 답은 이렇다. 나는 동일한 문화를 강요하는 것보다 살아 있는 믿음에 더 큰 적은 없다고 생각한다. 당신의 신학이 두려움에 쫓기기 시작하면 얼마나 많은 성경구절을 가져다 붙이든 당신의 패러다임에서는 하나님을 찾을 수 없다. 아이들을 양육할 때도 마찬가지다. 우리가 아주 중요하게 여기는 규율들 중에도 도덕적인 근거는 없지만 편의를 위해 만들어진 것들이 있다고 아이들에게 허심탄회하게 이야기하는 것이 좀 더 효과적일 것이다. 가령 우리 아이들에게 내가 만화영화를 끄라고 잔소리를 하는 것은 소리에 지나치게 민감한 내 천성 때문에 나온 나 자신의 규율일 뿐 픽사나 디즈니사에서 만든 프로그램들이 원천적으로 악하기 때문은 아닌 것이다. 나는 자신들과 동일하고 같은 생각을 하는 사람들이 있는 교회로 옮겨야겠다고 말을 하는 여인네들에게 뭐라고 말을 해야 할지 몰랐다.

우리 교회에 출석하는 학생들이 다니던 그 신흥 대학에는 학교 보건소가 없었고 주일에는 식사할 곳도 마땅치 않았다. 나는 여학생들을 차에 태워 병원에 데려다주었고(그 와중에 피하주사를 놓는 법까지 배우게 되었다), 내가 가능하리라고 여겼던 것보다 더 많은 학생들과 상담을 했고, 일주일에 두 번 성경공부를 이끌었으며, 그러면서도 매주 끝도 없는 식사를 대접해야 했다. 학생들은 아주 훌륭했고 영리했으며 뜨거운 신앙심을 갖고 있었다. 나는 그들을 진심으로 사랑했으며 그들로부터 긍휼과 인내에 대해 많은 것을 배웠다. 하지만 그들은 온실에서 자란 존재들 같았다. 그들을 통해 나는, 아이들을 세상이라는 실제 삶에서 고립시켜 양육하는 데 따르는 심각한 위험을 깨달을 수 있었다. 말썽을 부리는 대신 세상에 귀를 닫은 청년들은 순종적으로 보일 수 있다. 하지만 대학생활은 감춰두었던 두려움, 의심, 모순과 위선에 대한 자각 등이 풀려나는 공간이다. 권위와 규율에 대해 극도로 민감한 반응을 보이고 성적으로 깨어나는 시기의 학생들은 종종 현실에서 부딪치는 도덕적 문제들로 어려움을 겪는다. 그들의 부모들은 과보호 아래 자란 자신의 아이들이 얼마나 이 모든 변화에 준비가 안 되어 있는지 알 길이 없다. 죄, 특히 성적인 죄는 은밀함과 수치심이 지배하는 환경에서 창궐하는 경향이 있다. 켄트와 나는 우리의 사역이 정말로 필요한 곳에 와 있었다.

교회를 개척하던 그 시기를 떠올릴 때 가장 기억에 남는 것은 가혹할 정도의 육체노동이었다. 이제까지 내가 겪은 어떤 경험이나 전문적인 교육도 아무 쓸모가 없었다. 나는 주일과 주중 내내 친교를 위한 준비로 정신없이 바빴다. 끝없이 음식을 장만해야 했고 장소를 준비하고 청소를 해야 했다. 하루에도 몇 번씩 장을 보러 가야 했고 그 와중에도 손님들은 예고도 없이 불쑥불쑥 찾아왔다. 아침부터 식사를 위해 밀어닥친 학생들은 밤이 이슥하도록 돌아가지 않았다. 우리가 하는 일들은 특별히 따로 정해져 있지 않았다. 켄트는 많은 학생들을 모아놓고 크리스천의 삶에 필요한 교리와 신학을 가르치다가는 몇몇 학생들을 데리고 지역 양로원을 찾아 그곳에 거주하는 노인들을 위해 함께 기도를 했다. 남편은 학생들의 논문이나 숙제를 돕기도 하고 심지어 어떤 아이들에게는 운전을 가르치기도 했다. 우리 집, 자동차, 세탁기, 그리고 우리의 몸은 녹초가 되어갔다. 당시 우리는 지역의 체육관을 예배 장소로 빌려 쓰고 있었다. 예배가 있기 전날인 토요일 밤에 체육관은 약식 농구 게임을 즐기는 동네사람들에게 개방이 되었는데, 월요일 아침까지는 관리인들이 모두 쉬기 때문에 주일 새벽에 내가 제일 먼저하는 일은 예배를 드리는 사람들이 깨끗한 화장실을 사용할 수 있도록 그곳을 청소하는 것이었다.

우리 교회에는 사랑이 넘쳤다. 친교도 풍성했다. 나는 아직도 친교가 부족하다며 우리 교회를 떠났던 사람들을 생각하면 웃음이 나온다. 우리 교회는 감당이 어려울 정도로 친교가 넘쳤다. 진정한 친교를 위해서는 자신의 틀 밖으로 나와야 한다. 교회는 우리를 바쁘게 했지만 우리를 풍요롭게도 했다. 우리는 우리가 할 수 있는 한 성심으로 학생들을 사랑했고 그들도 우리를 그렇게 대했다. 그들은 기도로 우리를 후원했고 실질적으로도 도왔다. 아이들을 돌봐줄 사람이나 강아지 산책을 시켜줄 사람, 잔디를 깎아주고 낙엽을 치워줄 사람이 없어 곤란을 겪어본 적이 한 번도 없었으니까. 우리는 학생들이 대학을 마치고 대학원을 거쳐 결혼을 하는 과정까지 감사함으로 지켜봤다. 켄트는 심지어 그런 커플들 사이에서 태어난 아이에게 세례를 베푸는 영광까지 누렸다.

우리 교회의 모교회인 트리니티 개혁장로교회는 우리의 친교를 돕기 위해 여유 있게 예산을 배정해 주었다. 스티브 목사님과 줄리 브래들리 사모님도 예배 후 활동과 성경공부 모임을 돕기 위해 자주 찾아와 주었다. TG 장로님은 가족들과 함께 음식을 가지고 찾아오셔서 격려를 해주시고 일손을 거들었다. 한 달에 한 번씩 멀리 펜실베이니아로부터 우리 예배와 식사, 시편영창 및 친교를 돕기 위해 정기적으로 찾아오는 가정까지 있을 정도였다. 한 치과의사 가정은 비록 침례교도였지만 우리와 꼬박 2년 동안 예배를 같이 드렸다. 교회에 출석하는 학생들의 부모들 중에도 우리에게 도움을 주는 사람들이 있었다. 그들은 당시 우리에게 가장 절실하던 충고와 자문을 아끼지 않았고 기도로 후원하는 한편 물질로도 도움을 주었다.

주일마다 나는 조리법을 알려주는 여신도들의 도움을 받았다. 수월키의 그라운드혹데이 수프는 매주 단골 메뉴였고, NM이 알려준 미네스트론 수프나 플로이 스미스의 귀리빵, 로빈 존의 초콜릿칩, 내가 개발한 지중해식 치킨 등도 자주 식탁에 올랐다. 「적은 재료로 풍성한 식탁 차리기」(More with Less Cookbook)는 내가 자주 이용하던 요리 책이었다. 우리 엄마는 요리 잡지들과 조리 기구를 넘치게 보내주었다. 어머니와 새아버지는 찾아올 때마다 우리 냉장고를 미트볼과 파스타로 가득 채워놓고는 했다. 한 해는 최신 부엌 기구를 일체 보내주셨는데 아직까지 요긴하게 사용하고 있다.

하지만 모든 게 잘 되어가고 있었던 것만은 아니었다. 우리는 대학생들을 대상으로 하는 우리 사역에 문제가 있음을 깨닫기 시작했다. 우리 교회는 언제나 바쁘고 활동적이고 흥미로웠지만 이상하게도 지역에 뿌리를 내리지 못했다. 학생들은 언제나 새로운 학생들을 교회로 데려왔지만 외부인과 교류를 하는 것에는 서툴렀다. 그들은 지식을 연마하는 데 너무 몰두한 나머지 그들과 다른 세계관을 가진 사람들에게 공감하거나 연민을 느끼지 못하는 것 같았다.

어느 토요일 저녁, 여학생 S가 나와 함께 빵을 굽고 있었다. 마침 요리책을 돌려주기 위해 찾아왔던 이웃 여인이 자신의 딸이 알아보고 있던 지역 공립고등학교의 프로그램에 대해 이야기를 했다. 그녀는 공립고등학교의 교육방식에 대해 염려를 하면서 특별한 교육을 받아야 하는 그녀의 딸이 수업을 잘 따라갈지 걱정을 했다. 그러자 옆에서 듣고 있던 S가 믿을 수 없다는 듯 고개를 저으며 여인이 들을 수 있는 소리로 "아이를 공립학교에 보내는 것은 돼지에게 진주를 주는 것과 마찬가진데……"라며 혼잣말을 했다. 그 여학생은 특별히 호전적이거나 무례한 아이가 아니었다. 그녀는 같은 생각을 가진 사람들에게만 둘러싸여 지냈기 때문에 자신도 모르게 실언을 한 것이다. 나는 S가 악의가 있어서 그런 이야기를 한 것이 아님을 안다. 하지만 무심코 내뱉은 한마디가 그녀의 속내를 내보였다. 내 이웃은 당연히 기분이 상했고 몇 주 후 내가 혼자 있을 때 나를 찾아와 그 여학생이 무슨 이유로 그런 성경말씀을 자기에게 한 건지 모르겠다며 물었다. 자신의 딸이 진주라는 뜻이었을까? 아니면 돼지? 왜 그 건방지고 무례한 학생은 공립학교가 돼지들에게나 어울리는 곳이라고 생각을 한 것일까? 이런 종류의 해프닝이 아주 빈번했다. 물론 이런 순간들을 잘 이용하면 훌륭한 교육 기회가 되겠지만 내게는 그런 자질이 부족했다. 나는 상심이 되었다. 아직 하나님을 믿지 않던 그 이웃 여인은 공교육의 폐해에 대해 몇 마디 재치 있는 말을 던질 줄 아는 여학생보다 더 예수님을 영접할 필요가 있는 사람이었다.

나에게 주신 아이들

어느 날, 카펫에 묻은 커피 자국을 닦아내던 중 불현듯 이런 생각이 떠올랐다. 몇 년 전만 해도 무슨 대가를 치르고도 연구를 하고 싶던 대상들을 지금 내가 돌보고 있다는 생각. 그러면서 이것이 하나님께서 나를 부르신 이유일까 하는 생각이 맞물렸다. 물론 하나님께 부름을 받는다는 것은 사람을 아주 겸손하게 만드는 일이다. 하나님의 부르심과 자신의 이기적인 욕심을 어떻게 구분할 수 있을까? 나도 항상 이 두 가지 사이에서 혼란을 느낀다. 그때쯤 켄트와 나는 아이들을 입양하기 위해 장기간에 걸친 홈스터디 프로그램을 마쳤다. 하지만 우리는 당시 우리가 처한 사역 환경이 아이들에게는 적합하지 않다는 것도 알고 있었다. 당시의 우리 삶에는 아이들을 양육하는 데 적절한 완충지대가 전혀 없었다. 아이들을 원하는 것은 고귀한 일일 수 있지만, 하나님께서 허락하지 않으신다면 그것 또한 거룩한 형태의 탐심일 뿐일 것이다. 나는 잠시 멈추었던 손길을 다시 분주하게 움직여 카펫의 얼룩을 지우며 하나님께서 우리에게 허락하신 사역에 집중하려 노력했다.

바로 그때 두 군데서 전화가 걸려왔고 그로 인해 우리 삶은 큰 변화를 겪게 된다. 하나님은 빨리 일하시는 분이 아니라 갑자기 일하시는 분이라는 말을 들은 적이 있다. 켄트와 나는 6개월 동안 아이를 맡아 보육할 수 있는 허가를 받은 상태였다. 전화를 받은 후 하루 안에 우리에게 네 명의 아이들이 연결되었다. 사설 기독교 입양단체를 통해 알게 된 생후 5개월 반인 사내아기와 공공복지 시스템을 통해 소개를 받은 세 명의 형제자매들이 그들이었다. 아이들이 우리에게 온 건 분명 빠른 응답은 아니었지만(우리 부부는 결혼 초기부터 아이들이 있는 가정을 꾸미려 노력해 왔다) 갑작스런 일임에는 틀림이 없었다. 아기를 선택할 것인가, 아니면 형제자매들을 선택할 것인가? 우리는 운명적인 선택을 앞에 두고 있었다.

입양은 어떤 아이들을 입양할지, 어떤 기관들을 통해 아이들을 소
개받아야 할지 고민을 해야 하는 복잡한 절차다. 입양에 따르는 정치
적·재정적 부담도 만만치가 않다. 미국에서 사설 기관을 통해 아이를
입양하는 데는 평균 2만 5천 달러 정도가 소요된다(「입양 가정을 위한
잡지」 2006년 2월). 합법적인 임신 중절과 십대 임신에 대해 관대한 사회
분위기 탓에 입양 가능한 아기들의 수는 많지 않다. 입양에 관한 사회
적인 인식도 별로 좋지 못한 편이다. 그에 관계된 모든 이들, 즉 아기,
친부모, 양부모도 오해의 대상이 되기 쉽다. 심지어 기독교 계통 미혼
모 센터들조차 임신한 십대들에게 입양보다는 직접 아기를 키우라고
권장하고 있는 것을 보고 우리는 놀라움을 금할 수 없었다. 이런 사
회적 요인들 때문에 결국 입양이 아닌 위탁 과정을 거쳐야 하는 아이
들은, 종종 사회복지사들의 노력에도 불구하고 수년간 자격이 없는
위탁가정에 맡겨져 생활을 하게 된다. 아이들은 이런 환경에서 인격 형
성에 장애를 겪게 되고 방치되거나 자기혐오, 약물중독과 빈곤에 빠지
게 된다.

사설 기관을 통한 입양을 선택하는 친부모들은 대부분 그들의 친권
을 포기한다. 그들은 아이를 입양시킬 때, 그로써 아이와 자신들 간의
관계가 끝이라는 것을 이해하고 그런 고통스럽고 희생적인 결정을 이
겨내기 위한 자문과 지원을 받는다. 하지만 위탁가정에 아이들을 맡
긴 친부모들은 그들의 한계를 인정하지 않는다. 그들은 자신들이 처
한 현실이 허락하는 것보다 더 많은 친권을 행사하려 한다. 일부 부

모들은 아이들을 전혀 돌보지도 않고 학대를 한다. 본인들 자신들도 정신적으로 문제가 있거나 빈곤, 학대, 방치, 마약, 결손가정의 희생자들인 경우가 많다. 위탁가정에 아이들을 맡기는 친부모들의 권리는 보통 오랜 기간에 걸친 학대와 방치를 증명하는 서류를 증거로 해서 법정에서 종결이 된다. 정작 아이의 삶은 이런 오랜 과정에 의해 피폐하게 된다. 사설 기관을 통해 아이를 입양하는 데는 많은 돈이 들지만 사회복지 시스템을 통해 아이를 위탁받는 것은 무료이다. 하지만 장기적으로 볼 때 위탁가정에 맡겨진 아이들을 돌보는 데 따르는 도덕적·재정적 비용은 더 어마어마하다. 중요한 문제는 고아들을 양육하는 데 필요한 비용을 누가 부담하게 될 것인지보다는 언제 부담을 하게 될 것인가, 그리고 궁극적으로는 어떤 희망을 기대할 수 있을 것인가이다.

켄트와 나는 아기들만이 양육할 가치가 있다고 생각하는 사람들이 아니었다. 우리는 모든 아이들이 사랑받고 안정적인 가정에서 자라야 한다고 생각을 한다. 신앙이 있는 가정에서 태어났지만 그와 상관없이 회심의 과정을 거친 우리는 하나님의 약속이 모태신앙을 지닌 사람들을 위한 것만은 아님을 잘 알고 있다. 물론 인생의 첫 3년이라는 기간이 인격 형성에 아주 중요하고, 아기일 때부터 성인이 될 때까지 그 생명을 양육할 기회를 얻는 것이 귀한 은혜임을 인정한다. 하지만 모든 생명은 소중하고, 아이들은 상처를 회복하고 자라기 때문이 아니라 하나님의 형상으로 만들어진 존재들이기 때문에 사랑을 받아야 한다. 하나님이 우리를 그런 이유만으로 사랑하셨다면 우리도 당연히 그분을 본받아야 한다.

두 기관에서 하루에 두 통의 전화를 받고 우리는 선택의 기로에 섰다. 아기냐, 아니면 형제자매들이냐. 어느 쪽을 선택해야 하는가.

이럴 때 나는 내가 개혁장로교회 교인인 것이 참 감사하다. 나는 선택이 내 몫이 아니라 하나님의 몫임을 알고 있다. 그분이 결정하시고 우리는 따르기만 하면 된다. 때로 우리는 어둠의 골짜기를 지나지만 그럼에도 믿음의 발걸음을 디딜 수 있는 것이다. 그렇게 부모가 되는 우리의 발걸음은 우리 삶의 다음 단계들로 이어졌다.

태어난 지 5개월 반 만에 우리에게 온 사랑하는 아들 녹스. 이 세상의 기초가 세워지기도 전에 창조되었다가 하나님의 뜻에 의해 우리의 두 번째 결혼기념일이 사흘 지난 뒤에 버터필드가의 일원이 된 녹스는, 적절하게 크림을 섞은 깊고 풍부한 커피 빛의 잘생긴 아기였다. 나는 그를 보는 순간, 내 안에 존재하리라고 생각지 못한 어떠한 사랑으로 그를 사랑하게 되었다. 생모와 위탁모 등, 녹스는 우리를 만나기까지 많은 사람들을 잃었다. 내가 처음에 제일 마음을 쏟았던 것은 녹스와 친해지고 무슨 일이 있어도 내가 녹스 곁에 있을 것이라는 확신을 주는 것이었다. 나는 마치 아프리카의 엄마들처럼 녹스를 들쳐 업고 다녔다. 걸을 때도 함께 걷고, 일할 때도, 잠을 잘 때도 우리는 심장을 맞대고 지냈다. 처음에는 서서히, 하지만 얼마 후엔 온 맘으로 녹스도 우리에게 맘을 열었다. 그가 울 때는 아직 그 자리에 없는 그의 형제자매를 내 마음도 애타게 찾았다. 나는 엄마로서 내가 얼마나 무능한지를 절감하곤 했다.

11개월 후인 2004년 4월에는 열다섯 살 반인 AJ가 우리 식구가 되었다. 우리는 그 아이의 열한 번째 위탁가정이었다. 그동안 AJ는 계속 좋지 못한 엄마들을 만났었고 그래서 나도 그런 사람들의 일환으로 받아들이는 것 같았다. 켄트는 AJ의 삶에 적극적으로 개입하려 애를 썼지만 그때까지 그 아이에게는 아버지라는 존재가 없었으므로 그녀에게 켄트는 낯설고 파악하기 어려운 사람이었을 것이다. 나는 그 아이를 사랑했고 의견에 동조하려고 노력했다. 녹스에게는 가까워지기 위해 각별히 신경을 썼다면 AJ에게는 그 아이의 존재를 인정해 주려 노력했다. 그녀와 항상 눈을 맞추며 얘기를 하려 했고 AJ를 이해하려 노력했다.

　일반 가정에서 십대들을 위탁받는 경우, 그들은 흔히 존재하지 않는 사람이나 위험한 인물로 여겨지기 십상이다. AJ는 내게 다른 사람의 존재를 인정해 주고 친근함을 담은 눈길로 바라봐 주는 것이 얼마나 중요한지를 가르쳐 주었다. 십대 위탁아들을 돌보다보면 어떤 순간에 그들과 마음이 '딸깍' 하고 연결되는 느낌이 온다. 오랫동안 같이 생활은 하지 못했지만 그저 사랑만으로 부족한 모든 것들이 대체되는 순간이다. AJ가 우리와 살기 시작한 첫 주에 나도 그런 느낌을 받았다. 학교를 마친 아이들을 집으로 태워가기 위해 늘어선 부모들의 긴 자동차 행렬에 나와 녹스가 탄 자동차도 끼어 있었다. 나는 AJ를 알아보지 못할지도 모른다는 갑작스런 두려움에 사로잡혀 있었다. 그 아이를 만난 지 닷새밖에 지나지 않았을 때였다. 그동안 내가 그 아이를 제대로 바라본 적이 있었던가? 그 아이를 알기 위해 필요한 최소한의 시간을 함께 보내었던가? 나는 그렇지 못했다. 그렇다, 나는 그녀에게 딱지를 놓았던 열 명의 엄마들과 마찬가지였을 뿐이다. 낯선 얼굴들에 둘러싸여 앉아 있던 나는 그 아이를 무시했던 이전의 모든 사람의 직무태만의 무게를 고스란히 느끼고 있었다. 나는 두려운 마음으로 AJ가 아침에 입었던 티셔츠의 색깔을 기억해 내려 애썼다. 만약 그 애가 도망을 갔다면 어쩌지? 하지만 천만다행으로 나는 그 아이를 찾아냈다. 최악의 스트레스를 받을 만한 상황임에도 항상 느긋한 AJ가, 엄마를 기다리며 서 있는 다른 여학생들과 함께 아무 일도 없다는 듯 서 있었다. AJ가 내 눈에 들어온 순간 나는 그 아이에게서 시선을 떼고 싶지 않았다. AJ는 아이들에 대한 우리의 높은 기대 때문에 부모들이 종종 그들의 존재조차 망각하는 경우가 많다는 것을 깨우쳐 주었다. AJ는 지금 우리와 함께 살고 있지는 않다. 그 아이와 우리의 삶의 스타일, 가치관이 너무 상이해서 도저히 간격을 좁힐 수가 없었다. AJ는 훈계를 받는 것을 물고기가 물 밖으로 내던져지는 것만큼이나 두려워했다. 하지만 우리는 지금도 연락을 주고받으며 인간관계를 이어가고 있다.

메리는 AJ를 만난 지 18개월 뒤인 2005년 11월에 신생아로 우리 가정에 왔다. 더그의 아내인 에이미 커민이 그해 10월 우리에게 전화를 해서 네 명의 혼혈 흑인 아이들이 곧 작은 사설 입양기관에서 태어날 예정인데 아직 그들을 입양하겠다고 나선 가정이 없는 상태라고 알려주었다. 나는 에이미가 알려준 번호로 바로 전화를 했고 내가 다른 주에서 전화를 한 것을 알면서도 입양담당자는 전화를 받아주었다. 미국에서는 다른 주에서 입양 신청을 할 경우에는 양쪽 주 사회복지사들과 지방검사들의 승인을 받아야 하므로 절차가 더 복잡하다. 그러다 보니 많은 기관들이 다른 주의 신청은 아예 받기를 꺼린다. (이런 이유로 입양 희망 부모들 가운데 많은 이들은 다른 나라에서 아이들을 입양하는 편을 더 선호한다.) 하지만 하나님의 예비하심 덕분에 나는 메리가 태어난 지 한 시간 후에 그 아이를 안아보는 은혜까지 경험했다. 내가 메리에게 시편 104편(녹스는 그 장을 버터필드 가족의 자장가라고 부른다)을 나직이 불러주자 마치 내 노래를 알아듣기라도 하듯 울음을 멈추고 잠잠해졌다. 메리는 타인을 전적으로 믿으며 자라는 신생아들의 모습을 내게 보여주었다. 아기를 통해 나는 타인에 대한 견고한 신뢰에 대해, 유아와 아동의 두뇌 안에 잠재되어 있는 놀라운 발전 속도에 대해 배울 수가 있었다. 나는 메리가 아무 두려움 없이 세상에 발을 들여놓는 모습을 경이의 마음으로 지켜볼 수 있었다. 그 아이는 우리 집의 나머지 아이들이 알지 못하는 것, 즉 자신의 식구들을 당연한 존재로 받아들이는 법을 알고 있었다.

S 이야기

세 달 후, 2007년 1월에는 S가 우리에게 왔다. 하지만 S로 인해 우리는 처음으로 입양이 취소되는 좌절감을 맛보아야 했다. S가 우리와 머문 지 열흘쯤 지났을 때 그녀의 입양이 취소되었던 것이다. S를 입양할 때 담당 책임자가 휴가 중이어서 업무를 대신하고 있던 직원이 우리에게 그 아이를 배정해 주었다. 하지만 휴가에서 돌아온 담당자는 타인종 간의 입양은 절대로 불가능하다며 펄펄 뛰었다. 자신의 행동이 인종차별이라는 것을 모르는지 그녀는 단호하게 우리의 입양을 거부했다. 우리는 인종차별 현장에 여러 번 있어 봤다. 가정복지부가 인종에 얽힌 문제를 해결하는 방식은 입양을 취소하는 것이었다. S의 입양 가능성이 점차 희박해지자 우리는 도덕적인 갈등에 휩싸이게 되었다. 이런 결정에 대해 투쟁을 할 것인가, 아니면 그들의 결정을 인정할 것인가? 이도 저도 아니면 그저 수수방관할 것인가? 우리는 기도를 했다. 처음에 우리는 고상하고 자만심에 가득 찬 기도를 하며 하나님의 손길을 강제로 움직이려 했다. 하지만 곧 우리의 자만심으로 하나님의 계획을 방해하고 있다는 역겨운 사실을 깨닫고는 우리가 안고 있는 그 사랑스러운 아이가 주님을 섬기는 가정으로 가게 해달라고 기도해야 했다. 비록 당장은 내가 그 아이를 안고 있지만 S를 지으셨고 앞으로도 영원히 S를 붙드실 손은 내 손이 아니라 주님의 손이었다. 가정복지부는 내 팔에서 아이를 떼어갈 날을 전화로 통보해 왔다. 나는 가슴이 무너져 내렸다. 무력감에 싸인 우리는 아무런 저항도 없이 아이를 내주는 것이 옳은 일인지 거듭 되물을 수밖에 없었다. 입양을 할 때 매우 힘든 일 가운데 하나는 입양기관이나 생모가 입양가정을 고르거나 거절할 때 그에 관련되었던 입양가정이 고스란히 노출된다는 것이다. 우리가 거절을 받았다고 하면 주위 사람들이 우리 가정에 대해 뭐라고 생각할까? 아니 우리를 어떤 사람들이라고 생각할까? 같은 인종끼리만 입양을 허락하는 것은 인종차별을 해결하기 위한 옳은 방법이 아니라는 내 생각이 과연 맞는 것일까? 그런 내 생각이 우리 집에 있는 다양한 인종의 네 아이들은 생각지 않고 백인들로서의 우리 부부의 의만 주장하는 것은 아닐까? 내 생각이 옳은가, 나는 좋은 사람인가, 나는 능력이 있는 사람인가? 우리 가정은 시간이 지나도 흔들림이 없을 것인가?

우리 곁에는 입양기관을 상대로 소송을 도와주겠다는 크리스천 변호사가 두 명이나 있었다. 입양가정을 정하는 데 인종이라는 요소를 사용하는 것은 불법이었다. (1994년에 통과된 다인종 위탁법[Multi-Ethnic Placement Act]은 이런 관행을 금지하고 입양가정을 구하는 데에 인종을 최우선 기준으로 삼는 것을 금지했다.) 하지만 우리는 S가 법정 다툼의 희생이 되는 것을 원치 않았고, 무엇보다 우리가 재판을 선택한다면 최종 판결이 날 때까지 어쩌면 몇 년을 제3의 위탁가정에서 보내야 할 가능성도 꺼려졌다. 우리는 아이들에게 우리가 필요해서 그들을 양육한다고 생각했다. 그들에게 우리가 필요 없다면 그들을 입양할 일도 없을 것이다. 우리는 다른 사람들의 아이들을 탐내서는 안 된다고 스스로를 경계했다. 하지만 몇 번에 걸친 직접 경험을 통해 우리는 가정복지부가 결코 어린이들을 위한 기관이 아니라는 점도 잘 알고 있었다. 다른 정부 기관들과 마찬가지로 그 기관도 할 일은 넘치는데 일손이 부족했고 그들의 허술한 업무 처리로 아이들이 피해를 보고 있었다. 우리는 S가 이런 일을 겪게 하고 싶지 않았다. 우리는 갈피를 잡지 못한 채 아무것도 확신할 수 없었다. 켄트는 우리의 상황을 교단의 기도 후원 요청 목록에 올렸다. 나는 수천 명의 신자들이 그날 S를 위해 기도했을 것이라고 믿는다. 켄트의 기도 후원 부탁은 간단했다. 하나님, S가 크리스천 가정으로 입양되게 해주세요.

S가 우리와 헤어지게 될 날은 암울함과 두려움으로 다가왔다. 우리가 잘못된 결정을 내린 것은 아닐까? 그 아이를 우리 집에 남겨두기 위해서 우리가 좀 더 투쟁을 해야 했던 것은 아닐까? 눈물을 머금고 S를 데리고 입양기관으로 간 우리는 그곳에서 S를 입양할 가정을 만났다. 흑인 부부인 그들은 크리스천이었다. 하나님께서 우리의 간구를 들어주신 것이다. 분명 우리는 상처를 받았다, 아주 깊은. 하지만 S는 아무런 상처를 받지 않았다. 크신 사랑으로 하나님은 우리를 이용하셔서 S가 보호를 받게 하셨다. 그게 우리의 기도의 중심 내용이 되어야 하지 않겠는가? 하나님은 우리를 벌하시기 위해 우리를 아프게 하지 않으신다. 우리는 그분께 쓰임 받기 위해 상처를 받는 것이다. S가 우리와 열흘 동안 머문 이유는 무엇일까? 그 열흘 동안 우리 뒤에서는 어떤 영적인 전쟁이 벌어지고 있었던 걸까? 우리의 기도가 이 어린 고아를 위해 천국 문을 흔들었던 것일까? 우리의 기도들이 유용했던 걸까? 하나님은 S에게 주님을 믿는 가정을 허락하시기 위해 우리의 기도를 이용하신 것일까? S를 데려다주고 온 날 우리 부부는 근처 레스토랑의 커다란 음식 봉투가 현관에 놓여 있는 것을 발견했다. 내가 좋아하는 바나나 푸딩까지 있던 그 봉투 안에는 연필로 쓴 작은 메모가 들어 있었는데, 아이가 그린 듯한 솜씨의 꽃잎이 떨어져 나가는 꽃그림이 함께 그려져 있었다. 메모는 이런 내용을 담고 있었다.

다른 이들에게 한 번도 마음을 열어본 적이 없는 가정은 상심할 일이 없겠죠. 한 번도 기쁘게 손님을 맞아본 적이 없는 가정이라면 그들이 떠날 때 아쉬운 마음도 느낄 일이 없을 겁니다. 삶이 주는 위기들을 받아들이지 않는 가정은 실제로 살아 있는 것이라 할 수 없을 거예요. 오늘 힘든 하루를 보냈을 그대들을 생각합니다. 그대들이 손을 내밀어 준, 그대들을 사랑하는 많은 사람들이 사랑을 담아보냅니다.

나는 누가 그 글을 썼는지, 누가 그림을 그렸는지 아직도 알지 못한다. 하지만 그 메모는 종종 우리가 간과하기 쉬운 영적인 진리를 잘 보여주고 있었다. 배신과 위기는 복음을 전파하는 삶 가운데 존재한다. 나는 적어도 하나님께서 내 기도를 들으셨다는 사실만은 확신할 수 있었다.

이 타락한 세상에서는 사람들이 약속(그리고 계약들)을 깬다. 우리와 입양 계약을 작성한 공무원이나 그것을 파기한 공무원이나 모두 내가 존경하고 귀히 여기는 여인들이었다. 우리는 계약 테이블에 다양한 관점들을 가지고 온다. 크리스천들은 입양을 불임문제에 대한 해결책이나 자신들의 에고를 높이기 위한 방편, 제대로 된 가족 모양새를 위한 구성원의 보강, 혹은 가족 간의 인종이나 국적의 비율을 맞추기 위한 수단으로 여기지 않는다. 크리스천들은 입양을 기적으로 여긴다. 영적인 의미에서 입양은 크리스천의 삶의 중심이라 할 만한 기적이다. 하나님에 의해 그의 자녀로 부르심을 받아 입양된 우리는 새로운 마음,

'새로운 탄생'을 경험한 사람들이다.

하나님께서 아이들을 무관심, 학대, 결손가정, 갱, 마약, 증오의 환경에서 그리스도를 섬기는 가정으로 옮기실 때 그분은 사람들의 가정에서, 그들의 심정에서 산을 옮기신 것이다. 산이 옮겨질 때는 땅이 진동을 할 것이다. 우리의 삶에서 벌어지는 그 기적에 가까이 있을수록 당신은 크게 동요될 것이다. 산들은 거대하고 우리는 보잘것없는 존재들이다. 우리는 산에 깔려 죽을 수도 있다. 십자가에서 날카로운 파편들이 떨어져 내리고 그것이 날아와 우리의 피부, 아니 심장을 꿰뚫을 수도 있다. 하지만 이런 위험과 위기 안에 하나님의 은혜와 약속이 숨어 있다. 그분은 모든 일들, 심지어는 악한 일들까지도 결국은 그를 사랑하는 사람들에게 유익하도록 만드실 것이다. 로마서 8장 28절 "우리가 알거니와 하나님을 사랑하는 자 곧 그의 뜻대로 부르심을 입은 자들에게는 모든 것이 합력하여 선을 이루느니라"라는 말씀을 읽을 때, 우리는 무조건 낙관적인 기분에 빠져서는 안 된다. 우리가 겪어야 할 일들 중 많은 것들이 타락하고 망가진 세상의 면도날처럼 날카로운 위험요소를 지니고 우리에게 다가올 것이다. 우리는 하나님과 포커게임을 하듯 그분의 은혜를 구할 수는 없다. 그분이 주시는 달콤한 은혜를 사모하려면 기꺼이 그분이 주시는 쓰디쓴 은혜도 감수해야 한다. 달콤한 은혜와 쓴 은혜의 차이점은 왜 생기는가? 그것은 우리가 지닌 비판적 관점, 우리의 세계관에 기인한다. 하나님은 우리로서는 알 수 없는, 우리의 개인적인 경험들을 넘어서는 관점에서 세상을 살피신다. 그래서 우리는 그리스도 안에서 자라야 하는 것이다. 나 자신을 넘어서 그리스도에까지 이르도록. 이것이 S의 입양 실패가 우리에게 준 교훈이다.

나는 교회를 개척할 때 우리 가족이 어떤 모습이었는지를 자주 생각한다. 나는 우리 교회 선창자(先唱者)였다. 우리 교단에서는 선창자가 음성으로 노래를 인도하고 지휘자는 손동작으로 시편영창의 속도를 조절한다. 우리가 예배를 드릴 때면 나는 한 놈은 앞에 걸치고, 한 놈은 뒤에 업은 채로 찬송을 인도하는 영광을 누렸다. 녹스는 아기일 때에 시편영창을 돕는 것을 아주 좋아했다. 박자를 맞추기 위해 손을 흔들고 찬송가를 마음대로 넘기기 일쑤였다. 메리는 노래보다는 춤을 더 좋아하는 듯했다. 발을 내지르고 몸을 사방으로 젖히다가는 어떤 때는 찬송 중간쯤에 곯아떨어지고는 했다. 아이들을 업은 채로 찬송을 인도하다 보면 앞뒤로 뒤척이는 발길질에 배를 걷어차일 때도 있었지만, 오히려 그런 상황은 이스라엘 백성이 믿음으로 찬양을 하면서 이방인들의 땅에 들어서던 장면을 떠올리게 했다. 아이들을 업은 채로 찬송을 인도하다 보면 그런 느낌이 손에 만질 수 있을 듯 점점 커졌는데 크리스천으로서의 삶에 따르는 신비의 한 단면이라고도 할 수 있을 것이다.

아이들은 아이들을 끌어들이기 마련이다. 우리 집 아이들은 이웃의 아이들을 우리 집으로 끌어들였다. 아이들이 생긴 후로 우리 교회는 갑자기 어린이들의 교회가 되었다. 우리 부부는 위탁가정으로 허가를 받았기 때문에 가정이 없이 그룹홈에 거주하는 아이들을 맡을 수 있었다. 우리는 일상의 삶 가운데 존재하는 많은 사역 기회를 이용했다.

소요리문답 공부와 함께 진행되는 동네 소녀들을 위한 뜨개질 교실, 네 살짜리 꼬마들을 위한, 간식과 기도 시간이 따라오는 약식 축구교실, 동네 미취학 아동들을 위한 교실 등을 운영했다. 그 외에도 이제는 흔히 보기 어려운 일, 즉 급한 일이 생기거나 눈이 오는 날 아이들을 돌봐주는 일도 마다하지 않았다. 우리는 이런 일들을 공동체에 대한 투자로 생각했다. 모든 가치 있는 일을 하려면 시간과 비용이 들기 마련이다. 우리의 관심이 가정들과 어린이들로 옮겨가면서 우리는 많은 이웃들이 서로를 위해 조금도 불편함을 떠맡으려 하지 않는다는 것을 깨달았다. 우리는 이웃들을 위해 불편함을 감수하는 일이 조금도 꺼려지지 않았다. 아이들을 키우다 보면 갑자기 별일을 다 겪기 마련이니까. 강도 만난 이를 도운 선한 사마리아인도 그날 해야 할 다른 일들이 많이 있었을 것이다. 우리가 세운 계획들은 언제나 변경할 수 있었고 우리 집은 방과 후의 아이들에게 언제나 열려 있었다. 그렇다고 우리가 금전적인 보상을 요구한 것도 아니다. 어린아이들은 자기보다 나이가 많은 형과 누나의 관심을 받는 것이 즐거웠고, 우리는 우리 집 부엌에서 참공동체의 그림자 같은 것이 형성되는 것을 지켜보는 것이 즐거웠다.

내 관심과 사역이 점점 어린이들(우리에게 입양이 허락된 아이들과 위탁이라는 제도 안에 갇혀 있는 어린이들)에게로 옮겨감에 따라 대학생들을 향한 사역은 힘을 잃게 되었다. 입양아들을 돌보고 위탁가정을 전전하며 상처 입은 아이들을 양육하는 것은 쉬운 일이 아니다. 입양은 그에 연관된 사람들과 가정들을 평생 쫓아다니며 괴롭히는 질병이 아니라 상실과 상처와 거부를 획득과 연결과 받아들임과 결합하는 복잡하면서도 모순적인 일이다. 입양되기를 원하는 아이는 없다. 어떤 아이도 무능하고 아이들을 내치는 부모를 바라고 태어나지 않는다. 어떤 아이도 입양이 되어 다행인 줄 알라는 이야기를 계속 듣고 싶어 하지는 않는다. 원하건 그렇지 않건 입양은 언제나 상실과 함께 시작되고, 입양은 아이들이 아직 제대로 이해하지도 못하는 상실을 원하지도 않았던 입양과 연결을 시킨다. 입양아는 이런 모순을 모든 성장단계에서 다시 대면하게 된다. 입양가정은 이런 복잡한 상황을 두 손으로 껴안아 받아들이거나 입양아 혼자 그것을 겪도록 내버려두거나 둘 중 하나이다. 비록 우리는 그 과정이 얼마나 심각하고 아플지 확실하게는 알지 못하지만 아이들과 함께 서는 편을 택하기로 했다. 하지만 두려운 마음은 어쩔 수 없다. 그 과정에서 아이에게 거부를 당하더라도 그것을 감당할 만큼 나는 주님을 사랑하는가?

나는 학생들이 내게 가져오는 캠퍼스에서 겪는 문제들에 대해 점점 지치고 피곤해졌다. 그들에 관해서 내가 하는 모든 일이 결국은 홈스쿨을 옹호하는 사람이 캠퍼스에서 어떤 선교단체를 선택할지를 도와주는 일에 불과하다는 생각이 들었다. 입양한 아이들에게 더 많은 관심과 노력을 기울이게 되면서 나는 점점 동역자들과 호흡이 맞지 않는 나를 발견하게 되었다. 그런 상황의 정점은 내가 아끼던 학생의 어머니가 "로자리아, 나는 어떻게 당신네처럼 신실한 크리스천 가정이 위탁아들을 효율적으로 양육할 수 있을지 상상이 안 돼요. 보아하니 위탁받은 아이들은 법적으로 홈스쿨링을 시킬 수 없도록 되어 있고 아이들에게 체벌을 해서도 안 된다고 하던데. 그런 상황에서 아이들을 어떻게 예수님께로 이끌 수 있다는 거죠?"라는 말을 했을 때였다.

내 친구이기도 했던 그 여인은 악의가 있거나 나를 무시해서 그런 말을 한 것은 아니었다. 그녀의 이야기는 진심이었고 단지 두려움에 지배되는 좁은 신학적 소견에서 나온 말일 뿐이었다. 그녀는 원래의 목적이나 이유보다는 훈육과 사랑의 수단들에만 집착을 한 까닭에 그런 이야기를 한 것이다. 우리의 경험에 따르자면 복지 시스템에 맡겨진 아이들도 신자들의 아이들만큼 하나님을 섬기는 집에서 자랄 가치가 있다. 하나님은 우리에게 아이들을 효과적으로 훈육할 의무를 주셨다. 체벌만이 훈육의 방법은 아니다. 더욱이 육체적으로 학대를 받은 아이들에게는 체벌이 가장 효율성이 떨어지는 교육 방법이기도 하다. 위탁가정에 맡겨진 아이들이 모두 국가의 관리대상이기는 하지만 다행히 우리는 대안교육에 대해 우호적으로 생각하는 복지사들을 만날 수 있었다. 우리는 우리에게 맡겨진 아이들을 집에서 가르쳤다. 우리는 그것이 그 아이들을 가르칠 수 있는 유일한 방법이라고 확신했고 담당복지사, 교사, 상담사들을 설득할 수 있었다. 우리는 그해 아이들을 위해 우리가 품고 있던 교육적·사회학적 목표들을 성공적으로 이루어 낼 수 있었고 이로써 아이들을 계속 집에서 가르칠 수 있도록 허가를 받았다.

실제로 위탁부모로서 얻은 경험에 힘입어 우리는 더욱 홈스쿨의 옹호자가 되었는데 대부분의 홈스쿨 주장자들과는 좀 다른 이유에서다. 나는 종래의 학교 교육 환경이 항상 스트레스를 받고 압박감에 시달리는 아이들에게는 부정적이라고 생각한다. 무료이기 때문에 공교육을 제일 좋은 방안으로 여기는 것도 잘못이다. 공교육은 많은 대안들 중에 한 가지 방안일 뿐이지 다른 대안들을 평가하는 데 사용해야 할 기준은 아니다.

제시카 이야기

근 1년 동안 제시카라는 소녀가 우리 교회와 집에 자주 찾아왔었다. 제시카는 부모가 없는 아이들을 위한 지역 그룹홈에서 지내고 있었는데 위탁아동으로 지낼 수 있는 기간이 다 끝나가는 단계에 있었다. 제시카에게는 온갖 좋지 못한 딱지들이 따라다녔고 정신질환들 때문에 수많은 약물을 복용하고 있었다. 그녀는 내가 진행하는 성경공부와, 코바늘로 사각 무늬 덮개를 뜨는 수업을 도와주었다. 위탁아들은 일정한 나이가 되면 복지 시스템의 보호 밖으로 나가야 한다. 제시카도 18세가 되던 해 제도의 사각지대로 밀려나게 되었다. 우리 집 1층 화장실에 있는 발디딤대는 제시카가 성인 정신병동에서 목공시간에 만들어서 가져다준 것이었다. 하루는 교회에서 스티브 배들리 목사님이 하나님의 소명을 분별하는 법에 대해 설교를 했다. 제시카는 열중해서 그의 설교를 들었다. 예배가 끝난 뒤 제시카는 "목사님, 저는 항상 환청이 들리거든요. 어떤 게 하나님의 음성이고 어떤 게 제 병든 마음의 소리인지 어떻게 구별할 수 있죠?"라고 스티브 목사님께 질문을 했다. 딱한 마음이 들었는지 스티브 목사님은 다정하게 설명을 해주었다. "제시카, 우리 모두는 성경말씀에 비추어 어떤 게 우리의 병든 마음의 소리인지를 구별해야 해. 매일같이 말이지. 너도 마찬가지란다." 나는 우리 교회가 하나님의 자녀들 중에서도 고아들과 버림받은 사람들에게 안전한 장소였다는 것에 큰 감사를 드린다.

그날 오후 제시카는 내게 목사님의 대답처럼 기쁜 말은 생전 처음 들었노라고 했다. 자신도 다른 사람들과 다름없다는 목사님의 말은 자신과 마찬가지로 다른 이들도 모두 고통을 겪고 있다는 것을 그녀가 알게 해주었고 그것이 제시카에게는 큰 위안이 되었던 것이다.

제시카가 18세 되었을 때 우리는 위탁아들이 제도 밖으로 쫓겨나는 것이 얼마나 끔찍한 일인지를 직접 경험했다. 무슨 이유에선지 사회복지제도에서는 이런 절차에 '해방'이라는 조지 오웰식의 끔찍한 표현을 사용한다. 18세 생일을 맞은 제시카는 그때까지 거처하던 그룹홈에서 나와야 했고 메릴랜드 주와 코네티컷 주의 정신병동을 몇 군데 거친 후 뉴욕으로 갔다. 메릴랜드에서 마지막으로 소식을 전해온 뒤로 우리와 연락이 끊겼는데, 2010년 매트의 입양이 최종 확정된 지 한달 후 우리는 제시카가 그녀의 스물세 번째 생일날 뉴욕의 부랑자보호소에서 사망했다는 소식을 듣게 되었다.

제시카는 하나님의 자녀였다.

그 아이는 우리 집에서 지냈다.

그 아이는 입양되기를 원했다.

하지만 그러지 못했다.

그 아이는 홀로 죽었다.

결혼과 더불어 온 축복들

2010년 11월, 루던 카운티의 법원에서 벌어진 매트의 입양식에서 나는 입양의 의미에 대한 짧은 연설을 할 기회를 얻었다. 나는 나를 쳐다보고 있는 다양한 연령, 인종, 능력을 지닌 아이들, 한껏 옷을 차려입은 그의 부모들과 형제자매들을 내려다보았다. 나는 매트를 우리 집에 허락하신 하나님께 감사함을 느꼈다. 하지만 내 앞에 모여선 사람들을 배경으로 하여, 오늘 우리에게 축복으로 주어진, 우리보다 정서적으로 더 원숙하고 아름다워질 아이들을 보며, 나는 그 자리에 없는, 잊히고 사라진, 이름 없는 얼굴들을 그려볼 수 있었다.

나는 언제나 제시카를 우리가 입양하지 못한 아이로 생각할 것이다.

우리가 아이들을 입양하고 위탁아동들을 맡기 시작한 다음에도 우리 교회에 계속 출석하던 대학생들은 세상을 향한 우리의 사역에 진정한 동역자들이 되어주었다. 우리는 우리의 특권의식과 두려움 때문에 지금까지는 우리 눈에 뜨이지 않았을지도 모르는 사람들을 섬길 기회를 그리스도 예수 안에서 점점 더 많이 얻게 되었다. G는 학교를 졸업하고 다른 주로 가야 했지만 우리에게 지원을 그치지 않았다. B는 졸업 후 우리 집 지하 방으로 이사를 왔고 여름 동안 우리 딸 AJ의 속마음을 들어 주는 친구이자 수영 파트너가 되어주었다. D는 졸업 후 메릴랜드로 가서 우리 교회의 모교회인 트리니티 교회의 교인이 되었다. 다른 학생들도 결혼을 한 후 교회 공동체에 한동안 머물다 떠났다.

이 모든 축복들은 나와 켄트의 결혼에 하나님이 부여하신 선물이다. 엄마와 새아버지는 켄트를 좋아하시고 나도 켄트의 누이들, 그녀들의 남편들과 아이들을 좋아한다. 우리 집안에 있는 박사학위와 다양한 정치관만으로도 조그만 대학을 하나 만들어도 되겠다고 사람들이 농담을 할 정도다. 어느 모임에 켄트의 식구들이 모두 참석했다. 방 안에 그렇게 많은 박사들이 있다는 것에 흥분을 한 어느 학생이 자신도 박사학위를 받으려 한다며 조언을 구했다. 그의 이야기를 듣고 켄트의 큰누나가 그 학생은 물론 우리 모두에게 각자의 박사 논문 주제를 한 문장으로 말할 수 있겠느냐고 도전장을 내밀었다. 한 문장으로 말해진 우리의 논문들은 모두 터무니없게 들렸다. 켄트의 큰누나 논문만 빼고는. 환경학 박사인 그녀의 박사논문은 다음과 같이 압축될 수 있었다. "죽은 나무들은 다시 자라지 않는다." 다섯 마디로 자신의 논문을 압축한 그녀에게 대항을 할 사람은 아무도 없었다.

나는 결코 원숙한 사모는 못 되었다. 교회를 개척하는 일은 지리멸렬하기 짝이 없었다. 하지만 경험을 토대로 말하자면 목사의 아내들에게는 남모르는 영적인 삶이 있다. 설교단에 서서 말씀을 전하는 사람의 진짜 모습, 말씀을 준비하기 위해 일주일간 견뎌내야 하는 일들, 전할 말씀에서 흥미를 앗아감으로써 복음의 기회를 없애려는 사탄의 책동, 설교하기 한 시간 전만 해도 위축되어 있던 남편이 성령의 능력으로 힘 있게 말씀을 전하는 모습을 지켜보는 것 등은 흔들리지 않는 믿음을 위한 새로운 계기들이 된다. 나는 다른 모든 사람이 이런 사실을 알게 되기를 원한다. 사모들은 비록 개인적인 삶이나 가정생활의 일부를 희생해야 하지만, 그럼에도 사역의 진수를 맛보는 사람들이다. 나는 켄트의 아내로서 충만하고 부유하고 즐겁고 성장하는 흥미로운 삶을 살아왔다. 나는 예수 그리스도의 복음의 극히 일부만을 맛보았을 뿐이지만 결코 현재의 삶을 다른 삶과 바꾸고 싶은 마음이 없다.

2007년에 우리는 개척교회의 문을 내렸다. 마지막 예배를 같이 드리기 위해 펜실베이니아와 메릴랜드에서 찾아온 친구들로 예배당이 만석을 이룬 가운데 켄트는 승리할 때뿐 아니라 어느 때라도 하나님께 감사를 드려야 한다는 주제로 열정적인 설교를 했다. 뒷자리에 앉은 내가 감회에 젖어 눈물을 글썽이고 있을 때 교회 문이 열리고 눈에 익지 않은 사람들이 교회 안으로 들어왔다. 한 살쯤 된 여자아이를 안은, 보기 좋은 가족은 내게 다가오더니 다짜고짜 아기를 내 품에 안겼다. "로자리아, 우리 아기예요. 같이 예배드리려고 왔어요" 하며 아기 엄마인 듯한 여인이 내게 말을 건넸다. 우리가 빼앗겼던 아기 S가 그날 잠시 우리를 찾아온 것이었다. S의 아빠는 악수를 하는 손이 따뜻한, 아주 명랑하고 쾌활한 사람이었다. 그는 우리 아이 녹스를 자기 무릎에 앉히고는 하나님께서 아기 S를 돕기 위해 자신을 어떻게 사용하셨는지를 설명했다. 그는 녹스에게 우리 모두는 하나님 안에서 한 가족이라고 말했다. 시편영창을 할 순서가 되자 나는 두 번 생각지도 않고 메리와 S를 들쳐 업고 시편 78편 영창을 인도하기 위해 회중 앞으로 나아갔다. 영창을 하기 전에 켄트는 출애굽기의 말씀을 읽었다. 그는 모세의 부모가 어디로 갈지도 모르며 아이를 갈대 상자에 넣어 나일 강에 떠내려 보내는 장면을 설명했다. 영창집에서 오늘 부를 영창을 찾기 위해 나는 말씀을 마친 켄트에게 S를 내밀었다. 아기를 안으며 켄트가 내게 물었다. "이 아이가 누구지?"

　내가 대답을 하자 그는 울음을 터뜨렸다.

5장

홈스쿨링에서 얻는
기쁨

버지니아 주 퍼셀빌, 2012

나는 요새 물에 빠진 사람이 공기를 들이마시듯 글을 쓰고 있다. 아이들, 아이들의 친구들, 공무원인 남편과 스트레스 및 경쟁으로 점 철된 그의 일 등 내 생활의 배경이 된 것들 여기저기서 조금씩 시간을 떼어낸다. 우리에겐 켄트가 '여행하는 쓰레기통'이라고 이름 붙인 미니 밴이 있는데, 나는 말귀를 잘 알아듣는 골든 리트리버 종인 우리 집 개 샐리를 보내 차 안의 샌드위치 부스러기, 주스 상자, 피자 가장자리들 을 청소하게 한다. 샐리는 우리 집 막내딸과 같은 나이다. 둘은 종만 다를 뿐 쌍둥이 같다. 샐리와 세 살 난 아들 녹스는 여름 동안 뒤뜰 에서 같이 길들여졌다. 내가 사랑하던 개 머피는 뒤뜰 정원에 묻혔다. 나는 작년에 바질 45포기를 그곳에 심었는데 한창 잘 자라던 바질들 을 마멋 한 마리가 나타나 몽땅 먹어치웠다. (바질을 좋아하는 것으로 보아 틀림없이 이탈리아 마멋일 것이다.)

우리는 전형적인 홈스쿨 가정이다. 내가 이 글을 쓰고 있는 지금 우리 집에는 아이 넷 중 세 명이 함께 거주하고 있다. 열여덟 살인 아들 매트는 일하는 자동차 정비소에서 지금 막 돌아왔다. 그는 오늘 저녁에 있는 소방대원들을 위한 파티에 참석하기 위해 열심히 손에서 기름때를 벗고 있겠지만 쉽지는 않을 것이다. 그 아이는 민간소방대원으로 자원봉사하고 있다. 우리 집은 소방서 바로 지척에 있어서 선임대원인 매트는 불이 날 때마다 수시로 불려나간다. 매트는 사람들을 돕고 돌보는 것을 좋아한다. 그는 해부학(응급요원이 되기 위해서), 기계학, 소방학을 공부하고 있다. 매트와 나는 여행하는 쓰레기통을 같이 사용하고 있는데, 내가 따로 말을 안 해도 자신이 차를 가지고 나간 사이에 카시트를 사용할 일이 있을 때를 대비해 오늘 저녁 파티에 가기 전에 동생들의 카시트를 밴에서 떼어 복도에 놓아둘 것이다. 매트는 세심하게 가족들을 보호하고 배려해 준다.

매트가 2층에서 샤워를 하는 동안 녹스와 메리는 봄이 오는 기미를 찾아보러 밖으로 나갔다. 2월임에도 옅은 눈발이 흩날리는 날씨라 아직 봄을 기다리기에는 이른 감이 있지만 오늘 아침 녹스는 올 들어 첫 종달새를 보았노라고 했다. 글을 쓰고 있는 지금 이 순간 내게도 내 오른손목 바로 옆, 책상 위로 봄의 징후가 찾아왔다. 올해 처음 보는 애벌레다. 글을 쓰는 동안 잠깐 그대로 옆에 두었다가 좀 더 편안한 장소로 옮겨주어야겠다. 싫든 좋든 우리 집 아이들은 저녁을 먹기 전까지 사로잡힌 모든 벌레에 대해 제네바 협정을 준수해야 한다.

우리는 하나님이 만드신 자연세계를 탐구하는 것을 즐긴다. 작년 가을, 우리 집 아이들과 나는 소리들의 반향을 이용하여 위치를 파악하는 박쥐들에 관한 재미있는 강의를 같이 들었다. 8시 반쯤, 메리가 꼬물꼬물 졸기 시작해서 나는 녹스의 귀에 대고 "이제 그만 가야 할 것 같은데"라고 말을 했다.

그러자 도저히 믿을 수 없는 말을 들었다는 듯 녹스가 목소리를 낮추어 대답했다. "맙소사! 엄마, 이제 막 재미있어지려는데요! 이 방에 있는 사람들 가운데 반은 제가 아는 사람이니까 아무에게든지 끝나고 집에까지 태워다 달라고 할게요."

녹스의 말에 나는 "안 돼. 카시트도 있어야 하고 열시 반이나 되어 집에 돌아오기에는 너는 아직 너무 애기야"라고 대답해 줄 수밖에 없었다.

우리는 박쥐들의 방향감각이나 양서류 관찰 등 다양한 주제의 강연들에 참석하여 정식으로 과학을 공부했다. 피아노, 기타, 주석 피리, 냄비, 프라이팬, 나무로 직접 만든 악기 등을 동원한 즉석 연주회도 훌륭한 음악공부였다. 메리가 두 살 무렵이었을 때는 낮잠을 재우기 전에 호주머니들을 모두 살펴봐야 했다. 그 애는 송충이를 좋아해서 놈들을 잘 보관한답시고 호주머니에 집어넣기 일쑤였다. 네 살이 되자 메리는 봄과 여름 동안 부엌의 믹서 옆에 놓인 현미경으로 관심이 가는 물건들을 관찰하기 시작했다. 얼마 전에는 현미경으로 보면 개구리 알들이 마치 지구의 표면처럼 보인다거나 우리 집 고양이 빅가이의 귀지가 매킨리 산처럼 생겼다고 주장하기도 했다. 다섯 살 때는 처음으로 실내와 실외에서 각각 3시간 동안 진행되는 양서류 관찰 교실에 참가를 했는데 워낙 손길이 차분해서 민물을 떠서 관찰을 해도 그 속에 들어 있는 민물새우들이 다치지 않았다.

봄이 되면 우리 집 부엌은 위험한 장소가 되기도 한다. 홈스쿨을 하는 대부분의 집처럼 우리 집도 부엌이 실험장 구실을 겸하는데 작년 봄에는 녹스가 의기양양하게 세 마리의 아메리카 두꺼비들을 붙들어 왔었다. 진흙으로 범벅이 된 녹스를 따라 들어온 강아지도 스펀지도 장이라도 찍듯 바닥에 발자국을 남기며 뛰어다녔다. 바로 그런 이유들로 우리 집에는 카펫이 깔려 있지 않다. 나는 강화 마룻바닥이나 기타 내가 호수로 물을 뿌려 닦을 수 있는 바닥들이 훨씬 마음에 든다. 하지만 두꺼비들을 잡아오리라고 누가 상상이나 했겠는가? 분명 봄이 온 증거임에는 틀림이 없지만 말이다. 나는 즉시 수프 냄비의 뚜껑을 덮었다. 아직은 채식주의자로 남고 싶었기 때문이다.

녹스는 메리보다 나이가 많기 때문에 자신이 모은 보물들을 달리 연구하고 싶어 한다. 녹스는 항상 네 권의 조류도감을 지니고 있다. 그는 존 오듀본의 자서전에 푹 빠졌는데, 그가 철새들을 연구하던 부분에 특히 매료가 되어 있다. 녹스가 이야기하는 바에 따르면 존은 녹스의 나이 때 오직 새들에 대해서만 알고 싶어 했다고 한다. 그는 새들을 연구하고 새들의 그림을 그리고 죽은 새들을 수집했다. 이런 관찰활동 끝에 그는 새들이 철 따라 이동한다는 것을 알아냈다. 그의 발견은 새들이 동면을 한다는 아리스토텔레스의 주장을 뒤엎는 것이었는데, 순전히 자신의 관찰을 기록함으로써 아이에 불과한 오듀본은 아리스토텔레스보다 자신이 위대한 과학자임을 보여주었다. 오듀본의 발자취를 따르겠다는 것이 녹스의 주장이었다. 우리 냉장고 안에는 해부와 무게측정을 위해 모아놓은 죽은 생물체들이 항상 있다. 얼마 전에는 우리 집 유리창에 어설픈 새 한 마리가 부딪쳐 죽은 적이 있다. 내가 어설프다고 표현을 한 이유는 우리 집 유리창은 아이들의 손자국과 개가 코를 비빈자국들로 자욱해서 누구라도 그것을 투명하게 생각할 수 없을 것이기 때문이다. 녹스는 나름대로 응급조치를 취했지만 새는 죽고 말았고 곧 그가 연구할 수집물 중의 하나가 되었다. 녹스는 수학시간에 사용하는 평형저울, 공책, 넘버2 색연필, 줄자, 동전 상자 등 그의 실험도구들을 꺼냈다. 그의 관찰 대상물은 페니 동전 두 개, 쿼터 동전 두 개의 무게가 나갔고 색깔과 몸의 크기를 볼 때 아직 다 자란 상태는 아니라는 게 그의 설명이었다. 그는 새를 봉투에 넣고 네임펜으로 표시를 한 후 냉장고에 집어넣었다. 그날 저녁 퇴근해 집으로 돌아온 남편이 새가 들은 봉투를 꺼내 들고는 내게 물었다.
"아마도 부리토는 아니겠지?"

그렇다.

아이들과 함께 공부를 한다는 것은 위험한 일이다.

나는 홈스쿨 동아리에서 아이들을 가르치는 일을 돕고 있다. 그곳에서 녹스와 메리는 라틴어와 지리, 영어, 수학, 역사, 과학, 공예를 배운다. 그 외에도 피아노, 조류학, 요가, 수영도 따로 배운다. 우리의 하루는 일과가 빠듯하다. 나는 올해 50대로 접어든다. 홈스쿨을 한다는 것은 쉬운 일이 아니다. 때로는 아이들과의 사이에 좋지 않은 장면들이 연출되기도 한다. 지난주 녹스의 컵스카우트 활동에 따라갔다가 아이들 사이의 대화를 들었다. 한 아이가 홈스쿨에서 공부한다는 것은 일반 학교를 다니는 것과 무슨 차이가 있느냐고 질문을 하자 옆에 있던 다른 아이가 "학교에서 공부를 하는 아이는 엄마한테 혼이 덜 난다"고 대답을 했다. 틀린 말은 아니었다. 나도 그런 비난에서 자유롭지 못하다는 것을 순순히 인정한다.

지금 우리 집은 두 가지 소용돌이 가운데 있다. 집에서 벌어지는 엄격하면서도 신나고 때로는 힘에 부치는 홈스쿨 과정이 그 하나이고, 하나님께서 켄트를 다시 설교단에 세우실지도 모른다는 기대감이 다른 하나이다. 우리는 모두 켄트가 다시 설교 사역을 하기를 꿈꾼다. 새 교회, 새로운 홈스쿨 환경, 새 집. 사내아이들은 방을 함께 쓰려들까? 우리와 함께 살게 될 친정엄마는 아이들이 피는 난리법석에서 벗어나기 위해 항상 보청기를 빼놓으려 하실지 모른다. 새로 가는 지역에는 어떤 새들이 있을까? 집 뒤뜰에서 도롱뇽들을 볼 수 있을까? 하나님은 우리를 사용하셔서 다시 교회를 세우려 하실까? 우리는 그렇게 쓰일 준비가 되어 있을까? 다양한 인종의 입양된 아이들, 입에 담기도 부담스러운 회심 이야기, 다른 가정과 달리 특별한 사연이 많은 우리 가족이 새로운 환경에 잘 동화할 수 있을까? 흥분과 동요 가운데도 우리의 발걸음은 희망과 가능성으로 들떠 있었다. 나는 다시 남편의 설교를 들을 수 있는 날을 고대하고 있었다.

도움의 손길들

2009년, 매트가 16세의 나이로 우리 식구로 합류한 바로 직후 우리 부모님은 애리조나에서 버지니아로 이사를 오셨다. 우리를 도와주기 위해서였다. 우리 목소리만을 듣고도 우리가 스트레스를 받고 있다는 것을 알아챘기 때문이다. 켄트는 목회를 좋아했다. 2007년 우리가 세웠던 교회가 문을 닫은 후 켄트는 최고의 비밀정보 사용 허가가 필요한 다양한 정부 관련 일들을 하고 있었다. 집에서 일을 하는 목사 겸 아빠의 자리에서 워싱턴 인근에서도 가장 스트레스가 심한 일자리로 자리를 옮긴 것이다. (예를 들면, 지금 그가 하고 있는 일은 '911 같은 테러 재발 방지'를 위한 것이다.) 급여는 생활하기에 빠듯했고(지출이 엄청나게 늘었기 때문이다) 부동산 시장이 침체되어 우리가 사는 지역의 집들 가운데 4분의 1 정도는 차압된 상태였다. 각각 80대와 70대 후반이셨던 아빠 엄마는 우리를 돌봐줘야겠다는 의무감, 책임감 때문에 이사를 오신 것이다. 두 분은 소매를 걷어붙이고 우리를 돕기 위해 우리의 삶에 뛰어들었다. 당시 아빠는 치매가 진행 중이어서 글을 읽을 수 없었다. (그는 세상과 통하는 방식으로 책을 가장 좋아했다.) 하지만 아빠는 아이들이 그를 위해 소리 내어 책이나 「뉴욕타임스」를 읽어주는 것을 무척 좋아하셨다. 밤에 가끔 밖을 배회하는 아빠를 지키기 위해 우리 집 강아지 샐리를 문 앞에 보초 세우기도 했다. 아빠는 2011년 8월 12일 세상을 떠나셨다. 아빠가 돌아가시기 전날, 엄마와 나는 다섯 살짜리 메리가 할아버지 방과 연결된 스피커를 통해 성경말씀에 기록된 약속들과 예수님에 대한 믿음을 통해 새로 받게 될 새 몸에 대해 할아버지와 이야기하는 것을 엿들었다.

81세의 나이에도 라틴어, 수학, 과학에 능한 엄마는(평생 엄마는 의료 기술 분야에서 일을 하셨다) 우리 집 홈스쿨에서 아주 중요한 역할을 맡고 계시다. 내가 과도로 메론을 깎다가 실수로 새끼손가락을 조금 베자 엄마는 내 떨어진 살점을 얇게 펴서 관찰용 슬라이드에 올려놓은 후 아이들을 현미경 주위로 불러 모았다. 우리의 세계는 아이디어, 가설, 도감, 질문, 독서, 음악, 친구들로 넘쳤다. 녹스는 코넬 대학에서 조류학을 공부하고 싶어 한다. 하지만 그러기 위해서는 초등학교 3학년 과정을 제대로 끝내야 한다는 것도 잘 알고 있다. 그 아이는 조류 분포도, 조류 수 관찰, 기타 환경보호에 관련된 일들에 참여를 하고 있다. 녹스는 우리 집에 위탁을 받은 아이들이 온다는 소식을 들으면 제일 먼저 자신의 방과 장난감을 내놓는다. 그 아이는 다정하게 사람들의 말에 귀를 기울일 줄 알고 또 아주 유능한 청음 조류 관찰가들 중 한 명이다. 다른 사람들이 새의 모습을 발견하기도 전에 녹스는 울음소리만으로 새의 종류를 알 수 있고 매일 보는 새들일지라도 일상의 소리와 위급할 때 내는 소리를 구분할 줄 안다. 심지어 다른 새들의 울음소리를 흉내 내는 새들조차 녹스를 속일 수는 없다. 그 아이는 온 세상을 귀로 듣는다. 어떻게 듣는 것만으로 마치 오케스트라 연주처럼 떼를 이루어 요란하게 울어대는 새들을 구별해 낼 수 있는지 녹스에게 물은 적이 있다. 그는 "오케스트라 연주를 들을 때, 엄마도 피아노와 트럼펫 소리를 구분할 수 있잖아요?"라고 대답했다.

만약 이사를 하게 된다면 나는 이곳에서 어울려 같이 홈스쿨을 하던 사람들, 마을, 교회 교우들을 그리워하게 될 것이다. 우리 식구들은 집 근처에 있는 정통장로교회에서 예배를 드려왔다. 우리 가족들은 벨츠빌의 트리니티 개혁장로교회가 본 교회였지만 너무 멀리 떨어져 있어서 그곳에는 출석을 할 수가 없었다. 이것은 민감한 문제일 수도 있다. 많은 시편영창자들은 눈이 오든, 비가 오든, 진눈깨비가 오든, 눈보라가 치든, 아니면 우리의 경우처럼 장거리 고속도로 여행을 무릅써야 하든 상관없이 본 교회를 출석한다는 것도 알고 있다. 나는 교회가 신자들의 공동체라고 생각한다. 공동체에서는 어떤 상황에서든 구성원끼리 서로 돌봐야 한다. 우리가 개척하던 교회가 문을 닫은 후 나는 교회는 직장에 출근하듯 멀리 떨어진 곳이 아니라 우리가 사는 동네에 있어야 한다는 사실을 깨달았다. (물론 이것도 민감한 사안이라는 것을 안다.) 정통장로교회의 목사님은 우리와 친구처럼 지냈다. 아니, 그는 진실한 친구였다. 우리는 몇 년간 서로의 강점과 약점을 있는 그대로 인정하며 살아왔다. 진정한 크리스천 친구들은 모름지기 그래야 한다. 우리는 서로에게 실망을 안겨주기도 하지만 회개와 회복을 통해 좀 더 강건해지고 겸손해진다. 그런 친구가 있다는 것은 좋은 일이다.

　　동네에 개혁교회가 있다는 것은 좋은 일이긴 하지만 예배시간에 시편영창을 할 수 없다는 것이 아쉽다. 우연히 예배시간에 찬송을 부르길 거부하는 사람들을 비웃는 대화를 교회에서 듣게 되었다. 마침 내가 바닥에 주저앉아 있었기 때문에(기도를 하기 위해서는 아니었고 의자

밑에서 크레용, 공책, 제대로 옷을 입히지 않은 바비인형 등 버터필드 가족이 남긴 흔적을 꺼내기 위해서였다) 내가 그 자리에 있는 것을 모르고 교인들끼리 주고받는 대화였다.

보기 민망한 바비인형을 주섬주섬 가방으로 밀어 넣으며 내가 바닥에서 몸을 일으키자 뒷담화 중이던 친절한 눈빛의 남자 성도가 같이 이야기를 하자고 청했다. "로자리아, 여기 수지의 이야기를 듣자니 찬송가는 사람이 만든 것이라며 예배시간에 찬송을 하지 않는 사람들이 우리 교회에 있다네요? 그런 식이라면 목사님도 원래 성경이 만들어진 말이 아니라 그 후 사람들이 만든 말로 설교를 하는 것이니까 설교를 하면 안 되지 않을까요? 원, 세상에!"

"저는 시편만 찬송을 해요, 잭."

"무슨 이유에서죠?" 내가 농담을 하는 것으로 생각한 잭이 빙긋 웃으며 말했다.

"예배의 규정적 원리 때문이죠." 내가 대답을 했다.

"규정적 뭐라고요?" 그가 잘 듣지 못했다는 듯 다시 질문을 했다.

다음 주일에 교회에서 나를 만난 잭은 진지하게 사과를 했다. 나는 그를 간곡하게 점심 식사에 초대했다. 예배의 규정적 원리에 대해 대화를 나누고 싶어서였다.

정통장로교회의 교인들이 나는 참 마음에 들었다. 그들과는 감정이 상하지 않고도 다른 의견을 나눌 수 있었다. 나는 그 교회가 입양을 교리의 차원에서, 그리고 가족을 꾸리는 방법으로 다루고, 그에 대해 특별히 통찰력 있고 진실한 메시지를 전하는 것도 좋았다. 목사님 부부도 전적으로 입양한 아이만을 키우고 있었고, 목사님이 교구를 위한 기도를 할 때는 회중의 임산부들은 물론 홀엄마들과 부모가 없는 아이들을 위한 간구도 빼놓지 않았다. 나는 목사님들이 교구를 위한 기도를 할 때 우리 아이들 같은 이들은 하나님의 언약에서 제외된 존재라도 되는 듯 기도하는 것을 수도 없이 많이 들어왔기 때문에 입양을 통해 하나님의 위대하심을 보는 교회에서 예배를 드리는 것이 감사했다. 나는 직접 임신을 해보지는 않았다. 하지만 나는 아이들의 삶에서 산을 옮기시는 하나님, 내 손과 마음을 사용하셔서 다치고 상심한 아이들을 다시 양육하게 하시는 하나님을 보았다. 그렇게 사용되는 것이 나한테는 가장 중요한 사명이다.

사실 입양은 강력한 사역일 뿐만 아니라 교리 가운데 중요한 일부이기도 하다. 나는 매일 이것에 대해 생각을 한다. 러셀 무어는 「평생 입양」(*Adopted for Life: The Priority of Adoption for Christian Families and Churches*)이란 책을 지은 바 있다. 할 수만 있다면 나는 차떼기로 이 책을 사다가 내가 아는 모든 목사님들께 한 권씩 보내고 싶다. 나는 책의 내용 중에서도 저자가, 입양을 한 부모들은 '진짜' 부모가 될 수 없다는 지적을 정면으로 다루는 대목을 좋아한다. 그는 존 그래샴 메이첸 교수의 「그리스도의 동정녀 탄생」(*The Virgin Birth of Christ*)에 나오는 "만약 요셉이 예수님의 '진정한' 아버지가 아니었다면 우리 모두는 지옥행일 것이다"라는 글을 인용한 후 다음과 같이 설명을 하고 있다.

그리스도로서의 예수님의 신분은 다윗의 자손, 다윗의 왕조에 대한 법적 후계자라는 신분과 분리될 수 없다. 예수님은 다윗의 자손, 아브라함의 후손인 그리스도로서 우리를 구원하신다. 그런 인간적인 신분을 예수님은 입양을 통해 얻으신 것이다. 마태와 누가는 예수님의 뿌리를 요셉을 통해 아브라함과 다윗에게까지 이르는 것으로 본 것이다.

이것은 눈에 보이는 세계가 항상 진실은 아님을 보여주는 또 하나의 중요한 예이다.

수년 동안 나는, 임신을 할 수 없다는 사실을 하나님이 그들에게 부여하신 생명의 전달자로서의 사명을 감당할 수 없다는 뜻으로 생각하고 비탄에 빠진 수많은 여인들의 사연을 들어왔다. 그중 한 여인은 최근 내게 "저는 여섯 아이를 둘 생각이었어요. 결혼 첫해에 임신을 할 수 없게 되자 마치 하나님께 배반을 당한 느낌이 들더군요. 내 꿈을 짓밟으신 것 같았어요"라고 말했다. 하나님은 불임이라는 형편에 처하게 하실 때도 부모로서 양육을 하겠다는 꿈을 짓밟으시는 것이 아니다. 하나님은 임신이라는 우상을 우리가 파괴하기를 원하신다. 그분은 "너희들이 원하는 꿈이 아닌 내가 원하는 꿈을 꾸어라"라고 말씀하신다. 현재 버지니아에만 해도 입양을 기다리는 아이들이 7천 명이나 대기하고 있다. 하나님께 우리의 꿈을 드리고 그것들이 온 세상의 크리스천 교리가 되는 것을 지켜보라. 나는 불임으로 인해 생명을 주는 사람으로서의 내 역할이 손상을 입었다고 생각하지 않는다. 오히려 그 덕에 영적인 눈으로 세상을 바라보는 능력은 더 예민해졌다.

몇 년 동안 켄트는 정부의 일을 위임받아 해오면서 목사를 찾는 개혁장로교회들에서 임시목사로 강단을 지켜왔다. 한 조그마한 교회에서는 7개월 동안 꼬박 전임목사로 일을 하기도 했다. 그곳은 켄트를 담임목사로 청빙할 것을 심각하게 고려했다. 교인이 얼마 되지는 않았지만 우리는 그 교회에서 배우고 가르치는 일을 즐겁게 감당했다. 맘껏 시편영창을 할 수 있었고 성경공부, 기도모임, 우리 집에서 베풀어지는 친교모임 등을 한껏 누렸다. 그러다가 일이 생겼다. 종종 그런 일이 생기고는 하지만. 내 간증은 전분 위에 뿌린 요오드 용액처럼 사람들의 눈길을 끄는 확연한 반응을 보인다.

교회 창립 멤버이고 영향력이 있던 교인이자 내가 평소 친구로 생각했던 한 여인이 내게 동성애자가 우리 예배에 참여를 한다면 어떻게 하겠느냐고 물어왔다. 나는 그녀에게 즉시 나의 이야기를 들려주고 좀 더 일찍 그렇게 하지 못한 것을 사과했다. 나는 그녀에게 이 책의 한 장을 건네준 후 그 부분을 읽어보고 그녀의 생각을 알려달라고 부탁했다. 일주일 후에 그녀가 다시 나를 찾아왔다.

그녀는 입을 열기 전에 심호흡을 했다.

그녀의 얼굴은 핏기를 찾아볼 수 없을 만큼 창백했다. 마치 방금 전 범죄 현장이라도 목격하고 온 사람의 표정이었다.

역겨움과 두려움이 교차하는 표정을 지은 그녀는 내가 차라리 그녀에게 그런 간증을 하지 않았더라면 더 좋았을 뻔했노라고 말을 했다. 그녀는 바로, "저는 그런 이야기를 들어도 괜찮아요. 하지만 X(또 다른 중진 교인)는 이런 이야기를 감당하지 못할 거예요. 이런 이야기를 꼭 사람들에게 해야 하나요?"라고 말을 이었다. 이런 이야기는 물론 입에 담기도 거북한 로자리아의 과거를 지칭하는 것이었다. 기생 라합, 막달라 마리아. 우리는 성경 이야기 속에서나 이런 여인들을 사랑할 뿐 성찬식 테이블에서 이들과 함께 잔을 사용하고 싶어 하지는 않는다. 하지만 성찬식에서 우리가 함께 사용하는 잔은 우리 모두의 공통된 죄의 본성을 가리킨다. 우리는 단지 그리스도 안에서, 오직 그분 안에서만 의로울 수 있을 뿐이다. 그것은 삼키기 어려운 쓴 약이다. 특별히 올바른 선택만을 해온 자신이 자랑스러운 사람의 경우에는 더욱 그럴 것이다.

나는 나 때문에 강단에 설 기회를 놓친 켄트에게 미안했다. 하지만 그는 전혀 구애받지 않았다. 그게 켄트라는 사람이다. 충실하고 자신의 임무에 철저하고 하나님의 사랑을 온전히 보여주는 사람.

인생을 허비하고 있다고요?

가끔 내게 '인생을 허비하고 있다'는 느낌이 들지 않느냐고 묻는 사람들이 있다. 흥미 있기도 하지만 선뜻 대답을 하기 쉽지 않은 이상야릇한 질문이기도 하다. 그들이 하고자 하는 말은 내가 받은 교육을 생각할 때 내가 '뭔가' 지금과는 다른 일을 해야 하지 않겠느냐는 뜻일 것이다. 우리 집에서 벌어지는 홈스쿨의 현장에 와보지 않는 한 이해하기 어렵겠지만 나는 지금도 프로페셔널한 마음으로 살고 있다.

지금까지 언제나. 특별히 지금은 기독교의 전통적인 교육방식을 따라 홈스쿨을 하는 엄마로서, 내가 받아온 교육, 훈련, 지적인 엄격함에 의지해 왔고 지금도 매일 그런 삶을 살고 있다. 나는 학교에서도 빈틈없이 생활을 했었고 지금도 100쪽이 넘는 문건들을 읽고 번역하고(요즘은 주로 라틴어를 번역하고 있다) 논문을 쓰고 문장을 도해하고 학생들(우리 집 아이들과 홈스쿨 동아리의 다른 아이들)을 돕고 있다. 영문학 박사로서 내가 당연하게 생각하는 것들, 즉 유창한 언어사용, 어원, 문장 분석을 하는 능력을 아이들이 지니도록, 또 그들이 넓고 다양한 범위의 책들을 읽도록 도와주고 싶다.

얼마 전에 우리 집 아이가 학교 수업을 마친 친구를 집으로 데리고 왔다. 우연히 엿들은 그들의 대화는 마치 언어 실습실의 한 장면처럼 흥미로웠다.

(초등학교를 다니는 아이) "학교에 있는 여자애들은 모두, 있잖아, 남자애들 같아. 우웩."
(홈스쿨을 받는 아이) "있잖아? 같아? 그게 무슨 말이야?"
(초등학교를 다니는 아이) "그거 왜, 있잖아."
(홈스쿨을 받는 아이) "있잖아란 말을 동사로 쓰는 거니 아니면……."

곧 둘이 벌레를 잡는다고 나가는 바람에 나는 두 아이의 대화를 더는 듣지 못했다. 초등학교 2, 3학년 과정에 있는 두 아이의 대화를 들고 내가 깨달은 것은 다음과 같은 것이다. 과거에는 초등학교에서 수학, 작문, 강독, 지리, 역사, 과학 등의 학과목들을 학습하기 위해 어휘를 비롯한 기초적인 뼈대를 배웠었다. 즉, 지식을 걸 수 있는 '걸이 못'을 가르치는 곳이 초등학교였다. 우리 아들의 친구의 '걸이 못'은 이성에 눈뜨기 시작한 여덟 살짜리의 호기심이었고, 우리 아들의 '걸이 못'은 문장구조에서 어휘들의 역할이었다.

기초과정의 아이들에게 내가 무슨 '걸이 못'을 가르치고 싶어 하는지는 의문의 여지도 없다.

내가 '인생을 허비'하고 있는 것이 아니라는 것을 보여주는 다른 사례를 들어보겠다.

2010년에 거행된 매트의 입양식은 성대한 잔치판이었다. 입양가정들은 다른 가족들의 입양을 함께 모여 축하를 한다. 모두 옷을 한껏 차려입고 법원으로 가서 입양을 통해 가정을 이룬 인근의 수많은 가족들과 함께 잔치를 하는 것이다. 우리가 법원으로 들어섰을 당시 7세였던 녹스가 법정 벽에 걸려 있던 마그나카르타(1215년 영국 왕 존이 귀족들의 강압에 따라 승인한 칙허장-옮긴이)를 알아보고 옆에 있던 네 살짜리 메리에게 말했다. "와! 멋있지? 마그나카르타야." 둘은 홈스쿨 시간에 배운 마그나카르타의 역사에 관한 노래를 부르기 시작했다. "영국 왕 존은 1215년에 마그나카르타에 서명했어요. 왕의 힘을 줄이기 위해서였죠. 나중에 에드워드 3세는 자신이 프랑스 왕이라고 주장을 해서 1337년에 백년전쟁이 일어났어요."

내 앞에 서 있던 두 사람의 법원 공무원이 서로를 쳐다보며 속삭였다. "홈스쿨하는 애들인가 봐."

그것은 여러 면에서 흥미로운 장면이었다.

우선, 기억을 하기 위해 암송을 하고 암기를 하는 것은 홈스쿨 교육에서는 기본적인 것이다. 매주 우리 아이들은 집에서 역사적 사실을 말해주는 문장(라틴어, 지리, 영어, 문법, 과학, 연대표 중에서)을 하나씩 배운다. 우리는 이것이 아주 정상적이고 재미있는 교육이라고 생각한다. 예를 들자면 역사적 사실을 말해주는 각 문장들은 중요한 역사적 사실들에 관해 "누가, 무엇을, 왜, 언제"했는지를 알려준다. 우리의 전통적인 교육의 모토는 "담을 수 있도록 뇌를 훈련하라"이다. 우리는 이런 사실들을 집에서 공부하고, 매주 홈스쿨 동아리들이 모여 합동수업을 받는 금요일에는 각각의 과목을 담당하는 선생님이 한 반에 여덟 명씩 아이들을 모아 집중적인 수업을 한다. 그뿐만이 아니라 그들은 공예나 과학에 관해서는 더 큰 그룹들에 들어가 활동을 한다. 평범한 삶을 살아가면서 우리 아이들은 진짜로 중요한 것들을 배우고, 그들이 배운 것들을 역시 상당한 깊이의 공부를 하는 아이들과 다시 공유를 한다.

다음으로, 우리 아이들이 마그나카르타를 알아보고 역사적인 사실과 연결시킬 수 있었던 것은 그들이 문명의 담지자임을 보여준다는 것이다. 그들은 문화적 상징으로서 마그나카르타의 중요성을 알고 그것을 역사 연대표에서 찾을 수 있다. 그들은 얼마 전까지만 해도 고아였다. 하지만 하나님의 섭리로 그들은 자신들이 지금 서 있는 법원을 통해 하나님의 약속을 믿는 크리스천 가정으로 보내졌다. 아직 네 살, 일곱 살에 불과하지만 그들은 아이디어들에 모양과 형식, 중요한 의미들이 있다는 것을 이해하고 있다. 그들에게 주변 세상은 혼란스러운 느낌과 인상들의 소용돌이가 아니다. 그들은 세상을 암기하고 다스린다. 결국, 그들에게는, 세상은 하나님이 창조하신 곳이다.

이 글을 쓰고 있는 지금 올 봄의 첫 전령사인 꿈틀이 친구는 아직도 내 책상 위에 자리를 잡고 있다. 공기가 약간 건조한 것 같아 나는 내 생수병에서 물을 몇 방울 흘려준다. 그는 페리에를 좋아할까? 우리 가족이 아직도 그 후유증에서 벗어나지 못하고 있는 또 하나의 사례가 있다.

J 이야기

추수감사절 후에 우리 집에 잠시 위탁이 되었던 그 아이 이름은 J였다.

우리가 J와 그의 네 형제들에 관한 이야기를 들은 것은 매트의 입양이 확정된 후 2주가 지난 2010년 11월 19일이었다. 워싱턴에서 발견된 다섯 형제에 관해 주정부 아동보호센터로부터 전화가 왔다. 사회보장국은 모두 장애아인 형제들 중 세 명을 맡아달라고 부탁을 했다. 자폐에 언어장애가 있고 지능도 낮은 13세의 W, 지적장애와 언어장애가 있는 8세의 J, 자폐아이고 언어장애가 있는 7세의 K가 그들이었다. 그들은 모두 방치된 채 학대를 받았으며 형제 중 한 명이 엄마에게 살해

당하는 것을 목격했다고 한다.

그들이 경험한 일들이 너무 끔찍해서 상상을 할 수 없을 정도였다. 이야기를 듣는 것만으로도 숨이 막힐 지경이었다. 어떻게 아이들이 이런 상황을 견뎌낼 수 있었을까?

세 아이를 더 받아들이기에는 우리 집이 매우 협소했기 때문에 우리는 보호소의 부탁을 거절하고 기도를 했다. 마침 그날 우리 집에는 장로님들이 심방을 와 있었다. (개혁장로교회에서는 더 좋은 목양의 길을 찾기 위해 1년에 한 번씩 장로님들이 각 신도들의 가정을 방문한다.) 스티브 목사님과 T 장로님은 그 형제들을 위해 기도를 하셨다. 하지만 추수감사절 기간 내내 내 마음은 무거웠다. 때로는 우리 삶의 충분함을 위해 도움이 필요한 사람들을 거절하는 일이 생기는 것이다. 추수감사절은 아주 바쁜 기간이다. 우리의 스케줄이 너무 빡빡하면 사랑의 사역을 감당할 수 없다. 이방인들, 버림받은 이들을 우리 삶에 끼워 넣을 여지가 없다. 금요일 무렵이 되자 켄트와 나는 누가 먼저랄 것도 없이 다시 전화가 오면 한 아이라도 맡겠다고 말을 하기로 했다.

사회복지국으로부터 두 번째 전화가 걸려온 것은 월요일 오후 4시 반이었다. 메리와 녹스는 감기에 걸려서 눈이 충혈되고 누런 콧물을 흘리고 있었다. 전화를 한 복지사의 목소리는 긴장되어 있었다. 아이들은 이미 복지국에 도착을 한 상태였지만 세 아이를 맡기로 한 가정에서 갑자기 아이들을 맡을 수 없노라고 통보를 해왔다는 것이었다. 복지국은 30분 후면 문을 닫을 시간이었다. 그들은 단도직입적으로 한 아이만이라도 맡아줄 수 있느냐고 물어왔다. 나는 메리와 녹스에게 상황을 설명하고 기도를 부탁했다. 그러고는 즉시 켄트에게 전화를 했더니 그는 내게 한 아이를 선택하라고 말했다. 나는 아이들과 함께 기도를 드렸다. 아이들은 다가오는 생일파티, 병에 걸린 애완동물 등을 위한 일상의 기도들에 더해 아직 이름도 모르는 그 아이를 우리 집으로 보내주시고 편안하게 하셔서 말도 하고 예수님도 알게 해 달라고 기도를 드렸다. 아이들의 기도를 들으면 마음이 치유되는 느낌이다. 그들이 보는 세상은 단순하기 그지없다. 그 친구를 집으로 데려오고 잘 먹이고 기도를 해주고 하나님이 고아를 사랑해 주시는 그 사랑으로 모든 일을 도와주면 된다. 하나님은 그 아이가 꼭 있어야 할 곳으로 그를 보내시는 것이다. 나는 하나님께서 우리에게 보내시는 그 아이는 말을 못 하는데 어떻게 그와 의사소통을 해야 할지 모르겠다고 아이들에게 걱정을 나눴다. 녹스는 나를 딱하다는 듯 쳐다보더니 "엄마, 아이들은 다 눈으로 말을 하거든요. 우리는 그 애가 무슨 말을 하고 싶은지 알 수 있을 거예요"라고 했다.

사실, 처음에 예스라고 말하는 법을 배우는 것이 가장 어려운 법이다. 그다음에는 모든 일들이 그렇게 어렵지 않다.

켄트가 퇴근하자마자 우리는 모두 일렬로 밴에 올라탄 후 J를 데려오기 위해 출발했다. 우리가 도착을 했을 무렵에는 이미 복지국의 문이 내려져 있었다. 엘리베이터 앞에서 우리를 기다리던 복지국 직원은 우리에게 사인할 서류들을 내밀었다. 옷 밖으로까지 심장의 고동이 뛰는 J가 눈을 휘둥그레 뜬 채 우리에게 다가왔다. 그는 아름다운 검은 눈동자와 무쇠도 녹일 만한 미소를 지닌 아이였다. 보자마자 녹스가 무슨 짓을 한 것인지 J는 웃음을 터뜨렸다. 밴에 오른 아이들은 뒷좌석에서 만화책을 펴놓은 채 시리얼바를 함께 먹으며 뭐가 그리 재미있는지 깔깔댔다. 하지만 막상 집에 도착을 하자 난관이 기다리고 있었다. J는 개나 고양이를 두려워했고 욕조, 진공청소기, 출입구, 어둠, 큰소리를 무서워했다. 집 뒤뜰에 간 J는 그네, 덤프트럭, 이제는 흙더미로 변해버린 텃밭 등을 보고 어쩔 줄을 몰라 했다. 그에게는 모든 것이 납득할 수 없는 미지의 덩어리들이었다.

우리의 친한 이웃인 제인이 J가 우리 집에 익숙해지는 동안 우리 집 개들인 샐리와 벨라를 당분간 맡아주었다.

나는 녹스가 말한 대로 J와 눈을 맞추며 이야기를 하려 했지만 놀랍게도 J는 단어를 사용해 의사를 표현하기 시작했다. 켄트는 정적이란 아득한 추억 속에서만 존재할 뿐 자면서도 잠꼬대를 떠들어 대는 아이들로 가득한 우리 집에서 J가 살아남으려면 말을 할 수밖에 없을 것이라고 농담을 건넸다.

J는 우리 집에 온 다음 날부터 홈스쿨에 참여했다. 그 아이는 아주 부지런하고 유능한 학생이었고 자신이 알파벳을 모두 외우고 있고 자신의 이름까지 쓸 수 있다는 것을 내게 자랑스레 보여주었다. (복지국의 서류들은 모두 그의 이름을 잘못 표기해 놓고 있었다.) 그는 그림을 그리고 색칠하는 것과 남들이 그에게 책을 읽어주는 것을 좋아했다. 켄트가 집으로 전화를 했을 때 나는 그에게 "J가 저능아라면 나는 그보다도 못한 존재일 거예요"라고 말을 해주었다.

아이들이 모두 감기가 드는 바람에 나도 따라 감기를 앓게 되었고 덕분에 녹스가 책을 읽어주는 역할을 떠맡게 되었다. 녹스가 「내 트럭이 멈췄어요!」(*My Truck Is Stuck*)라는 동화를 읽어주려 하자 J는 녹스를 놀랍다는 듯 바라보더니 "너 글을 읽을 줄 아니?"라고 물었다. 처음으로 그의 입 밖으로 제대로 된 문장이 나온 순간이었다. 그때 이후로 J는 집 안의 책들을 집어다가 글을 읽을 줄 아는 사람들에게 가져왔다. J는 책을 좋아했고 특히 녹스가 그에게 책을 읽어주면 좋아했다.

J가 우리 집에 올 때 그 아이는 너무 꼭 끼는 신발과 지퍼가 고장 난 바지를 입고 있었다. 엄마는 슈퍼에 가서 그를 위해 칫솔과 파자마, 치킨너겟을 사오셨다. 이웃에 사는 미셸은 옷과 신발이 가득 든 봉투와 겨울용 외투를 가져다주었다. J는 기뻐 어쩔 줄 몰라 했다. 매일 아침 그 아이는 마음에 드는 바지와 셔츠를 정성들여 골라 입었다. J는 아침에 눈을 뜨면 매트가 선물로 준 손목시계를 제일 먼저 손목에 찼다. 우리는 모두 J가 얼마나 깨끗한 것을 좋아하는지, 얼마나 남들 눈에 근사하게 보이고 싶어 하는지를 알 수 있었다. 매트가 J에게 준 손목시계는 흥미로운 선물이었다. J는 그것을 통해 시간과 공간에 대한 지각에 눈을 뜨는 것 같았다. 엄마와 미셸의 도움이 없었더라면 나는 J에게 제대로 옷을 입히지 못했을 것이다. 제인이 우리 집 개들을 맡아주지 않았더라면 J를 안정시키는 데 애를 먹어야 했을 것이다. 아이들이 모두 J곁에서 자극을 주고 사랑으로 그를 받아들이지 않았다면 J는 아직도 입을 떼지 않았을 것이다.

곧 우리의 생활은 일상의 리듬을 회복했다. 아침에는 성경공부, 수학, 단어 공부들을 하고 점심에는 뒤뜰 탐험을 했다. J에게 뒤뜰은 신비 가득한 장소였다. 흙구덩이를 팔 수도 있고 자전거를 타다 넘어지기도 할 수 있었다. 그네, 미끄럼틀은 몸무게에 대한 새로운 감각을 느끼게 해주었다. J에게는 그렇게 모든 것들이 새롭게 배워가야 할 것들이었다. 나는 이제까지 우리 집 뒤뜰을 그런 신비와 호기심의 대상으로 여겨본 적이 없었다. 그다음으로는 미술 공부를 하기 위해 다시 집 안으로 들어온다. 손가락으로 색칠하기, 찰흙으로 글자와 숫자 만들기, 도장 찍기 놀이를 하고 그에 관한 글이나 이야기를 만들어 본다. 미술 시간에 J는 자신이 개에게 물렸었다는 것과 빈민굴에서 벌어졌던 처참한 개싸움을 본 경험을 이야기했다. 그가 개들을 무서워하게 된 이유였다.

미술 시간이 끝나고 매트가 학교에서 돌아올 때쯤이면 우리 집 주차장은 동네 아이들의 농구장으로 변한다. 매트가 주심이나 코치 노릇을 하는 가운데 J와 녹스, 그리고 한 떼의 동네 꼬마들이 왁자지껄하게 어울려 어둠이 내릴 때까지 노는 모습은 얼마나 아름다운 광경인지 모른다. 매트는 아이들 중 하나를 잡아 올려 덩크슛을 하게 하기도 한다. 저녁 식사 후 내가 아이들의 목욕물을 준비하는 동안 켄트는 아이들과 낱말 맞추기 게임을 한다. 그 모든 과정을 나는 편안한 마음으로 바라보며 많은 것들을 배우게 된다. 동네 꼬마들이 하나님의 은혜와 부모들의 기도 가운데 마치 퍼즐 조각들처럼 어울려 노는 것을 지켜보노라면 시간이 가는 것을 잊을 정도다.

내 친구 마사는 내게 통찰을 불러일으키고 아낌없는 지원을 베풀어 주는 사람이다. 그녀는 여러 분야에서 내 멘토가 되어주었지만, 특히 상처받은 아이들에게 다가가기 위해서는 동정심이 가장 중요하다는 것을 가르쳐 주었다. 동정심이란 타인의 고통을 같이 느끼는 마음, 다른 사람을 고통의 자리에서 이끌어 내기 위해 그의 고통에 참여하는 것을 말한다. 마사는 내가 J와 함께 있는 동안 읽어보라며 「연결된 아이」(The Connected Child)[3]라는 책을 추천해 주었다. 그 책은 바로 내가 필요로 했던 안내서였다. 마음이 상한 아이들을 양육하는 것은 나보다 우월한 존재, 어려움을 의연하게 견뎌낸 사람을 양육하는 것이라는 사실을 이해해야 한다. 「연결된 아이」의 저자는 섬뜩하긴 하지만 다음과 같은 예를 들고 있다. 가령 당신의 아이가 네 살 때 유괴를 당했다고 하자. 유괴된 아이는 온갖 학대와 방치, 굶주림을 겪다가 일곱 살이 되던 해 기적적으로 당신에게 다시 돌아온다. 그때 당신은 아이를 그가 겪은 경험으로부터 당신에게로 돌아오게 하기 위해 모든 노력을 다할 것이다. 아이를 찾은 바로 다음 날 놀이동산엘 데리고 가거나, 데이케어센터에 맡기거나, 학교에 입학시키지는 않을 것이다. 당장 당신에게 가장 중요한 것은 아이가 겪었던 고통을 같이 느끼는 것이다.

다른 아이들은 모두 회복이 되었지만 나와 J는 점점 더 감기가 심해졌다. 우리의 일상은 내 목감기가 심해짐에 따라 다소 느슨해졌다. 내가 떠들 수 없으면 집 안이 한결 조용해지는 느낌이다. 우리 개들은 주말쯤 다시 집으로 돌아왔고, 그때쯤 J는 자신이 겪은 일들을 우리에게 말하거나 우리가 J에게 그 개들은 위험한 존재가 아니라고 설명하는 것을 이해할 정도가 되었다. 매트는 J가 개와 친해질 수 있도록 노력했다. "개의 발바닥을 한번 보렴. 샐리한테서 팝콘 냄새가 나지 않니? 자, 냄새를 맡아봐." 얼마 지나지 않아 J는 3킬로그램이 나가는 우리 집 시추 종 강아지를 끌어안고 다니면서 "넌 참 예뻐"라고 속삭이게 되었다.

J는 켄트와 함께 있는 것을 좋아했다. J는 퍼즐 맞추기에 아주 능숙했는데 켄트가 500조각짜리 퍼즐을 맞추는 데 J가 큰 도움이 되었을 정도다. 낱말 맞추기 게임을 배우는 것도 아주 좋아했다. 켄트가 J의 목욕을 돕고 용변을 제대로 보도록 가르쳐 주었다. 켄트는 J를 퍼즐박사, 친선대사라고 불렀는데 정말 합한 별명이었다.

J가 말을 하지 않는 아이로 우리에게 온 것은 일종의 수수께끼이다. 만약 그 아이가 빈민가에서 도와달라고 목청껏 소리를 질러도 아무도 그의 비명을 듣지 않는다면, 그가 비명을 지르지 않았다고 누가 감히 말할 수 있을까?

J를 담당하는 사회복지사는 J와 일곱 살짜리 자폐아 동생을 함께 맡아줄 가정을 찾고 있었다. 우리는 하나님께 이 사랑스런 아이를 위한 가정을 보내달라고 간구했다. 사회복지 시스템에 J 같은 아이를 맡기면 어떤 일이 벌어질지 상상이 되었기에 J를 우리 집에 입양하는 가능성에 대해서도 심각하게 고려했다. 하지만 우리는 두 아이를 맡을 처지는 아니었다. J를 그의 형제에게서 떼어놓는 것은 그 아이나 그 형제들에게 얼마나 큰 상실일지 우리는 잘 알고 있었다. 여덟 살 정도의 유색인종 아이들, 특히 장애가 있는 아이들은 사람들이 입양을 꺼

려한다. 나이가 든 아이들을 입양하는 양부모들은 베이비샤워를 할 기회도, 엄마클럽에 가입할 기회도 누리지 못한다. 네 살만 넘어도 아이들은 이 가정, 저 가정 떠돌거나 위탁가정과 친부모 사이를 오가는 경우가 많다. 그러다 최종적으로 법정에서 친권이 소멸되면 입양을 하려는 사람들에게 인기 없는 지나치게 나이 많은 아이들이 되어버린다.

우리는 가정을 필요로 하는 아이를 거절하는 것이 얼마나 위험한 일인지 안다. 우리는 J를 두고 기도했다. 그리고 사회복지사들에게 가능하면 형제들을 같이 받아줄 가정을 찾아달라고 부탁했다. 하지만 그것이 불가능하다면 하나님께 기도를 하며 J를 입양하는 문제를 고려하겠다고 말했다.

얼마 지나지 않아 복지국에서 전화가 왔다. 우드브리지에 사는 한 가정이 J와 그의 일곱 살 난 동생을 입양하겠다고 신청을 해왔다는 소식이었다. 그 가정은 이전에도 장애가 있는 형제들을 입양한 적이 있고 이번에는 좀 더 어린아이들을 원했지만 그냥 입양을 결정했다고 했다. 사회복지사는 30분 내로 J를 데리러 올 테니 그에게 그런 사실을 알려주라고 말했다. 그렇게 짧은 시간 안에 어떻게 J를 보낼 준비를 할 수 있을지 당황이 되었다.

나는 기도를 드렸다. 아이들과 함께 자리를 잡고 앉은 나는 J에게 동생이 보고 싶은지 물었다. J의 눈이 생기 있게 반짝였다. 그 아이는 미소를 지으며 신이 난다는 듯 점프를 했다. J의 흥분한 모습을 보며 녹스와 메리조차 이제 J가 그의 동생이 기다리는 곳으로 가야 한다는 사실을 받아들이는 듯했다. 나는 녹스와 메리가 J와의 이별을 담담하게 받아들이는 것이 고마웠다. 입양과 위탁으로 이뤄진 가정에서는 새로 만나는 기쁨과 이별하는 아쉬움은 필연적이다. 사랑의 사역은 다음의 한마디로 요약된다. "우리는 도울 수 있지만 고치시는 분은 주님이다." 그것은 어른들도 받아들이기 어려운 교훈이지만 입양된 아이들에게는 더 이해하기 어려운 일일 것이다. 하지만 아주 어려서부터 그런 교훈 안에서 생활을 해온 녹스와 메리는 J를 떠나보내면서도 크리스천의 진정한 평안과 통찰을 보여주었다. 그러나 정작 나는 J를 받아들이는 가정에 대해 불안한 마음이 들었다. 그들도 하나님을 섬길까?

나는 J의 소지품들을 챙기기 시작했다. 소지품이라 봐야 엄마, 미셸, 제인이 준 것들이 다였지만. 짐을 챙긴 나는 J의 양부모가 될 사람들에게 편지를 썼다.

> 누가 이 세상의 재물을 가지고 형제의 궁핍함을 보고도 도와
> 줄 마음을 닫으면 하나님의 사랑이 어찌 그 속에 거하겠느냐
> (요한일서 3:17)

> 하나님께서 지으신 모든 것이 선하매 감사함으로 받으면 버릴
> 것이 없나니 (디모데전서 4:4)

나는 편지에 J가 크리스천 가정에 입양되기를 기도해 왔다고 쓰고, 지난 한 주 동안 J가 생활한 모습을 기록한 부분을 내 일기장에서 뜯

어내어 함께 봉투에 넣었다. 내 스케줄과 J가 홈스쿨에서 공부한 내용, 그 아이가 더 공부를 해야 할 것 같은 분야들을 적어 넣고, 우리 가족사진도 첨부했다. 편지에 사인을 하고 우리 집 주소와 전화번호를 적은 후 나는 다시 기도를 드렸다.

은혜의 자리

J가 떠난 후 우리는 다시 일상의 삶을 이어갔지만 침울한 기분이 집안을 감돌았다.

녹스는 J가 어떻게 지내는지 알 수 있느냐고 물었다.

"글쎄다." 내가 대답을 했다.

그때 전화벨이 울렸다. J의 새엄마였다. 내 편지를 읽은 그녀는 즉시 전화기를 들어 내 기도가 응답을 받았다는 사실을 알려주고 싶었다고 한다. 그 부부는 홈스쿨을 하는 기독교 가정을 꾸리고 있었다. J는 동생과 합류를 했고 J가 이제 말을 시작했으니 그의 동생도 곧 말을 시작하지 않을까 그들은 기대에 부풀어 있었다. 지난 몇 년 동안 그 형제들은 갇혀 지내던 두려운 세상에서 서로 소통하기 위해 그들만의 수화를 만들어 사용해 왔다. J의 새엄마는 둘이 어떻게 지내는지 이야기를 해준 다음 J가 자신의 의사를 표현할 뿐만 아니라 동생의 의사까지 대신 전해줄 수 있어서 큰 다행이라고 말했다. 그녀가 말했다. "로자리아, 하나님께서 J의 말문을 여셨을 때 그들에게 새로운 문을 열어주신 거예요. 이제 J가 그의 동생도 자신의 감옥에서 나올 수 있게 해줄 거구요."

　예수님은 인간의 몸을 입으신 말씀이시다. 우리는 말을 당연한 것으로 여기고 글을 읽을 수 있다는 것을 하찮게 생각한다. 나는 우리가 J가 말을 하도록 가르쳤다고 생각하지 않는다. 단지 J는 홈스쿨의 환경이 편하게 느껴졌고, 책과 글자판, 크레용, 사과조각들, 그리고 그 아이가 좋아하는 공룡컵이 놓여 있는 햇볕 따뜻한 부엌 식탁에 서라면 자기가 알고 있는 것들을 표현해도 좋다고 여겼을 것이다. 나는 하나님께서 우리의 기도를 성별하셔서 응답하셨다고 생각한다. 우리는 J가 말을 하게 해달라고 기도했지만, 하나님은 우리에게 눈으로 말을 하는 상처받은 아이의 말에 귀를 기울이고 대답을 하라고 가르치셨다. 우리가 그의 말을 듣는 법을 배웠을 때 J는 비로소 안심하고 입을 떼었다. 나는 그것이야말로 크리스천의 삶의 모습이라고 생각한다. 예수님은 몸을 입고 오신 말씀이시며, 우리의 믿음과 사랑의 행위들은 만왕의 왕이신 주님이 만드신 순서에 따라 퍼즐 조각처럼 맞아들어가 은혜가 넘치는 삶의 모습을 완성하는 것이다.

　이제 다시 우리의 삶을 살아야 할 때다.

　책상 위의 벌레는 자신이 살던 곳으로 다시 돌아가 한 달을 기다려야 할 것이다. 몇 방울 뿌려준 생수가 그의 문제를 해결해 줄 수는 없는 것이다.

　이제 아이들의 손을 씻기고, 저녁을 차려주고, 샤워를 시키고, 이야기를 읽어주고, 키스를 해주고, 이불을 잘 덮어준 후 불을 꺼주어야 한다.

우리는 하나님의 은혜로 섬기고 사랑하고 웃고 배우고 기도하고 사색을 하며 또 하루를 보냈다. 당장이라도 봄이 만개할 듯하다. 우리는 봄을 맞을 준비가 되어 있다.

오늘 밤 아이들은 바로 잠이 들었다.

언제나처럼 소방관들의 파티에서 일찍 돌아온 매트의 자동차가 마당으로 들어오는 소리가 들린다.

켄트와 앉아 오늘 하루 동안 있었던 일들을 이야기하고 있을 때 전화벨이 울린다. 우리가 기다리고 있던 전화다. 켄트가 교인들의 만장일치로 담임목사로 청빙을 받았음을 알려주는 전화다. 청빙 절차가 완료되기 위해서는 두 개의 장로회로부터 인준을 받아야 한다. 우리가 기도를 드리며 기다리는 동안 우리 집은 한 단계 더 뜨거운 염원으로 가득 찬다. ❖

부   록

로자리아와의 만남과 그 이후
켄 스미스 목사

함께 걷는 길
켄트 버터필드(남편)

로자리아의 공개편지

질문과 응답

로자리아와의 만남과 그 이후: 손대접이 선사한 뜻밖의 열매

켄 스미스 목사

루이지애나 출신인 아내 플로이와 버몬트가 고향인 내가 하나님의 섭리로 만난 곳은 네비게이토 선교회였다. 젊은 시절에 우리는 이 선교회를 통해 기독교 제자도의 기본원리를 배우고 훈련을 받았다. 플로이가 네비게이토에 관해 처음 들었던 곳은 미니애폴리스에 소재한 노스웨스턴 학교였고, 나는 1952년에 빌리 그래함 전도대회가 피츠버그에서 열렸을 때 처음으로 그 선교회를 접했다. 당시에 도슨 트로트맨과 네비게이토 회원들이 그리스도를 영접한 사람들에 대한 후속조치를 담당했기 때문이었다.

플로이와 내가 만나 1956년에 결혼할 즈음에는 우리 모두 기독교 제자도의 근본원리를 잘 알고 있었다. 아임스 가족이 1953년에 피츠버그에 와서 이년 동안 목사관에 살았던 적이 있었다. 그들은 네비게이토 멤버였고 나는 그 가정에 살면서 하나님이 설계하신 가정의 참 모습, 즉 따스함이 있고 교제와 성장이 이뤄지는 모습을 보고 배웠다. 플로이는 캘리포니아의 패서디나에서 트로트맨 가정에 살다가 나중에 그들과 함께 새로운 네비게이토 본부가 있는 콜로라도 스프링즈로 이사했다.

그리하여 우리는 가정이야말로 자녀들은 물론 온갖 사람들에게 기독교 사역을 수행하기에 이상적인 장소임을 잘 알고 있었다. 하나님의 은혜로운 섭리 덕분에 현재 우리의 세 아들 부부는 예수 그리스도와 동행하고 그 자녀들에게 경건한 모범을 보이며 날마다 하나님을 예배하고 있다. 따라서 당신이 우리의 부부생활과 부모역할에 대해 듣고서 우리 가정에서 로자리아와 나눈 우리의 경험이 결코 색다른 게 아니라는 사실을 알게 되기를 바란다.

로자리아와의 만남

"당신은 어떻게 로자리아와 접촉하게 되었습니까?" 내가 자주 받는 질문이다. 어느 주말 우리 교인 다수가 참여했던 프라미스 키퍼스 대회가 끝나고 그 다음 주에 로자리아 샴페인 박사의 글이 시러큐스 신문에 실렸다. 그녀는 프라미스 키퍼스 운동을 부당하게 깎아내리지 않으면서 정부가 어린이들의 필요를 먼저 다뤄야 한다는 입장을 분명히 밝혔다. 우리 교회의 한 장로가 그 신문을 당회에 가져와 책상 위에 던지며 "우리가 이에 답변할 필요가 있습니다"라고 말하는 것이었다. 목사인 내가 그렇게 하길 은근히 바라는 말투였다.

그 글은 내 책상 위에 한동안 놓여있었다. 그런 글에 어떻게 답변을 하지? 그 때 좋은 생각이 떠올랐다.

시러큐스 개혁장로 교회의 목사로 부임한 이래 나는 가까운 시러큐스 대학교의 학생들에 대해 늘 부담감을 느끼고 있던 터였다. 그들에게 어떻게 다가가서 그들이 적어도 성경이 말하는 바를 알게 할 수 있을까? 그들이 성경을 믿을지 여부를 고민하는 건 일단 제쳐놓았다. 어쨌든 이런 부담감이 내게 있었다는 말이다. 그런데 여기에 한 영문학과 교수가 있었다. 교수라면 젊은이들이 성경이든 아니든 책을 읽고 그 내용을 파악해야 한다는 내 생각을 이해할 수 있을 것이었다.

그리고 나에게는 전략이 있었다. 편지 쓰는 법을 나는 알고 있었다. 그녀의 글을 비판하지 않고 다만 사람들을 잘 구비시키고 싶다는 내 관심사만 표현한 뒤에 질문을 제기했다. 이왕 이 편지를 쓰는 김에 한 지역교회 목사가 어떻게 하면 대학생들이 성경의 메시지를 알게 할 수 있겠느냐고 물었다. 성경은 미국 역사와 문화에서 가장 영향력이 큰 책인즉 그럴 필요가 있다고 덧붙였다.

나중에 나는 장남인 켄 -당시에 시러큐스 대학교의 경영학 교수로 마침 캠페인 박사를 알고 있었다-에게 그 편지를 보냈다고 일러주었다. 그는 로자리아가 분명히 응답을 할 것이라고 했다. 실제로 그랬다. 전화로.

로자리아와 나눈 대화

로자리아는 이 책에서 대화에 관해 쓰고 있다. 맨 먼저 내게 초보적인 질문을 던졌다. 당신은 복음주의자인가? 당신은 성경에 대해 무엇을 믿고 있는가? 당신은 성경을 문자적으로 받아들이는가? 등. 그 다음에 던진 질문은 잘 기억나지 않는다. 당시만 해도 그녀가 나를 인터뷰하고 있다는 사실을 미처 인식하지 못했다. 삼십 분 가량 얘기를 나눈 뒤에 나는 "우리 집에서 아내가 만든 맛있는 요리를 저녁식사로 먹은 후 벽난로 앞에서 대화를 계속하면 좋겠다"고 제안했다. 그녀가 수락했다. 이제 그 대학교의 영문학과와 좋은 접촉을 하게 된 만큼 저녁식탁에서 나의 대의를 밀어붙일 기회를 얻게 될 것으로 기대했다.

많은 사람이 왜 우리가 낯선 자들을 저녁식사에 초대하는지 묻곤 한다. 이에 대해 어느 정도는 이미 설명했다. 이 질문은 성경이 말하는 손 대접을 상기시킨다. 성경은 우리 그리스도인에게 손대접을 실천하라고 명한다. "손 대접하기를 힘쓰라"(롬 12:13). "손 대접"으로 번역된 단어는 문자적으로 "낯선 자들을 사랑한다"는 뜻이다.

오늘날 우리는 너무 바쁘고 자기중심적인 세계에 살고 있어서 친구를 위해 시간을 낼 수 없을 정도다! 우리에게 저녁식사를 준비할 시간이 있는가? 만일 우리가 스포츠 중독에서 벗어나 가족과 함께 집에서 식사하고 "낯선 자들을 사랑하는" 손 대접을 실천한다면 우리 자녀들에게 좋은 영향을 미칠 것이다. 요즈음의 아이들은 공동체에 대해 거의 모른다. 교회들도 잃어버린 자에게 어떻게 손을 뻗어야 할지를 모른다. 그들에게 손을 뻗는 이유는 무엇인가?

이것은 아버지의 자존심이 걸린 문제일지 모르나 오히려 목사로서 느끼는 부담감에 가깝다. 우리 막내아들이 최근 올랜도에 있는 개혁신학교에서 박사과정을 마쳤는데, 그의 논문이 바로 낯선 자, 상처받는 자, 죄수, 노숙자 등을 대상으로 한 작은 교회의 사역에 관한 것이다. 그 논문을 내가 읽어보니 오늘날의 서양교회가 이런 사역에서 얼마나 멀어졌는지를 깊이 절감했다. 우리는 어떻게 교회를 성장시킬까 하고 고민하는데, 실은 그것이 문제가 아니다. 문제는 복음을 갖고 상처받은 사람들을 어떻게 섬길까 하는 것이다.

하나님께서 일찍이 우리 부부에게 가르쳐주신 게 있다. 성장의 문제를 예수께 맡기는 것이 진정한 제자도란 것이다. 예수님이 -로자리아를 포함해- 우리를 그 자신에게 부르실 때는 그분이 그의 교회를 세울 것임을 약속하신다. 우리의 사명은 예수님이 행하신 대로 행하는 것이다. 이는 그 자신을 낯선 자들을 사랑하는 일에 내어주신 것을 말한다.

그날 저녁 로자리아와 함께 식사하는 동안 우리는 금방 그녀와 사랑에 빠져버렸다. 그녀가 우리의 대화를 묘사하듯 우리는 무슨 주제든 얘기할 수 있었다. 서로에 대해 알고 싶은 마음이 생겼다. 그러려면 경청하는 자세가 필요하다. 그래서 우리는 귀를 기울였다.

플로이가 던진 질문 덕분에 우리는 로자리아가 레즈비언 공동체의 일원이란 사실을 알게 되었다. 그럼에도 우리의 얘기는 계속 이어졌다. 나는 그녀를 통해 대학생들에게 접근하고 싶었다. 그런데 얘기를 나누다가 "내가 무엇을 믿고 있는지 잘 모르겠다"는 그녀의 말을 들었다. 드디어 그녀의 고백을 들은 것이다! 그 순간 하나님이 우리에게 붙여주는 대상이 대학생이 아니라 그녀일지도 모른다는 생각이 문득 들었다. 나중에 판명난 대로 주님이 바로 그 일을 하고 계셨던 것이다. 우리 사이에 친구관계를 열어주시고 그것이 자라 꽃이 활짝 피게 하신 것이다.

로자리아가 교회로 오기까지

그리스도께서 교회에 주신 사명을 성취하려면 예수 그리스도의 복음을 주제로 삼아야 한다. 바울은 로마서 10장에서 수사적인 질문들을 던지는데, 그것을 요약하면 "듣지도 못한 이를 어찌 믿으리요?"란 문장이 된다. 청중을 얻는 일이 늘 중요하다. 나는 대학생들에게 말할 기회를 얻고 싶었다. 로자리아는 그것을 가로막으려 했는데, 마침내 그녀가 자기 집에서 저녁식사를 하면서 나의 청중이 되겠다고 자원하는 소리를 듣고 나는 흔쾌히 승낙했다. 발제할 내용은 성경의 핵심 메시지인 그리스도의 나라에 초점을 맞춘 성경에 대한 45분짜리 서평이었다. 내가 로자리아에게 그 내용을 발제한 뒤에는 느긋하게 주님의 응답을 기다렸다. 그런데 그녀의 말대로 그녀는 이미 성경읽기를 연구주제로 삼아 그 일에 착수했던 터였다.

이 모든 이야기의 한 가지 측면을 놓치면 안 된다. 로자리아의 많은 질문에 답하는데 주님이 우리 부부 이외에도 많은 사람을 사용하고 있었다는 사실이다. 어느 날 밤 대학 도서관에서 패널 토론이 개최된 적이 있었다. 로자리아와 나는 서로 반대편에 서 있었다. 토론이 끝난 후 질문 시간에 우리 교회의 한 젊은이가 샴페인 박사에게 매우 지적인 질문을 던져 그녀의 주의를 끌었다. 모든 순서가 끝난 후 그녀는 내게 그 남자가 누군지 물으면서 더 얘기를 나누고 싶다고 했다. 그래서 두 사람을 우리 집 저녁식사에 초대했다.

그날 밤 우리 부부는 거의 입을 떼지 않았다. 그 남자는 그녀의 지적인 문제를 이미 경험했기에 잘 알고 있었고 기독교적 답변도 제공할 수 있었다. 나로서는 그와 같은 역할을 도무지 할 수 없었을 것이다. 한 사람이 예수님을 믿지 못하게 막는 장애물을 다루는 일은 무척 중요하다. 그러려면 상당한 시간이 필요하다. 우리가 로자리아의 지적인 배경을 파악한 뒤에는 성령께서 그녀의 재교육과 회개를 위해 일하시도록 충분한 시간을 드렸다. 언젠가 치과의사인 클라이드 네라모어가 "이빨을 뽑기 전에 마취약이 효과를 발휘하도록 기다리는 게 좋다"고 말한 적이 있다. 그래서 우리도 기도하면서 기다렸다.

우리는 로자리아가 성경을 읽고 있다는 것을 알았는데, 그것이 학문적인 연구의 차원을 벗어났다. 개인적으로 성령에 사로잡히고 있는 상황이었다. 어느 날 그녀가 우리 교회의 주일예배에 나타났다. 일부 신자들은 우리가 왜 그녀를 교회에 초대하지 않는지 의아해했다. 모르고 빠뜨린 것이 아니었다. 그녀가 그것을 예상하고 있었기에 우리가 굳이 말할 필요가 없었다. 더구나 나는 어떤 사람은 우리 예배에 초대하는 일에 느린 편이다. 21세기 이방인들은 성경적인 예배 모임과 무척 거리가 멀다. 우리는 종종 그런 사람들에게 잘 어울리지 않고, 우리의 예배의식도 마찬가지다. 어느 면에서는 이상한 현상이 아니다. 예배 모임은 하나님께 구속받은 백성들의 집회인 만큼 그들로 하나님을 예배하도록 하는 일에 맞춰져 있다. 따라서 경건한 마음가짐과 그에 어울리는 어휘를 내포한다. 그러니 익숙하지 않은 사람에게는 낯설게 보일 뿐이다. 우리는 로자리아가 우리의 친구관계를 통해 성령의 감동을 받아 교회로 올 때까지 기다리기로 했다. 그러던 중에 드디어 그녀가 찾아온 것이다! 우리는 물론 무척 기뻤다. 그리고 그녀는 결코 떠나지 않았다. 지금은 하나님의 말씀을 섭취하며 은혜 안에서 자라고 있다. 물론 기독교 공동체와 함께하는 가운데.

교회

성도간의 교제는 여러 면에서 하나님이 부르는 사람들을 진정한 구원에 이르게 하는 요인이 된다. 어떤 이들은 설교를 그런 요인으로 꼽는다. 때로는 그렇다. 그러나 사람들은 철도 건널목의 옛 표지판처럼 "멈추고, 보고, 듣는다." 그들이 교회에 들어갈 때 대체로 이 순서를 따른다. 어떤 조사에 따르면 처음 교회에 오는 사람들은 이칩 분 내에 다시 올지 여부를 결정한다고 한다. 시러큐스 개혁장로 교회는 초심자를 데려오기에 좋은 환경이었다. 우리에겐 나름대로 초심자를 새로운 환경에 적응하도록 돕는 방법이 있었다. 그래서 로자리아가 예배하러 왔을 때 우리 부부는 그 환경 변화가 우리와 그녀에게 무엇을 의미하는지를 이해하는 가운데 무척 기뻐했다.

로자리아는 이 책에서 그녀가 주일 저녁 우리 집에서 모이는 소그룹 모임에 익숙해진 경위를 얘기하고 있다. 그녀는 사람들이 떠난 뒤에 오래토록 남아서 우리와 얘기하곤 했다. 어느 날 밤 그녀가 자기 인생을 그리스도게 맡길 준비가 되어 있는 듯이 보였다. 내가 물었더니 긍정적으로 응답했다. 그래서 거실에서 무릎을 꿇고 셋이서 기도했다. 그 때가 회심의 "순간"이었다고 생각하진 않는다. 한동안 진행 중이었기 때문이다. 하지만 그렇게 하는 것이 적절해 보였다. 그것은 그리스도 안에서 하나님의 부르심에 응답해 내딛는 또 하나의 발자국이었다.

로자리아는 레즈비언 공동체와 긴밀하게 묶여 있었기에 -우리도 그녀 덕분에 그 공동체에 관해 많은 것을 배웠다- 나는 지체 없이 그녀를 새로운 교회 공동체로 영입하고 싶었다. 그녀의 옛 친구들은 대체로 그녀에게서 멀어졌고, 그녀에게 예수 공동체의 돌보는 손길이 필요했다. 그녀도 잘 이해했다. 그래서 어느 날 오후 우리는 정식교인이 되는 것에 관해 얘기했다. 그녀의 머릿속에 온갖 질문이 떠오르는 바람에 마침내 내가 "로자리아, 당신은 개혁장로 교단의 헌법을 읽어야 합니다"라고 말했다. 모든 사람에게 이런 제안을 하는 것은 아니다. 하지만 그녀의 질문을 듣고는 그녀라면 그것을 감당할 수 있고 그러기 전에는 만족하지 못할 것이란 생각이 들었기 때문이다. 그날 저녁 6시 30분경 그녀가 내게 전화를 해서 헌법을 다 읽었고 질문이 열두 페이지나 된다고 했다! 그래서 "우리 집에 와서 함께 얘기하자"고 했다. 그날 밤 10시 30분에 이르러 그녀는 교인 언약에 동의할 준비가 되었다. 로자리아는 장로들을 만날 때 내가 준비시킨 대로 열세 장에 달하는 그녀의 간증을 나누었다. 드디어 그녀가 서약을 하고 교회에 영입되었다.

신앙고백 그 이후

회심에 관해 아는 사람은 그리스도를 고백하는 일이 첫 발자국에 불과하다는 것을 인식하고 있다. 1952년에 빌리 그래함이 그리스도께 오는 것은 5퍼센트에 불과하고 성숙한 경지에 이르는 것이 95퍼센트라고 말하는 것을 들었다. 로자리아는 공개적인 신앙고백 이후 한동안 어려운 길을 걸었음을 잘 회고했다. 그녀가 '기차 전복 사고'라 부르는 것은 새 신자들에게 드문 일이 아니다. 이는 친밀하고 신실한 제자도가 얼마나 필요한지를 보여준다. 로자리아가 몸부림을 치는 동안 그녀를 우리의 (영적) 양녀로 삼을 때 느꼈던 우리의 사랑과 기쁨이 조금도 줄어들지 않았다. 그녀의 옛 공동체의 동료 중에 사랑과 피난처가 필요한 사람이 있으면 언제든지 우리 집에 오도록 문을 활짝 열어놓고 있었다.

로자리아는 그리스도 안에서 새로운 삶을 시작한지 얼마 되지 않아 펜실베이니아로 이사를 해서 우리 동료들의 격려를 받았다. 이 기회에 로자리아의 삶과 성장에 중요한 역할을 했던 많은 분들로 인해 하나님께 감사를 드리는 바이다. 그리스도의 몸은 참으로 놀라운 유기체다. 그리스도의 생명이 성도들을 가득 채워 그들이 에베소서 4장에 나오듯 서로를 세울 수 있게 하는 유기체란 말이다. 펜실베이니아 비버폴즈에 있는 많은 사람이 이 진리를 알고 그녀가 그리스도 중심적인 사랑과 교제에 몸담도록 그들 자신을 기꺼이 내어주었다.

하나님께서 로자리아를 켄트 버터필드와 묶어준 것은 우리에게도 사소한 일이 아니었다! 우리는 너무도 기뻤다. 그 결혼식에서 전통에 따라 로자리아를 신랑에게 넘겨주는 역할을 해달라는 부탁을 받고 나는 크게 감격했다. 그리고 실제로 그렇게 했다. 또 다른 의미에서는 우리 부부가 그녀를 넘겨준 것이 아니라 우리 생애의 크나큰 축복의 하나로 그녀를 우리 가슴속에 간직하고 있다. 하나님께 영광이 돌아가길 바란다!

결론

그러면 이 회심의 경험이 당신의 사역에는 어떤 교훈을 줄 수 있을까? 앞에서 우리의 사역이 우리 부부의 생활방식에서 흘러나온다는 것을 언급했다. 당신은 우리를 모방하기보다 당신 나름의 생활방식을 개발해도 좋지만 당신의 일정이 "낯선 자들"을 위해 시간과 공간을 허용하는지 여부는 반드시 점검해야 한다. 우선 당신과 비슷하지 않은 사람들과 친구관계를 개발하는 것으로 시작해도 좋을 듯하다. 무엇보다 먼저 하나님께서 당신을 당신이 그리스도 안에서 무언가를 베풀 수 있는 대상으로 인도해주시길 기도하라.

요나서 2장 9절에 나온 대로 "구원은 여호와께 속해 있다"는 사실을 유념하라. 목회사역 초창기에 나의 열매가 그리스도와의 연합과 교통에서 흘러나온다는 것을 배웠을 때, 그분이 타인의 삶에 영향을 주려고 나를 그의 종으로 사용하신다는 확신을 새삼 품게 되었다. 효과적인 사역을 하려면 날마다 그리스도와 동행하는 일이 반드시 필요하다는 뜻이다. 예수님이 사역의 주체이기 때문이다! 이것은 어디에나 적용되는 보편적인 원리다. 당신도 이런 사역을 하고 싶다면 요한복음 15장의 말씀대로 그리스도 안에 거하라.

당신의 자녀들에게는 친구가 되라. 지난 몇 십 년 동안 많은 청소년이 나에게 그들의 아버지를 잘 모른다고 털어놓았다. 여러 부모들이 우리 아이들도 십대가 되면 우리가 무척 어려울 것이라고 경고한 적이 있다. 자세한 얘기는 하지 않고 그저 "기다려보라!"고만 했다. 글쎄, 감사하게도 우리는 아직도 기다리는 중이다. 먼저 당신의 자녀들을 예수님의 제자로 훈련시켜라. 간증거리가 있는데, 우리 아들들이 십대였을 때 우리 부부의 가장 좋은 친구들이 되었다는 것이다. 당신이 낯선 자를 초대하기에 좋은 환경은 바로 열려 있고 우호적이고 유머가 넘치는 가정이다. 행복한 가정을 본 적이 없는 사람들이 너무도 많다! 가정 개방이야말로 복음전도의 가장 효과적인, 하지만 가장 사용되지 않는 수단이라고 생각한다. 행복한 가정을 이루고 다른 사람들을 초대하라.

그러면 그들이 다시 올 것이다.

끝으로, 우리와 다른 사람들에 대해 냉담한 태도를 보이지 말자. 여기서 게이와 레즈비언 공동체에 대한 나의 솔직한 생각을 나눌까 한다. 여러 면에서 그들은 하나의 운동으로서 우리 사회의 안정을 위협하는 집단이다. 그러나 다른 한편으로, 그들은 정말 예수님이 필요한 사람들이다. 성경에 따르면 사람을 두 부류로만 나눌 수 있다. 구원받은 죄인들과 잃어버린 죄인들이다.

잃어버린 죄인은 죄(sin)의 문제를 안고 있다. 그는 하나님의 진노와 저주 아래 놓여있고, 하나님에게서 멀어져 있으며, 진리와 의의 원수이다. 그는 하나님과 싸우는 관계다! 그가 하나님 앞에 엎드려 죄를 고백하고 믿음으로 그 자신을 예수 그리스도께 의탁하기 전에는 결코 하나님과 화해할 수 없다. 죄의 본질은 곧 살아계신 하나님께 대한 반역이기 때문이다. 다른 한편, 구원받은 죄인은 죄악(sins)과 함께 씨름한다. 그는 현재 그리스도와 동행하고 있지만, 성령께서 그를 점차 그리스도의 형상을 본받게 하는 과정에서 믿음으로 남은 습관과 실패를 극복하려고 하나님의 은혜를 구하고 있다.

이 점이 지닌 실질적인 의미는 무엇인가? 나는 불신자를 만날 때 그의 죄악에 관해 얘기하지 않는다. 그것이 그의 문제가 아니다. 근본적인 문제는 그의 죄다. 하나님과의 깨어진 관계란 말이다.

이제는 우리가 로자리아를 우리 집과 식탁에 초대해 하나님에 관해, 그리고 예수 그리스도를 통해 그분을 아는 문제에 관해 얘기한 것이 아무런 문제도 되지 않았음을 이해하는가? 물론 우리는 천천히 걸었다.

그녀가 "하나님이 세상을 그토록 사랑한다"는 말을 경험적으로 알게 되기를 바랐기 때문이다. (그런데 우리가 그녀를 저녁식사에 초대했을 때는 그녀의 생활방식에 관해 전혀 알지 못했다. 알았다고 해도 문제가 되지 않았을 것이다.) 우리는 죄인들을 사랑할 수 있다. 예수님은 죄인들과 친하게 지냈는데, 애석하게도 그 때문에 종교적인 위선자들의 비난을 받았다. 그러나 예수님이 "낯선 자"를 은혜로 돌보신다니 참 기쁘지 않은가?

우리가 샴페인 박사를 접촉할 때 이용했던 타산적인 테크닉 같은 것은 없다. 다만 그리스도를 좇는 자로서 그녀의 친구가 되려고 했을 뿐이다. 이것이 테크닉일까?

함께 걷는 길:
손대접이 맺어준 인연과 손대접을 중시하는 가정

켄트 버트필드(남편)

나는 기독교 가정에서 자라지 않았다. 어느 날 밤 침대에 누워 전등을 켜기도 귀찮아서 좋아하는 라디오 록음악 채널을 찾고 있었다(지금도 로큰롤을 좋아한다). 그러다가 우연히 기독교 설교를 발견하여 처음으로 복음을 들었고 그 메시지에 매료되어 밤마다 이 채널을 틀곤 했다.

몇 주가 흐른 후 나는 남모르는 그리스도인이 되었다. 믿지 않는 가족과 친구들에게 알리는 게 두려워서 이중적인 생활을 영위했다. 사적으로는 그리스도인, 공적으로는 이방인이었다. (로자리아와 나는 당시에 대해 농담을 주고받곤 한다.) 이년이 지난 후 어머니가 처음으로 내가 성경을 읽는 모습을 포착했다. 대학생활을 위해 집을 떠난 뒤에야 비로소 나는 교회를 찾기로 결심했다!

노스캐롤라이나 주립대학생 시절에 겪은 첫 교회 경험은 그리 좋지 않았다. 그 큰 교회는 매주 600명 이상의 교인을 유치했다. 그런데 일년 내내 다녔건만 단 한 사람도 나에게 접근하지 않았다. 나는 환대를 받은 적이 없었고, 영적인 지도나 멘토나 감독이 없는 외톨이 신세였다.

두 번째 교회는 한 시간이나 떨어진 소도시에 위치한 누군가의 지하실에서 모였다. 한 장로 부부가 매주 "대학에 다니는 애들"에게 점심을 제공했다. 첫 점심 때 왼편 무릎 위에 음식을 담은 스티로폼 접시를 놓고, 왼손에는 차가운 찻잔을 들고, 오른손으로는 파리를 쫓느라 정신이 없었던 것이 기억난다. 그래도 친절과 그리스도인의 사랑을 듬뿍 느꼈던 시절이었다.

곧 우리는 교회의 새로운 가정에게 넘겨졌다. 이 가족은 가진 것이 많지 않았으나 우리가 주일마다 아침예배와 저녁예배 사이에 교제를 나누며 식사하러 오기를 기대했다. 이 가정은 매주 나를 비롯한 학생들을 초대함으로써 희생적인 사랑을 보여주었는데, 당시만 해도 나는 그것이 얼마나 힘든 일인지 몰랐다. 나 같은 바보는 그 가정이 겨우 생계를 유지하는 수준임을 알 길이 없었다. 몇 년이 지난 뒤에야 그 가족이 일 년 내내 매주 우리에게 가정을 개방하는 것이 얼마나 큰 희생이었는지를 알게 되었다. 그들이 나에게 제공한 것은 음식만이 아니었다. 손대접의 사역은 내가 여러 의문에 직면하는데 필요한 편안한 공간을 제공해주었다. 하나님이 나를 사랑한다면 어떻게 내가 아홉 살 때 아버지를 죽게 허용할 수 있는가? 예수님이 나에게 요구하시는 것이 무엇인가? 왜 내가 교회의 일원이 되거나 세례를 받을 필요가 있는가? 아무도 나에게 정식교인이 되는 과정과 세례에 관해 말해주지 않았다. 나는 교회출석과 십일조로 충분하다고 생각했던 것이다.

나는 세상에서 가장 안전한 장소에서 내 죄를 깨달았다. 바로 그리스도인의 손대접이 베풀어지고 있던 초라한 거실이었다.

어느 날 내가 목사의 말을 듣고 있는 동안 심경이 점점 더 불편해졌다. 그는 그 거실에서 긴장을 풀고 잡담을 하곤 했다. 입술의 말은 마음속을 드러내는 법이다. 그가 다른 교인들에게 특정 지역에 가서 "포치 멍키들"(흑인을 비하하는 표현)을 보면 칼을 준비한다고 하는 말을 내가 듣게 되었다. 그 목사는 뉴욕 주 농촌 출신이었다. 그것은 내가 전무후무하게 들은 용어였다. 하지만 내 뇌리에 선명하게 새겨졌고 그 목사에게 사랑이 없음을 보여주었다. 모든 사람에 대한 사랑이 부족한 목사였다. 그래서 나는 그 교회를 떠나 여러 교회를 돌아다녔다. 그럴 때마다 손대접과 교리, 나의 주님과 내 마음에 대해 더 많이 배웠다.

내가 출석했던 첫 교회는 노스캐롤라이나의 롤리에 있는 어느 정통 장로 교회였다. 창립 목사는 아이오와 출신의 온유하고 헌신적인 할아버지 같은 인물이었는데, 당시 로버트 리 장군의 쌍둥이 형제인 크롬웰 로스캠프였다. (훗날 내가 그 뿌리를 올리버 크롬웰에게 패배했던 스코틀랜드와 서약자들에게 둔 북아메리카 개혁장로 교회에 가입한 것은 하나의 아이러니다.) 로스캠프 목사 부부는 그들의 집에서 주중 기도/성경 모임을 유치했다. 기도한 뒤에 사모가 모든 사람에게 특별한 음식을 나눠주었다. 각 사람이 가장 귀한 친구인양 그렇게 섬겼다. 아무 것도 아끼지 않고 언제나 가장 좋은 것을 나누었다. 이런 정성스런 손대접에 나는 완전히 압도되고 말았다. 이런 잔치는 상당한 희생이 없이는 불가능했기 때문에 나는 사양하고 싶었다. 로즈캠프 목사의 집에서 나는 주고받는 것과 자원과 필요를 공유하는 것이 얼마나 중요한지를 배웠다.

그 당시에 나는 하나님이 기쁜 마음으로 주는 사람을 사랑한다는 것과 그런 사람들은 감사하는 마음으로 하나님을 향한 그들의 마음을 선뜻 표현한다는 것을 배웠다. 자기가 하나님께 받은 풍성한 복(무엇보다 영적인 복)을 증언하는 이들은 타인에게 그들의 자원을 값없이 나눠

준다. 반면에 불평분자들은 왜 자기가 남을 도와줄 수 없고 사역에 참여할 수 없는지 그 이유를 금방 늘어놓는다.

싱글이었던 나는 자그마한 교회의 일원이었을 때 타인을 대접할 수 있는 특권을 경험했다. 사람들은 흔히 싱글 그리스도인이 손대접의 은사를 갖고 있다는 것을 잘 믿지 않는다. 그동안 하나님께서 손대접을 통해 내게 큰 영향을 미치셨기 때문에 내가 마침내 베풀 수 있는 입장이 되어 무척 감사했다. 당시 나의 일 년 생활비는 16,000달러밖에 되지 않았다. 식료품 값이 비싸긴 했지만 나는 손님대접용 음식이나 교회에 가는데 드는 기름 값을 아끼지 않았다. 꼭 필요한 것이 아니면 예산을 줄이거나 아예 손대지 않았다. 손대접과 교제는 내게 매우 중요했다. 내가 성화되기 위해서는 꼭 필요한 삶의 일부였다.

내가 로자리아를 만난 곳은 그녀가 교수를 일하던 제네바 칼리지였다. 그녀가 자그마한 원룸 아파트에 여덟 명도 넘는 대학생들을 초대하는 모습을 자주 목격했다. 우리가 결혼한 뒤에는 사람들을 초대할지 여부를 거론할 필요조차 없었다. 손대접은 그리스도를 향해 함께 걷는 여정의 중심축이었고, 예나 지금이나 열심히 그것을 남들과 나누고 싶어 한다. 누군가 결혼 선물로 우리에게 방명록을 주었다. 우리의 사역 첫 해 동안 우리가 대접한 사람들과 잠재워준 손님들은 일 년에 해당하는 365란 숫자보다 더 많았다. 이후에는 숫자를 기준으로 삼고 싶지 않아서 아예 세는 것을 중단했다. 오히려 그리스도를 우리의 기준으로 삼고 싶다. 지금은 자녀가 여럿인데다 전임 목회사역까지 하고 있어서 무척 바쁘지만 해마다 주님이 손대접 사역을 축복해주셨다. 이 목회

사역은 언제나 집으로 되돌아온다.

　신혼 초기에는 돈이 빠듯했다. 내가 전도사로 일하던 교회는 싱글 사역이 날로 번창하고 있었다. 우리는 기도하고 우리가 가진 것을 내어놓곤 했다. 하나님이 많은 도움의 손길을 보내주셨다. 어느 날 밤 우리 교회의 한 장로가 우리 집 앞에 트럭을 세우더니 우리 냉동고에 고기와 야채를 집어넣기 시작했다. 하나님께서 그에게 그러고 싶은 마음을 주신 것이다. 사실 누구나 그렇듯이 그는 큰 희생을 치르고 있는 순간이었다. 아무도 그를 막을 수 없었다.

　우리는 비버폴즈를 떠나 버지니아 북부로 가서 대학생 사역을 하며 교회를 개척했다. 당시에 우리 집 말고는 모일 곳이 없었다. 그래서 로자리아는 주일마다 40-50명분의 음식을 만들었고, 나는 한 손으론 개혁 신학을 가르치고 다른 손으로는 운전대를 잡고 있었다! 대학은 그리스도인을 헷갈리게 하는 곳인데, 우리 가정은 실천신학의 실습 현장과 같은 곳이었다. 어떤 날은 우리 집이 병원인 것처럼 보였다. 또 어떤 날은 뜨개질을 배우는 장소 같았다. 이와 달리 신학교나 대학교의 강의실 같은 소리가 들리는 날도 있었다. 로자리아가 마르크스주의 이데올로기와 독일 낭만주의의 함정을 설파하는 동안 슬로우 쿠커와 브레드 팬의 균형을 잡고 있는 모습은 참으로 놀랍기 그지없다.

　우리가 새로 찾은 모임 장소는 기독교 대학 근처에 있었는데 주일에는 아침식사와 점심을 제공하지 않았다. 학생들과 방문객이 주일을 거룩하게 지키게 하고 사람들에게도 요리를 면제시켜주기 위해서였는데, 그래도 아내는 배고픈 대학생들을 염려했다. 교회에는 학생과 방문객을 위해 커피 케이크와 과일과 커피가 준비되어 있었다. 모임 시간이 십분이나 지체되었다고 사람들에게 대화와 먹기를 중단하라고 소리친 적이 자주 있었다! (아니, 교인들은 왜 모임이 정해진 시간에 시작되도록 자리에 앉지 않으면서 제시간에 끝나지 않으면 목사에게 불평하는 것인가?)

우리가 버지니아에서 수양부모 노릇을 한 십여 년 동안 주님이 많은 아이들을 보내주셨다. 그것은 우리의 손대접 사역에 더해진 또 다른 사랑과 상실, 돌봄과 사귐의 경험이었다.

사람들을 가정에 초대하면 교회에 있을 때보다 더 편안해하고 자기를 열어놓는다는 사실을 알게 되었다. 내가 [웨스트민스터 대교리 문답]을 가르치는 동안 다함께 풍성한 토론을 한 적이 많았다. 이 책은 하나님의 성품과 그리스도인의 책임에 대해 매우 폭넓고 깊게 다루고 있다. 때로는 아무 것도 읽지 않고 설교에 관해서만 얘기한 적도 있다. 목사의 입장에서는 약간 위협을 느낄 수도 있지만 그동안 나는 늘 살아남았다! 다함께 [천로역정]을 읽거나 구제 사역에 대해 공부하거나 시편을 연구하면서 교인들은 확신과 정서와 성경이해 등의 면에서 많은 도전을 받았다.

우리는 언제나 읽기와 토론, 그리고 실천의 균형을 맞추려고 노력했다. 모든 교구는 근처의 요양원과 이웃과 더불어 깊은 관계를 계속 맺어갔다. 최근에 나는 설교 주제로 손대접 시리즈를 다루면서 이것이 복음전도와 구제사역, 전반적인 교회사역에 얼마나 큰 영향을 주는지 역설했다. 우리가 손대접을 열심히 하면 이런 사역을 수행하기가 훨씬 수월해진다. 19세기의 유명한 신학자 다브니(R. L. Dabney)는 목사가 강

단에서보다 바깥에서 가르치는 것이 더 많다고 말한 적이 있다. 나는
이 말이 옳다는 것을 거듭해서 경험했다.

로자리아의
공개편지

 로자리아가 게이와 레즈비언 친구와 식구를 둔
그리스도인 형제와 자매들에게 보내는 편지

친애하는 친구에게

당신은 사랑하는 누군가가 최근에 자신을 게이나 레즈비언이라 밝
히는 바람에 이 글을 읽고 있을지 모르겠습니다. 솔직히 말해서 상대방
이 당신에게 안 밝혔으면 좋을 뻔했다고 생각할 것입니다. 차라리 예전
과 같은 관계로 돌아가길 바라는 마음일 것입니다. 아마 당신의 여자
아이나 당신의 배우자 혹은 당신의 형제를 되찾고 싶은 심정이 간절하
겠지요. 그러나 하나님은 당신에게 그보다 더 큰 선물을 주셨습니다.
진리를 아는 선물을 주신 것입니다. 기도하는 법을 아는 선물도 주셨습
니다. 당신이 비록 말하는 법, 생각하는 법, 장래를 준비하는 법을 몰라
도 그리스도의 것이라면, 당신은 기도하는 법을 알고 있습니다. 그리고
우리는 결코 되돌아갈 수 없습니다. 하나님의 경륜에는 "뒷걸음질"이
없습니다. 우리는 사망의 음침한 골짜기를 거쳐 앞으로 나아가 하나님
이 차려놓은 영적인 잔칫상을 바라보아야 합니다. 하나님께서 당신의
적들이 보는 앞에서 잔칫상이 준비하여 오늘을 위한 양식을 넘치게 주
시겠다고 약속하신 곳입니다. 이 식탁이 당신에게 보입니까? 용기를 내

어 살짝 들여다보십시오. 그 자리에 가려고 당신은 노력하겠습니까?

당신이 사랑하는 사람이 게이나 레즈비언인 줄 알면 아마도 큰 충격을 받을 것입니다. 공공연하게 돌을 던지고 싶은 심정? 하지만 돌을 낭비하지 마십시오. 내 손을 잡고 이 여정을 함께 걸읍시다. 왕이신 하나님의 자녀 된 우리가 함께 은혜의 보좌 앞에 나갑시다. 함께 적의 영토에 차려진 잔칫상, 그 풍성하고 안전한 곳으로 갑시다.

오늘처럼 혼란스런 시대에도 하나님은 여전히 하나님입니다. 그리스도는 여전히 그의 백성에게 가벼운 멍에를 메십니다(마 11:25-30). 그리스도는 여전히 우리가 감당할 수 없는 짐을 지십니다. 그리스도는 여전히 하나님의 법을 완전히 지켰고, 이로써 오직 믿음으로 우리에게 전가되는 완전한 의를 보증하십니다(롬 3:21-26, 고후 5:21). 그리스도는 그의 피로 우리를 사셨습니다. 온 세계가 당신 곁에 무너질지언정 오직 은혜로 그분은 우리에게 구원에 대한 감사의 멍에를 주십니다. 그리스도인의 기쁨은 물론 피로 물든 기쁨이고, 가벼운 멍에가 편한 인생을 약속해주진 않습니다. 어쩌면 당신이 "의인에게는 많은 환난이 있다"는 말을 예전보다 더 실감하고 있을지 모르겠습니다. 이 책을 쥐고 있는 순간 이 영적 진리를 뼈아프게 절감하고 있을지 모릅니다. 당신은 바울이 빌립보서 3장 14절에서 말하는 "위로부터의 부르심" 때문에 고통을 느끼고 있을지 모르겠습니다.

그렇다면 잠시 앉아서 쉬십시오. 한동안 생수의 샘물을 충분히 마십시오. 날마다 내가 잡은 뜨개질용 바늘을 통과하는 실처럼 하나님의 약속이 당신의 손가락 사이를 지나가게 하십시오. 이 말씀을 맛보십시오. "그가 말씀하시매 이루어졌으며 명령하시매 견고히 섰도다"(시 33:9). "하나님의 말씀은 곧 행동이다. 그분의 약속은 그 성취와 동일하다. 그분은 기꺼이 약속하는 만큼 기꺼이 성취하신다. 사람과 달리 그분의 말씀과 행동 사이에는 거리가 없다"(David Clarkson, *Works*, Vol. 1, p. 194; 내가 좋아하는 경건서적, *Voices from the Past: Puritan Devotional Readings*에서 재인용). 당신이 사망의 음침한 골짜기를 걷는 이 순간에도 하나님은 당신에게 세상적인 의심 때문에 우울해지지 말고 그분의 신실하심을 섭취하라고 말씀하십니다(시 37:1-8). 당신의 존재는 무엇을 먹는지에 좌우됩니다. 특히 당신이 사랑하는 사람을 위해 몸으로 막고 있을 때가 그러합니다.

몸으로 막고 있는 것은 참으로 힘든 일입니다. 하지만 문제의 진상과 죄와 적을 분명히 하는데 도움을 줍니다. 당신이 누구를 신뢰할 수 있는지 아는 것이 필요합니다. 모든 죄가 하나님을 불쾌하게 만든다는 것과 동성애는 특별한 죄가 아님을 유념해야 합니다. 회개를 통해 생명에 이르는 길은 그리스도의 부활로 오직 그리스도만을 신뢰하는 이들에게 이미 확보되어 있습니다. 성경은 영원한 생명에 이르는 길을 가리키고 있습니다. 당신이 바로 이 죄, 이 수치, 당신 홀로 감당할 수 없는 이 순간을 초래한 장본인은 아닙니다. 우리 모두가 아담이 인류의 대표로 범한 원죄 안에서 "이런 식으로 태어난" 것입니다. 물론 "이런"이란 형용사는 사람에 따라 다른 성향을 가리키지만 말입니다. 하나님의 형상을 깨뜨리는 방법은 수없이 많지만 그 형상을 회복하는 길은 단 하나밖에 없습니다. 생소한 색채와 바탕을 보여주는 스탠드글라스 창문처럼 우리 모두는 깨어진 상태이고 동일한 피로, 동일한 방식으로 온전케 되는 것입니다.

당신이 예수님을 신뢰한다면 그분은 결코 당신을 떠나거나 버리지 않을 것입니다. 그리스도인이 곤경에 처하면 초자연적인 동맹군이 주어진다는 것을 기억하십시오. 믿음은 당신에게 주신 하나님의 선물이고, 믿음의 렌즈를 통해 오늘의 의미를 알 수 있습니다. 그렇습니다. 믿음은 오고가는 장식품이 아니라 분별의 렌즈입니다. 믿음은 우리를 강건케 하고 공공연한 수치를 견딜 수 있게 하는 감춰진 장비를 공급합니다. 믿음은 슬픔의 황무지에서 기쁨의 계절을 불러오는 확실한 약속들을 낳습니다. 믿음은 하나님의 신실한 사랑에 비례하는 섭리의 손길을 보여줍니다. 당신은 온 마음과 영혼과 힘과 뜻을 다해 하나님을 사랑할 수 있고, 당신의 게이/레즈비언 친구들도 마찬가지입니다. 우리와 그들 사이에 선을 그을 필요가 없습니다. 동성애는 하나의 죄이고, 하나님은 그 어떤 죄와 어떤 슬픔보다도 더 큰 분입니다.

그렇습니다. 동성애는 죄이지만 동성애 혐오도 죄입니다. 동성애 혐오(homophobia)는 한 인간 집단에 대한 불합리한 두려움이며, 그 집단 속에서 하나님의 형상이 죄로 인해 위축되긴 했지만 소멸되지 않았다는 것과, 하나님이 선택한 사람들이 그들의 죄에 빠진 채 복음의 은혜를 기다리고 있는 모습을 보지 못하는 증상입니다. 동성애 혐오증은 이렇게 믿습니다. LGBT 공동체에 속한 사람들은 죄가 너무 많아 하나님의 부르심에 응답할 수 없다거나, 그들은 불변하는 본성을 갖고 있어서 (근거도 없는 무자비한 세속 심리학의 선언에 따르면) 하나님의 명령의 힘으로도 결코 변화될 수 없다고 말입니다. 하나님은 무엇을 변화시킵니까? 우리의 마음입니다. 모든 것이 마음에서 시작하지요.

맞습니다. 성적인 죄에는 타는 듯한 갈증이 있습니다. 그리고 우리는 성적인 죄가 차고 넘치는 세상에 살고 있습니다. 동성애는 정말로 자위행위나 포르노보다 더 불변하는 고질적인 행습입니까? 나는 그렇게 생각하지 않습니다. 동성애는 다만 로비단체를 갖고 있을 뿐입니다. 그런 단체에게 불시의 타격을 당하지 마십시오. 하나님은 어제나 오늘이나 내일이나 동일하십니다. 성령의 영감을 받아 무오한 성경의 진리는 죄와 은혜에 관한 규례에서 동성애 집단을 간과하지 않았습니다. 성적 지향을 한 인생의 고착된 특성으로 보는 것은 동성애 혐오증의 문제점입니다. 사람마다 잘 짓는 죄가 있고 우리 모두 그런 죄와 싸워야 합니다. 이런 죄는 우리 속에 너무도 깊이 뿌리박혀 있기 때문에 성경은 그것을 "내주하는" 죄라고 부릅니다. 그래서 우리는 시편기자와 같이 "주여, 나의 모든 소원[욕망]이 주 앞에 있습니다"(시 38:9)라고 기도해야 합니다. 단지 일부가 아니라 나의 모든 욕망. 죄는 어디까지나 죄입니다. 내주하는 죄는 특히 우리를 잘 속입니다. 우리의 사랑하는 자는 우리가 그 자신의 관점에서 이 문제를 보기를 원합니다. 그러나 우리가 그리스도께서 값 주고 산 그분의 것이라면, 우리는 이 문제를 그리스도의 관점에서 봐야 합니다. 이것이 유일하게 "공정한" 관점입니다(시 98:9).

그리스도를 위해 그리고 당신이 사랑하는 사람을 위해 그리스도의 승리가 무엇을 의미하는지 우리는 기억할 필요가 있습니다. 그것은 죄에 대한 죽음입니다. 특히 우리를 얽어매고 있는 죄악들에 대한 죽음입니다. 예수님은 부활을 통해 죄에게 치명적인 타격을 주었습니다. 우리가 잘 짓는 죄악들 역시 사형집행 영장을 받았습니다. 한동안 목 잘린 닭처럼 어슬렁거리겠지만 곧 죽을 것이 확실합니다. 진실로 회개하는 사람이 진정한 구속을 받는다는 것이 하나님의 약속입니다. 그리스도 안에서 새로운 피조물이 되는 것입니다(고후 5:17). 하나님은 당신의 사랑하는 사람에게 거룩한 성생활을 할 수 있는 능력과 기쁨을 주겠다고 약속하십니다. 이것이 어떤 이들에게는 금욕을 의미할 것입니다. 또 다른 사람들에게는 구속(救贖)된 이성애를 뜻할 것입니다. 하나님은 우리에게 필요한 것을 아시고 당신의 자녀나 친구를 당신보다 더 사랑하십니다.

이 여정을 홀로 걷지 마십시오. 당신의 목사와 장로들에게 말하십시오. 당신이 그리스도인이라면 지역교회가 필요하니 꼭 찾아보십시오. 교회는 그리스도의 신부이고, 당신은 거기에서 함께 기도하고 섬기고 사랑하는 공동체와 능력을 찾게 될 것입니다.

이 편지를 쓰면서 나를 둘러싼 견고한 요새 같은 성적인 죄가 그리스도의 이름과 하나님의 영광을 위해 무너지도록 날마다 기도하겠다고 서약합니다. 당신도 당신이 사랑하는 이들을 위해 이렇게 서약하기를 바랍니다.

그러면 당신이 해야 할 일은 무엇일까요?

첫째, 당신이 활용할 수 있는 모든 은혜의 방편에 전념할 필요가 있습니다. 기도와 성경읽기, 시편 영창과 예배, 성찬 등입니다. 예전보다 성경을 더 잘 알기 위해 노력하십시오. 한 번에 한 단락씩 암송하고 친구와 함께 암송하는 것도 좋습니다.

둘째, 감사할 항목을 열거해보십시오. 우리는 범사에 감사해야 하며 시련을 당할 때도 예외가 아닙니다. 날마다 하나님께 감사할 것을 세 가지씩 적어보십시오.

셋째, 당신이 속한 교회에서 봉사하십시오. 당신은 깨어진 존재이나 (아직) 죽지는 않았습니다. 그런즉 하나님의 백성을 섬기는 가운데 새로운 힘을 얻으십시오.

넷째, 당신이 사랑하는 사람과 의사소통하는 길을 열어놓으십시오. 상대방을 사랑하고 그의 말을 경청하십시오. 중립지대를 찾아서 당신과 상대방 모두에게 중요한 어떤 문제에 대해 동일한 입장을 취하십시오.

다섯째, 회개가 그리스도인다운 태도임을 명심하며 날마다 당신의 눈에서 들보를 빼어내십시오. 그리고 당신이 그 사랑하는 사람에게 죄를 범했다면 용서를 구하십시오.

끝으로, 일기를 쓰십시오. 거기에 당신의 간구제목을 쓸 뿐만 아니라 하나님께서 그의 백성과 맺은 언약을 어떻게 기억하시는지를 성경 전체에서 찾아 기록하십시오. 창세기에서 요한계시록까지 통독하십시오. 좋은 단권주석을 잘 활용하십시오(저자는 매튜 헨리 주석을 추천하는데, 아바서원은 존 맥아더 단권주석을 추천하는 바이다: 편집자 주). 좋은 경건서적을 골라서 당신의 영적인 안목을 개발하십시오. 어려운 시련 중에도 당신이 찬미의 제사를 드릴 수 있음을 잊지 마십시오. 새로운 소망을 품고, 당신의 도움으로 이 시련을 신앙의 눈으로 봐야 할 타인과 함께 팔짱을 끼고 걸으십시오.

로자리아가 LGBT(성적 소수자) 공동체에 속한
친구들에게 보내는 편지

친애하는 친구에게

혹시 당신이 이 책을 선물로 받아서 읽게 되었는지요? 선물로 준 사람은 아마 이 책이 당신의 문제를 "해결해줄" 것으로 기대했을 것입니다. 그렇다면 당신은 머리가 셋 달린 괴물이 쓴 책이라 쓰레기통에 집어던지고 싶을 것입니다. 충분히 이해할 만합니다. 나도 그렇게 느낄 테니까 말이지요. 혹은 당신이 나를 위선자로 생각할지도 모르겠습니다. 어쨌든 내가 레즈비언 관계를 맺은 것은 지난 십 년 동안일 뿐이고 그 이전에는 이성애자로 살았습니다. 어쩌면 내가 나의 과거를 오용하고 있고 당신의 입장을 잘못 대변하고 있다고 당신이 느낄 수도 있습니다. 하지만 그런 의도는 전혀 없습니다. 내 이야기는 어떤 집단을 대변하는 것도, 무슨 문제를 진단하는 것도 아닙니다. 만일 사람들이 내 간증을 이런 식으로 이용한다면 그런 짓을 당장 그만두어야 합니다(당신이 원한다면 나는 얼마든지 그들에게 이렇게 말할 용의가 있습니다).

내가 LGBT 공동체에 몸담게 된 계기는 성적 행습과 관련된 선택의 힘과 성적 정체성에서 유동성을 지지하는 페미니스트 및 퀴어 이론의 세계관을 받아들인 것이었습니다. 내가 치른 영적 전쟁은 정욕이 아니라 자존심과 관계가 있습니다. 나는 내 정체성을 남성의 권위와 상관없이 찾고 싶었고, 동시에 레즈비언들과의 사귐, 그 공동체, 이성애와 대칭되는 레즈비언 성을 누리고 싶었습니다.

수년 동안 켄 목사 부부, 그리스도인 이웃들, 시러큐스 개혁장로 교회의 교인들과 만난 뒤에, 그리고 몇 해 동안 성경을 읽고 성경과 씨름한 뒤에, 그 성경은 내 속에서 나보다 더 커졌습니다. 우스운 소리로 들릴지 모르겠습니다. 그러나 기독교 신앙은 초자연적인 것입니다. 내가 하나님의 값없는 은혜로 그리스도를 믿게 되자, 성령이 천천히 내 영혼을 생소한 감성으로 가득 채워서 내가 거룩한 하나님께 영원히 속해 있다는 느낌을 품게 되었습니다. 나는 성경을 내 인생의 목차로 보기 시작했습니다. 그리고는 그동안 나의 자존심(이것이 나의 레즈비언주의로 나타난 것입니다)이 나를 만드시고 나를 돌보겠다고 약속하신 거룩한 하나님으로부터 나를 분리시켰다는 사실을 알기 시작했습니다. 처음에는 내가 레즈비언이라는 느낌이 사라지지 않았습니다. 그래도 성경에 나오는 약속들을 섭취하기 시작했고 세상의 방편보다 은혜의 방편을 받아들이는데 더 많은 시간을 보냈습니다. 하나님은 천천히 강력한 손길로 나를 변화시켜갔습니다. 나를 동성애자에서 이성애자로 바꾸었다는 뜻이 아닙니다. 그리스도의 보혈은 너무도 강력한 힘을 갖고 있어서 정체성이나 성적인 신분의 변화를 일으키는 데만 그치지 않습니다. 하나님은 나 자신을 그분의 사랑, 그분의 설계, 그분의 권위, 그분의 주권, 그분의 구원, 그분의 거룩함의 맥락에서 보게 하셨습니다. 내가 속죄의 사랑을 베푸는 유일한 분, 곧 예수님을 박해하고 있었다는 사실을 나의 자존심 속에서 보았습니다.

하나님이 내 인생을 송두리째 바꿔놓았습니다. 나의 회개는 과거에 단 한 번 있었던 사건이 아니었습니다. 성령께서 친절한 손길로 나를 회개의 자리로 인도하셨습니다. 내 죄는 다름 아니라 예수님을 가장 사랑하지 못한 고로 그분을 박해하고 있다는 것이었습니다. 다른 모든 문제들은 그 죄의 그림자와 전형에 불과했습니다. 나는 친구들과 공동체를 잃어버렸습니다. 그러나 그토록 큰 혼란과 슬픔의 와중에도 하나님은 내 영혼을 보존하시고, 새로운 희망을 주시고, 인생의 의미와 목적을 회복시켜 주셨습니다. 하나님께서 나를 창세전부터 구별하여 그분을 사랑하고 순종하도록 하셨다는 진리를 깨닫게 되어 나로선 도무지 저항할 수 없었습니다.

성경이 초자연적인 책이고 하나님이 살아있는 생명력임을 나는 날마다 경험합니다. 이것은 당신이 신뢰해도 좋은 진리입니다. 나는 LGBT 친구들을 사랑했습니다(그리고 지금도 사랑합니다). 그러나 하나님을 더 사랑합니다. 하나님은 우리를 변화시킵니다. 한 명도 예외 없이 우리 모두를. LGBT로 분류되는 사람들만 하나님이 변화하도록 부르는 것은 아닙니다. 그리스도인의 삶은 자기를 포기한 인생입니다. 그리고 죄는 어디까지나 죄입니다.

죄는 스스로 나쁘다고 느끼지 않습니다. 음주 운전을 하다가 충돌 사고가 발생하기 전에는 그렇다는 것입니다. 성경이 죄를 기만하는 실체라고 부르는 것은 죄가 마치 해롭지 않은 것처럼 우리를 속이기 때문입니다. 이 점은 우리 모두에게 해당됩니다. 우리는 다 똑같고 같은 배를 타고 있습니다. 죄는 하나님을 불쾌하기 만들기 때문에 나쁜 것입니다. 오직 성경이 그렇게 말하기 때문에 이 점을 알게 됩니다. 성경은 참되고, 영감을 받은("하나님이 숨을 불어넣은"), 무오한(오류가 없는) 말씀이고, 우리의 모든 문제와 고통을 예상하는 그 사랑의 하나님이 쓰신 책입니다. 성경은 우리의 전 생애의 목차와 같은 책입니다. 성령께서는 우리를 불러 죄를 회개하게 하십니다. 모든 죄는 하나님이 언제나 옳았다는 것을 증명합니다. 그와 같은 사랑에는 부끄러움이 없습니다. 그리고 회개와 믿음을 통해 하나님이 우리와 우리 세계를 재창조하십니다. 그분은 우리의 관계를 회복시키고, 우리의 소망을 새롭게 하고, 우리의 삶을 개조하십니다. 우리는 거룩한 하나님이 그의 피로 우리를 사셨다는 것, 성경이 날마다 우리 마음속에 진리와 축복과 용기의 메시지를 준다는 것, 믿음과 회개를 통해(둘 다 우리가 만든 게 아니라 하나님의 선물이다) 하나님이 우리의 기도를 듣고 응답하신다는 것을 알기 때문에 오늘도 평온하게 지내고 있습니다.

이것은 "기도로 게이를 물리쳐라"와 같은 멍청한 소리가 아닙니다. 하나님은 산타 클로즈가 아니고 당신이 좋아하는 죄는 허구의 실체가 아닙니다. 그런즉 당신이 아직 이 책을 쓰레기통에 던지지 않았다면 계속 읽으십시오. 아니, 이 책보다 성경을 구해서 읽는 편이 더 낫습니다. 그리고 주님이 당신을 교회로 인도하셔서 당신이 이런 문제를 다른 사람들과 얘기할 수 있기를 바랍니다.

질문과 응답

1) 당신이 [뜻밖의 회심]을 쓰게 된 동기는 무엇이었습니까?

내가 그리스도께 회심한 사건과 관련된 내면의 풍경을 자세히 기억하고 또 면밀히 들여다보기 위해 이 책을 썼습니다. 내가 경험한 거친 여정과 향기로운 기쁨을 기억하고 또 자녀들에게 전수하고 싶었습니다.

2) 당신이 회심 이후의 경험을 상세하게 다루지 않았더라면 책을 더 많이 팔 수 있을 것이라고 말하는 사람들이 있습니다. 그 부분을 포함하는 것이 왜 중요했습니까?

하나님이 당신을 구원한 이후, 자명종이 울리면 당신은 침대를 박차고 일어나서 당신을 그리스도의 십자가와 구속의 보혈로 이끌었던 세세한 죄를 직면하게 됩니다. 그런데 거기에 서서 무언가를 해야 합니다. 이 책의 후반부는 내가 행해야 했던 일, 내가 행해야 한다고 느꼈던 일, 하나님께서 나를 이런저런 방향으로 인도했던 일에 관해 얘기하고 있습니다.

내가 겪은 세계관의 갈등은 이렇게 묘사할 수 있습니다. 예전에는 자기가 성경을 심문할 책임과 권한이 있다고 생각했던 사람이 이제는 성경이 자기의 삶에 대해 권위를 갖고 있어서 자기를 심문할 책임과 권한을 지닌다고 믿는 사람으로 변한 것이라고. 성경이 나를 심문한다는 진리는 회심과 함께 끝나지 않습니다. 그러므로 [뜻밖의 회심]에 제기된 회심 이후의 이슈들은 성경의 심문을 받는 마음의 성찰을 드러내는 한 신앙생활의 열매를 보여주는 증거라고 할 수 있습니다. 만일 그리스도인들이 자기네를 지켜보는 세상을 향해 주님께 기꺼이 순종하는 모습을 보여주지 않는다면, 즉 우리는 아직 완전하지 않고 날마다 말씀으로 씻고 회개해야 할 존재임을 보여주지 않는다면, 어느 누가 우리의 간증을 진지하게 여기겠습니까?

홈스쿨링과 수양부모가 되는 것은 복음을 믿는 그리스도인의 의무가 아닙니다. 그런 것은 주님이 나를 그렇게 사용하려고 정했기 때문에 일어난 일입니다. 그로 인해 내 세계가 완전히 변했고, 내 마음과 기도생활의 폭이 넓어졌고, 공공연한 죄와 은혜의 문제를 절박한 관점에서 볼 수 있게 되었습니다. 시편 찬송은 복음의 다이너마이트와 같은데 이것을 독자들과 나눌 수 있어서 무척 기쁩니다.

끝으로, 나는 유행을 타거나 인기를 얻기 위해 글을 쓰지 않습니다. 내 마음과 지성이 줄 수 있는 최상의 것을 나누기 위해 글을 씁니다. 하지만 우리 모두가 의견을 같이할 것이라고 생각하진 않습니다.

3) 당신의 책을 읽는 독자 가운데 당신과 같은 이슈들을 붙들고 씨름하는 사람들이 있습니다. 그런 사람은 어디에서 도움을 얻을 수 있겠습니까?

[뜻밖의 회심]은 그리스도인 청중을 위한 책입니다. 우리 교단이 워낙 작아서 기껏해야 스무 명 정도 사지 않을까 하고 생각했습니다. 마

치 교회에서 출간한 요리책에 어떤 메뉴의 조리법이 있어서 사람들이 구입하는 것과 비슷하리라고 예상했던 것입니다. 그러나 이 책이 나의 자그마한 세계에서 벗어나기 시작하면서 나의 삶이 예상치 못한 방향으로 활짝 열렸습니다. 무엇보다도 LGBT 공동체에 속한 많은 친구들이 [뜻밖의 회심]을 읽고 나와 함께 하나님의 부르심에 관해 얘기를 나누고 있어서 너무나 기쁩니다.

내가 켄 목사 부부를 만나고 성경을 읽기 시작했던 당시에 나를 위해 기도하며 나를 기다려주는 신실한 교회가 있었습니다. 아울러 켄과 플로이 같은 신실한 이웃도 있었지요. 그리고 내게 진실을 말해줄 만큼 나를 사랑하는 사람들도 있었습니다. 그들은 성경의 권위 아래서 우리의 대화와 관계를 이끌어가려고 애썼던 사람들입니다. 그들은 나에게 매일 성경읽기, 시편 찬송, 가정 예배와 같은 좋은 습관을 보여주었고 내가 그들에게 책임지는 삶을 살게 했습니다. 또한 성경과 그 가르침의 심문을 받는 삶이 어떤 모습인지 그 본보기를 보여주었습니다. 그리고 경건하게 희생하는 모습도 모범적으로 보여주었지요. 하나님의 부르심, 우리의 정체성(과 성)에 대한 그분의 권리, 그분이 내세와 이생에서 우리에게 주시는 많은 보물 등에 대해 단지 그럴듯하게 말만 하지 않았습니다. 그들은 신앙생활에서 고립된 인생은 없다는 것을 알게 했습니다. 온갖 몸부림을 치고 있는 나를 따뜻하게 받아주었습니다. 내가 온갖 문제와 의문을 들고 가서 마치 그들을 오염시키고 있는 것처럼 여기지 않았습니다. 그들은 진정한 그리스도인의 삶은 성경과 그리스도에게 열심히 배워서 우리의 신앙을 삶에 적용하는 것(의인은 믿음으로 살리라)임을 보여줬습니다. 아울러 우리의 몫은 우리 자신이 아니라 하나님의 말씀을 경청하는 것임을 알게 해주었습니다.

내게 도움이 되었던 사항을 정리하면 이렇습니다.

1. 내가 밤이나 낮에 언제든지 달려갈 수 있는 좋은 신앙의 친구 몇 사람.

2. 주님께 순종한 뒤에 엄습하는 심한 외로움은 전화 다이얼을 돌리는 순간 극복할 수 있음을 아는 것.

3. 내가 가까운 친구들에게 전화해서 내 문제를 얘기하면 그들이 나를 놀리지 않고 더 깊은 회개의 길로 인도해준 것.

4. 그들은 정통파 그리스도인들인 고로 "네 느낌에는 죄가 없어. 하나님이 너를 그렇게 만들었을 뿐이야"라고 말하지 않았다는 것.

5. 이런 친구들이 전능한 그리스도, 즉 그의 백성을 근본적으로 변화시키는 그분을 믿었다는 것. 나와 가까운 친구들은 세상에 영향을 못 미쳤던 안전하고 고립된 기독교 문화를 만들겠다는 환상을 품지 않았습니다. 그들과 나는 우리 자신을 예수님께 완전히 내어맡기는 것만이 우리의 고통을 치유할 수 있다고 믿었습니다.

6. 일단 내가 신앙생활을 배운 뒤에는 믿음의 발자국을 내딛고 예전에 "공공연한" 레즈비언이었던 것처럼 "공공연한" 그리스도인이 되었던 것. 당신이 이렇게 하면 주님이 당신을 가득 채워주시기 때문에 도움이 되는 것입니다. 때때로 우리는 세상의 논리를 좇아 조심하는 것이 제일 좋다고 생각합니다. 그러나 하나님의 경륜에서는 그렇지 않습니다. 주님의

임재를 느끼고, 그분의 위로를 경험하고, 이 땅에서 구원의 달콤한 열매를 맛보는 최선의 길은 주님의 영광을 위해 개인적인 위험을 감수하는 것입니다. 공공연한 죄에 대한 공공연한 회개가 있을 때는 하나님이 그분의 창조를 증언하는 진정한 증인임이 입증되는 것입니다. 그런 회개는 부끄러운 것이 아닙니다.

4) 당신이 그리스도를 따르는데 도움을 준 행습은 무엇입니까?

날마다 한참 동안 성경을 읽는 것, 시편 찬양, 기도회, 성도의 교제, 소매를 걷어 젖히고 거동이 불편한 사람을 돕는 것, 주님을 예배하는 것, 웨스트민스터 소요리 문답을 암기하는 것, 웨스트민스터 신앙고백을 읽고 적용하는 것, 가능한 자주 성찬에 참여하는 것(더함의 제일 개혁장로 교회에서는 매주 성찬식을 거행한다).

가장 유익한 성경의 원리를 들자면, 하나님은 우리가 "온전하고 평안하길"(시 41:12) 원하신다는 것입니다. "그런즉 주님이 나를 온전하고 평안한 상태로 지탱시켜주십니다. 그리고 나를 영원히 주님 앞에 있게 하시고, 나를 안전하게 살게 하십니다." 가정예배용으로 우리에게 가장 유익한 책은 덕 코민의 [가정예배](Family Worship Helps)입니다.

5) 그리스도인인 내가 믿지 않는 친구들을 전도하고 또 그들과 친구가 되려면 어떻게 해야 합니까?

에베소 4:29절은 이렇게 말합니다. "나쁜 말은 입 밖에 내지 말고, 덕을 세우는 데에 필요한 말이 있으면, 적절한 때에 해서, 듣는 사람에게 은혜가 되게 하십시오"(새번역). 여기서 "적절한 때에"라는 어구가 중요합니다. 우리는 대인관계에서 모든 문제에 관한 우리의 생각을 다 털어놓아야 한다고 생각할 때가 많습니다. 우리가 사랑하는 사람이 위험한 결정을 내릴 때 우리가 비관적인 이야기를 다 늘어놓지 않으면 정직하지 않다고 느낍니다. 우리는 깜짝 놀라서 필요 이상의 말을 하고는 그것을 정직한 처신으로 정당화합니다. 예수님이 우리를 대하시듯이, 우리도 다른 사람을 겸손과 온유, 인내의 태도로 대하는 것이 좋습니다. 또한 우리와 달리 생각하는 사람들로부터 배우려 하고, 서로의 차이점을 놓고 대화하는 것도 주저하지 말아야 합니다. 끝으로, 우리는 사적인 대화를 공적인 영역에 밀어 넣지 않도록 주의해야 합니다. 진정한 마음의 변화는 공적 영역이 아니라 사적인 자리에게 일어나는 법입니다.

6) 동성에 매력을 느껴서 고민하는 그리스도인들에게 어떤 권면을 하고 싶습니까?

성경을 믿는 교회의 충실한 교인이 되어 예배와 기도회, 교제와 성경 공부 모임에 열심히 참석하십시오.

당신의 교회에서 서로를 책임지는 정직한 관계를 개발하십시오. 목사나 장로, 혹은 신뢰할 만한 사람에게 기도와 격려를 부탁하고, 당신이 책임 있는 삶을 살도록 도와달라고 요청하십시오.

당신의 적을 잘 아십시오. 당신 속에 내주하는 성적인 죄는 늘 먹잇감을 찾고 있습니다. 그러므로 포르노를 멀리 하고 은밀한 연인들-

육체적이든 아니든, 가상적이든 현실적이든-을 가까이 하지 마십시오.
그리스도께 당신의 느낌을 정당화시켜 달라고 요청하지 마십시오.
그 대신 그리스도께 당신의 마음과 영혼을 가득 채우셔서 당신의 느
낌을 창조해달라고 부탁하십시오.

교회 안에서 정직한 친구관계와 친척관계를 개발하십시오. 손대접을
실천하십시오. 고립되지 마십시오. 당신의 교회는 당신이 필요합니
다. 당신은 손상된 재화가 아닙니다. 당신이 그리스도 안에 있으면
만왕의 왕의 아들이요 딸이라는 것을 유념하십시오.

유혹 자체는 죄가 아니지만 당신이 그것을 갖고 놀면 안 된다는 것
을 명심하십시오.

-끝-

◈참고 자료◈

주

1. Bridges, Charles, *Proverbs: A Geneva Series Commentary*. Carlisle, Pa.: Banner of Truth, 1846, 1998.

2. Warren, Rick, *The Purpose Driven Life: What on Earth Am I Here For?* Grand Rapids, Mich.: Zondervan Press, 2002. 「목적이 이끄는 삶」(디모데 역간).

3. Purvis, Karyn, Cross, David and Sunshine, Wendy. *The Connected Child*. N.Y.: McGraw-Hill, 2007.

입양과 가정위탁 관련 자료

Adoptive Families. Bi-monthly journal. www.adoptivefamilies.com

Boss, P. *Ambiguous Loss: Learning to Live with Unresolved Grief*. N.Y.: Routledge Press, 1999.

Brodzinsky, A. B. *The Mulberry Bird*. Indianapolis, Ind: Perspectives Press, 1996.

Clark, Nancy A. and B. Bryan Post. *The Forever Child: A Tale of Anger and Fear*. www.foreverchild.net; www.bryanpost.com. 2003.

_____. *The Forever Child: A Tale of Lies and Love*. 2002.

_____. *The Forever Child: A Tale of Loss and Impossible Dreams*. 2005.

Eldridge, Sherrie. *Twenty Things Adopted Kids Wish Their Adoptive*

Parents Knew. Dell, N.Y.: 1999.

Fahlberg, V. *A Child's Journey Through Placement*. Indianapolis, Ind: Perspectives Press, 1991.

Hersch, Patricia. *A Tribe Apart: A Journey into the Heart of American Adolescence*. N.Y.: Fawcett Columbine, 1996.

Krementz, Jill. *How It Feels to be Adopted*. N.Y.: Alfred A. Knopf, 2001.

Lowell, Pamela. *Returnable Girl*. N.Y.: Marshall Cavendish Press, 2006.

McCreight, Pamela. *Parenting Your Adopted Older Child*. Oakland, Calif.: New Harbington Press, 2002.

Munsch, R. *Love You Forever*. Buffalo: Firefly Books, 1986. 「언제까지나 너를 사랑해」(북뱅크 역간).

Riley, Debbie and John Meeks, *Beneath the Mask: Understanding Adopted Teens*. Case Studies and Treatment Considerations for Therapists and Parents (CASE). Silver Spring, Md.: C.A.S.E. Publications, 2005.

Hall, Beth and Gail Steinberg, *Inside Transracial Adoption*. Indianapolis, Ind.: Perspectives Press, 2000.

신앙생활, 신학, 세계관 관련 자료

Beeke, Joel R. *Parenting by God's Promises: How to Raise Children in the Covenant of Grace*. Sanford, Fla.: Reformation Trust, 2011. 「하나님의 약속을 따르는 자녀 양육」(지평서원 역간).

Bridges, Charles, *Proverbs: Geneva Series of Commentaries*. Carlisle, Pa.: Banner of Truth Press, 1846, 1998.

Bridges, Jerry, *Trusting God Even When It Hurts*. Colorado Springs, Colo.: NavPress, 1988.

Burroughs, Jeremiah. *The Rare Jewel of Christian Contentment*. Puritan Paperbacks. Carlisle, Pa.: Banner of Truth Trust, 1648, 1998. 「만족: 그리스도인의 귀한 보물」(생명의말씀사 역간).

Bushell, Michael. *Songs of Zion: A Contemporary Case for Exclusive Psalmody*. Pittsburgh: Crown and Covenant Publications, 1977. (3rd edition, 1999).

The Catholic Encyclopedia. Appendix to The Holy Bible, The Catholic Press, 1954.

The Constitution of the Reformed Presbyterian Church. Pittsburgh: Crown & Covenant Publications, 1989.

Edwards, Gene. *A Tale of Three Kings: A Study in Brokenness*. Wheaton, Ill.: Tyndale Press, 1980. 「세 왕 이야기」(예수전도단 역간).

Horton, Michael. *God of Promise: Introducing Covenant Theology*. Grand Rapids, Mich: Baker Books, 2006. 「개혁신학의 뼈대를 세워주는 언약신학」(부흥과개혁사 역간).

Keller, Timothy J. *Ministries of Mercy: The Call of the Jericho Road*. Second Edition. Phillipsburg, N.J.: P&R Publishing, 1997. 「가서 너도 이와 같이 하라」(기독교연합신문사 역간).

Lloyd-Jones, D. Martin. *Spiritual Depression: Its Causes and Its Cures*. Grand Rapids, Mich.: Eerdman's Publishing Company, 1965, 1980. 「영적 침체」(새순출판사 역간).

Lundgaard, Kris. *The Enemy Within: Straight Talk about the Power and*

Defeat of Sin. Phillipsburg, N.J.: P&R Publishing, 1998.

Meyer, F. B. *The Shepherd's Psalm*. Chicago: Fleming H. Revell Company, 1889.

McLaren, Brian. D. *A New Kind of Christian: A Tale of Two Friends on a Spiritual Journey*. San Francisco, Calif.: Jossey-Bass Press, 2001. 「새로운 그리스도인이 온다」(한국 IVP 역간).

Miller, C. John. *Repentance & 20th Century Man*. Fort Washington, Pa.: Christian Literature Crusade, 1975, 1998.

Moore, Russell D. *Adopted for Life: The Priority of Adoption for Christian Families & Churches*. Wheaton, Ill.: Crossway Books, 2009.

Palmer, Parker J. *A Company of Strangers: Christians and the Renewal of America's Public Life*. N.Y.: Crossroad, 1986.

_____ . *The Courage to Teach: Exploring the Inner Landscape of a Teacher's Life*. San Francisco: Jossey-Bass Publishers, 1998. 「가르칠 수 있는 용기」(한문화 역간).

Pearcey, Nancy. *Total Truth: Liberating Christianity from its Cultural Captivity*. Wheaton, Ill.: Crossway, 2005. 「완전한 진리」(복있는사람 역간).

Pohl, Christine D. *Making Room: Recovering Hospitality as a Christian Tradition*. Grand Rapids, Mich.: Eerdmans Publishing Company, 1999. 「손대접」(복있는사람 역간).

Ryle, J. C. *Holiness: Its Nature, Hindrances, Difficulties, and Roots*. England: Evangelical Press, 1879, 2001. 「거룩」(복있는사람 역간).

Schwertley, Brian M. *Sola Scriptura and the Regulative Principle of*

Worship. Southfield, Mich.: Reformed Witness, 2000.

Selvaggio, Anthony. *What the Bible Teaches About Marriage*. England: Evangelical Press, 2007.

Sire, James W. *The Universe Next Door: A Basic Worldview Catalogue*. 3rd Ed. Downer's Grove, Ill.: InterVarsity Press, 1997. 「기독교 세계관과 현대 사상」(한국 IVP 역간).

Smith, Peter Wallace. *The Open Door of Christian Hospitality*. Unpublished dissertation. 2010.

Tripp, Paul David. *Age of Opportunity: A Biblical Guide to Parenting Teens*. Phillipsburg, N.J.: P&R Publishing, 1997. 「위기의 십대, 기회의 십대」(디모데 역간).

_____ , *Instruments in the Redeemer's Hands: People in Need of Change Helping People in Need of Change*. Phillipsburg, N.J.: P&R Publishing, 2002. 「치유와 회복의 동반자」(디모데 역간).

Vanhoozer, Kevin J. *Is there a Meaning in this Text? The Bible, the Reader, and the Morality of Literary Knowledge*. Grand Rapids, Mich.: Zondervan Press, 1998. 「이 텍스트에 의미가 있는가」(한국 IVP 역간).

Vos, Johannes G., *The Westminster Larger Catechism: A Commentary*. Ed., G. I. Williamson. Phillipsburg, N.J.: P&R Publishing, 2002. 「웨스트민스터 대요리 문답 강해」(크리스챤 출판사).

Welch, Edward T. *Blame it on the Brain? Distinguishing Chemical Imbalances, Brain Disorders, and Disobedience*. Phillipsburg, N.J.: P&R Publishing, 1998. 「뇌 책임인가 내 책임인가」(기독교문서선교회 역간).

Williamson, G. I. *The Westminster Confession of Faith* (For Study Classes). 2nd Edition. Phillipsburg, N.J.: P&R Publishing, 1964, 2004.

Warren, Rick. *The Purpose Driven Life: What on Earth am I Here For?* Zondervan Press, Grand Rapids, Mich.: 2002. 「목적이 이끄는 삶」(디모데 역간).

Watson, Thomas. *The Doctrine of Repentance*. Puritan Paperbacks. Carlisle, Pa.: Banner of Truth Trust, 1668, 1999. 「회개」(기독교문서선교회 역간).

페미니즘 관련 자료

Kintz, Linda. *Between Jesus and the Market: The Emotions that Matter in Right-Wing America*. Durham: Duke University Press, 1997.

_____ and Lesage, Julia, eds. *Media, Culture and the Religious Right*. Minneapolis: University of Minnesota Press, 1998.

해석학과 포스트모더니즘 관련 자료

Althusser, Louis. *Lenin and Philosophy and Other Essays*. Trans. Ben Brewster. N.Y.: Monthly Review Press, 1971.

Gould, Stephen Jay. *Rocks of Ages: Science and Religion in the Fullness of Life*. N.Y.: Ballantine Books, 1999.

Lacan, Jacques. *The Four Fundamental Concepts of Psycho-Analysis*. Ed., Jacques-Alain Miller. Trans., Alan Sheridan. N.Y.: W. W. Norton &

Co., 1973, 1981.

Laplanche, J. and Pontalis, J. B., eds. *The Language of Psychoanalysis*. Trans. Donald Nicholson-Smith. N.Y.: W. W. Norton & Company., 1973.

홈스쿨링 관련 자료

Bortins, Leigh A. *The Core: Teaching Your Child the Foundations of Classical Education*. N.Y.: Palgrave MacMillan, 2010. 「부모인문학」(유유 역간).

요리 관련 자료

Cook's Illustrated: www.cooksillustrated.com

Cooking Light: www.cookinglight.com

Cuisine: www.cuisine.com

King Arthur Flour Catalogue: www.kingarthurflour.com

Penzey's One: www.penzeysone.com

뜻밖의 회심

초판 1쇄 인쇄   2014년 1월 17일
초판 3쇄 발행   2017년 11월 6일
확대개정판 1쇄 인쇄 2018년 4월 6일
확대개정판 1쇄 발행 2018년 4월 13일

지은이 로자리아 버터필드
옮긴이 오세원
펴낸이 정선숙

펴낸곳 협동조합 아바서원
등록 제 274251-0007344
주소 경기도 고양시 덕양구 삼원로51 원흥줌하이필드 606호
전화 02-388-7944 **팩스** 02-389-7944
이메일 abbabooks@hanmail.net

©아바서원, 2018

ISBN 979-11-85066-72-1 03230